Eintöpfe und Aufläufe

Herzhaft und gesund

von
Helga Lederer

Unipart-Verlag · Stuttgart

Fotografie:
Fotostudio Poggenpohl, Peiting
Assistenz: Sascha Wuillemet
Arrangement: Petra Engel-Rohrmann
Küche: Margarete Poggenpohl

© 1990 Unipart Verlag GmbH,
Remseck bei Stuttgart
Konzeption und Gestaltung: M&L,
Verlags- und Industriepublikationen GmbH, München
Layout und Herstellung: Karin Büchner, München
Alle Rechte vorbehalten
ISBN 3-8122-3103-4

Inhalt

Einleitung	10
Richtig einkaufen	12
Gemüse frisch und knackig	14
Duftende Kräuter	18
Aromatische Gewürze	20
Hülsenfrüchte	22
Kaninchen zerlegen	24
Hähnchen zerteilen	25
Küchentechniken	26
Küchengeräte	28
Tiefgefrieren – Lagern – Auftauen	30
Wie kocht man eine Brühe	32
Aufbau der Rezepte	33
Gemüse – bunt, leicht und deftig	34
Nudeln – köstlich und ideenreich	66
Kartoffeln – nahrhaft und sättigend	80
Reis – schnell und appetitlich	94
Vollwertkost – gesund und bekömmlich	106
Vegetarisch – gut und kalorienarm	120
Wursteintöpfe – pikant und preiswert	132
Schweinefleisch – herzhaft und würzig	148
Rindfleisch – kräftig und gesund	166
Kalbfleisch – zart und fein	186
Lamm/Wild – ländlich und deftig	196
Geflügel – leicht und schmackhaft	216
Fische und Meeresfrüchte	238
Soufflé – apart und raffiniert	250
Internationale Eintöpfe und Aufläufe	260
Süße Nachspeisen – fruchtige Desserts	280
Rezepte nach Kapiteln	292
Register	295

Eintöpfe und Aufläufe Aktuell wie nie

Eintöpfe und Aufläufe sind in den letzten Jahre zu unrecht etwas in Vergessenheit geraten. Sie müssen kein Resteessen sein, die Palette der Möglichkeiten ist vielfältig. Besonders schmackhaft sind herzhafte Aufläufe und Eintöpfe mit pikanten Zutaten. Die Rezepte sind meist einfach nachzukochen, sättigend und preisgünstig.

Eintöpfe und Aufläufe schmecken gut, sind zeitgemäß und bringen Abwechslung in die Küche. Der Eintopf war früher der Inbegriff von totgekochtem Gemüse ohne Nährwerte und Vitamine, in erster Linie fett und deftig. Dies hat sich gründlich geändert. Der Eintopf hat sich zu einem delikaten Gericht gewandelt, das heute wieder hochaktuell und beliebt ist. Gerade in der kalten Jahreszeit macht es Spaß, heiß dampfende, wohlschmeckende Eintöpfe auf den Tisch zu bringen. Wer kennt sie nicht, die originellen Klassiker, wie Pichelsteiner, Pfefferpotthast, Elsässer Eintopf, Irish Stew usw.. In manchen Regionen ist der Eintopf ein typisches Samstag-Essen, das mit Obst-Blechkuchen als Nachspeise serviert wird.

Beim Auflauf unterscheidet man zwischen Soufflé, Flan oder Timbale:

Das *Soufflé* wird mit vielen Eiern hergestellt und ist besonders luftig und locker. Beim *Flan* werden die Eier nicht getrennt, sondern mit Milch oder Sahne verquirlt und über die Zutaten gegossen. Die *Timbale* wird in hohen Becherformen oder feuerfesten Porzellanförmchen, im Wasserbad, in der Backröhre gegart.

Vor einem süßen Auflauf serviert man eine Suppe und nach einem pikanten Auflauf als Dessert eine kleine Nachspeise.

Nachfolgend die breite Palette der Gerichte, angefangen mit Gemüse, bunt und knackig, bis hin zu den süßen Nachspeisen und fruchtigen Desserts.

Bunte leichte *Gemüseeintöpfe*, angereichert mit Fleisch, Nudeln oder Kartoffeln die mit einem kernigen Bauernbrot serviert werden, bereichern unseren Speiseplan.

Bunte Nudeleintöpfe kann man wirklich mit fast allem kombinieren, jede Region hat hier ihre speziellen Rezepte. Ein besonderer Genuß sind die selbstgemachten Nudeln, wer sie einmal ausprobiert hat, möchte keine anderen mehr essen.

Eintöpfe und Aufläufe aus *Kartoffeln* sind billig, sättigend und schmecken köstlich.

Ratgeber

Wegen seiner schnellen und einfachen Zubereitung ist *Reis* bei uns sehr beliebt. Sein neutraler Geschmack erlaubt eine vielseitige Verwendung. Egal ob man ihn mit Fisch, Fleisch, Geflügel, Gemüsen oder mit Kräutern und Gewürzen kombiniert, er schmeckt als Eintopf, Auflauf, Gratin oder als Reispfanne.

Vollwert-Eintöpfe sind zeitgemäß und sorgen für eine ausgeglichene, ballaststoffreiche Ernährung.

Für die *vegetarische* Küche sollte man nur frische Gemüse und Kräuter kaufen, bevorzugt Gemüse der Saison. Das Gemüse möglichst sofort verarbeiten und die Eintöpfe mit Körnern anreichern.

Mit guten Zutaten, herzhaften Würsten, frischem Gemüse und würzigen Kräutern ist der *Wurst-Eintopf* eine Delikatesse, die jeder echte Gourmet zu schätzen weiß.

Schmackhafte Eintöpfe mit *Schweinefleisch*, die gerade in der kalten Jahreszeit für die nötige innere Wärme sorgen, gehören nach wie vor zu den Spitzenreitern der deutschen Küche.

Kein Fleisch eignet sich so gut für Eintöpfe wie *Rindfleisch*. Mit verschiedenen Gemüsen der Jahreszeit kombiniert, kocht man mit Rindfleisch die köstlichsten Eintöpfe. Fast jeder Landstrich hat seine speziellen Eintopf-Schöpfungen.

Kalbfleisch ist wunderbar geeignet für Ragouts und Geschnetzeltes.

Wohlschmeckende Eintöpfe werden mit feinen Gemüsen verarbeitet und mit aromatischen Gewürzen abgerundet.

Nicht nur auf die kalte Jahreszeit sind *Lamm*ragout, Terrinen, Gratins aus zartem Fleisch und feinen Gemüsen abgestimmt. Sie schmecken nicht nur kräftig würzig, sondern sind auch nahrhaft. Viel Furore kann man auch mit den *Hasen*-Eintöpfen oder Wildragouts machen, die man hervorragend für Einladungen vorkochen kann.

Aus *Geflügel* kann man die leckersten Eintöpfe und Frikassees zubereiten. Mit Wein abgeschmeckt, mit Kräutern, Gewürzen und Gemüsen variiert, kommt jedesmal ein überraschend originelles Rezept heraus.

Süß- und Seewasser*fische*, Muscheln und Shrimps werden mit feinen Gemüsen, Kräutern und Gewürzen zu phantasievollen Rezepten verarbeitet wie z. B. Ragouts, Soufflés, Fischpudding, Terrinen, Gratins und Frikassees.

Das französische Pendant zum Auflauf ist das Soufflé. Hier eine Reihe von luftig-duftigen Rezepten, mit Spinat, Broccoli, Käse, Lachs oder Forelle vorbereitet, serviert mit einer Wein-Sauce sind sie einfach Köstlichkeiten.

In der schönsten Zeit des Jahres, dem Urlaub, lernen wir oft neue internationale Gerichte kennen, die man auch gerne zu Hause einmal nachkochen möchte. Eine breite Palette *internationaler Spezialitäten* von lukullisch bis exotisch regt zum Schwelgen in Ferienerinnerungen an.

Unsere süßen Köstlichkeiten schmecken jedem. Man kann sie als Dessert oder als Hauptgericht, mit Kompott oder raffinierten Saucen serviert, heiß oder kalt, ganz nach Belieben servieren.

In diesem Buch findet man Feines, Pikantes aber auch Deftiges für jeden Appetit und Geschmack. Für jeden Anlaß ist etwas dabei, so wird man bestimmt zum Eintopf- und Auflauf-Fan.

Ratgeber

Richtig einkaufen

Obst und Gemüse außerhalb der Saison zu kaufen, ist teuer. Ideale Voraussetzungen zum günstigen Einkauf dieser Nahrungsmittel sind Sonderangebote oder saisonale Schwemmen. Dabei muß man keineswegs auf Frische und Qualität verzichten. Die Lebensmittel müssen richtig gelagert, frischgehalten, tiefgefroren und weiterverarbeitet werden.

Hier ein paar Einkaufs-Tips:
Niemals mit knurrenden Magen einkaufen gehen, da man sonst bestimmt Dinge einkauft, die eigentlich nicht benötigt werden.

Immer mit einem Einkaufszettel einkaufen.

Sich von Angeboten inspirieren lassen und keinen festen Menüplan im Kopf haben, sondern flexibel umdisponieren und auf günstige Tagesangebote eingehen.

Wenn Lebensmittel preisgünstig sind, kann man ruhig einmal doppelte Mengen kaufen, zubereiten und auf Vorrat einfrieren. So spart man nicht nur Geld und Zeit, sondern auch Energie. Eintöpfe eignen sich dafür besonders.

Ratgeber

Fleisch Durch die vielfältigen Zubereitungsarten und das große Fleischangebot ist es möglich, immer neue, leckere Gerichte auf den Tisch zu bringen. Die Qualität des Fleisches hängt von Fütterung, Haltung, Alter, Geschlecht der Tiere und

vom Reifegrad des Fleisches ab. Voraussetzung für erstklassige Küche ist Qualitätsfleisch, das gut abgehangen ist. Wichtig ist ein Metzger oder eine Verkäuferin, zu denen man ein Vertrauensverhältnis hat, denn nicht immer kann man einem Stück Fleisch ansehen, wie zart es ist.

Frischfleisch ist leicht verderblich und sollte, besonders wenn es sich um Schweine- oder Hackfleisch handelt möglichst bald zubereitet werden, Hackfleisch noch am gleichen Tag. Rindfleisch kann im Kühlschrank, zugedeckt noch einige Tage »nachreifen« oder, eingelegt in Beize, Marinade oder Buttermilch aufbewahrt werden.

Schweinefleisch sollte zart und rosarot sein und einen kräftigen Geschmack haben, es ist bereits nach zwei Tagen ausgereift.

Rindfleisch hängt etwa acht bis vierzehn Tage ab, es sollte dann mürbe und von dunkelroter Farbe sein.

Kalbfleisch reift in ca. zwei bis drei Tagen, es sollte eine hellrosa Farbe haben, feinfaserig und fast fettfrei sein.

Lammfleisch von Milchlämmern ist fast weiß und sehr zart, es stammt von sechs Monate alten Tieren. Mastlammfleisch ist rosafarben, von Lämmern bis zu einem Jahr. Das dunkelrote Fleisch mit gelblichem Fettrand ist von Schafen bis zu zwei Jahren. Es gibt ausgezeichnete tiefgefrorene Importe, die sich gut für Eintöpfe verwenden lassen.

Wild Fleisch von jungen Tieren kann man am hellen roten Farbton erkennen. Wild sollte nach einigen Tagen Reifezeit, gut abgehangen, frisch zubereitet werden, es ist fettarm und zart. Wild kann sehr gut eingefroren werden, dadurch entfällt die Reifezeit, es kann gebeizt und mariniert werden.

Geflügel Frisch und gekühlt, hygienisch verpackt und von null bis vier Grad gelagert, hält sich Geflügel ca. sieben Tage, tiefgefroren über zwölf Monate bei minus 18 Grad. Geflügel ist nach Handelsklassen eingeteilt und preiswert. Bei gefrorenem Geflügel sollte die Verpackung unbeschädigt sein, es darf keine weißen Flecken (Gefrierbrand) und keine Schnee- oder Eisbildung unter der Folie aufweisen.

Fisch Bei Einkauf von Frischfisch sollte man darauf achten, daß der Fisch klare glänzende, leicht hervorstehende Augen hat. Die Kiemen müssen hell oder dunkelrosa sein, nicht braun oder graurot. Die Schuppen müssen glatt sein und anliegen. Fisch darf bei Fingerdruck keinen Abdruck hinterlassen und er muß frisch riechen.

Gemüse Frische ist bei Gemüse das wichtigste Qualitätsmerkmal. Schon innerhalb von 24 Stunden kann Gemüse die Hälfte des Vitamingehaltes verlieren. Es wird nach Handelsklassen verkauft. Mittelgroße Gemüsesorten halten oft länger als zu große oder zu kleine. Farbe und ungleichmäßiges Wachstum sagen nichts über den Geschmack und den Nährwert des Gemüses aus. Gemüse kann kühl und dunkel, je nach Sorte, über Tage und Wochen gelagert werden.

Gemüse – frisch und knackig

Aubergine
auch »Eierfrucht« genannt, hat eine dunkelviolette Schale und cremefarbenes Fleisch. Auberginen sollte man nie roh verzehren sondern nur gekocht, geschmort, gegrillt oder fritiert. Sie lassen sich gut mit anderen Gemüsen und Kräutern kombinieren und eignen sich für Gemüse, Aufläufe und Eintöpfe.

Brechbohnen
sind Buschbohnen und wachsen buschig auf kurzen kräftigen Stengeln. Brechbohnen sind gelb oder grün, rund und dickfleischig. Sie können in mundgerechte Stücke gebrochen werden. Besonders geeignet für Eintopfgerichte.

Broccoli
schmeckt feiner als Kohl. Man ißt nicht nur die zarten grünen Röschen, sondern kann auch den fleischigen Strunk kleingeschnitten genießen, der leicht nach Spargel schmeckt. Der Broccoli läßt sich zu vielerlei Gemüsegerichten verarbeiten, als Eintopf und für Aufläufe.

Champignons
haben einen weißen bis rosafarbenen Hut und festes Fleisch. Man sollte sie nur putzen, nicht waschen, da sie sich voll Wasser saugen und beim Garen zäh werden. Roh sind sie geeignet für Salate; gedünstet, gekocht, geschmort und gegrillt passen sie zu Fleisch, Fisch, Geflügel, Omeletts, Saucen, Eintöpfen und Aufläufen.

Chicorée
ist eine botanische Abart des Kaffee-Ersatzes »Zichorie«. Die Wurzel wird zunächst im Freiland angebaut. Ihre Triebe finden Verwendung als Viehfutter. Im zweiten Jahr kommt sie in Gewächshäuser, wird dort vor Kälte, Luftzug und Tageslicht abgeschirmt. Der blaßgelbe Trieb mit einem länglich-ovalen festen Blattkopf ist geeignet für Salate, Gemüse und Aufläufe.

Cocktailtomaten
auch Kirsch- oder Partytomaten genannt, kommen aus dem Mittelmeerraum und sind wegen ihres konzentrierten Aromas beliebt. Sie sind schön rot und haben Kirschgröße. Für Salate, Rohkost, Aufläufe und zur Dekoration sind sie besonders geeignet.

Fenchel
ist ein typisch italienisches Gemüse. An der weiß-grünlichen Knolle mit festen, fleischig gerippten »Blättern«, und röhrenförmigen Blattstielen wächst ein dillähnliches Kraut, das leicht nach Anis schmeckt. Geeignet für Salate, geschmort, gedämpft oder gebacken für Eintöpfe und Aufläufe.

Fleischtomaten
sind kalorienarm und größer als normale Tomaten. Fleischtomaten haben, wie der Name schon sagt, mehr Fleisch und weniger Saft als herkömmliche Tomaten. Je nach Herkunft haben sie den ursprünglich würzigsüßen Tomatengeschmack. Geeignet für Salate, Aufläufe und Eintöpfe.

Frühlingszwiebeln
oder Lauchzwiebeln sehen wie junger Lauch aus, sind aber Zwiebelgewächse. Sie werden in Bündeln angeboten. Geeignet mit dem Grün für Gemüse, Salate, Suppen, als Gewürz und für Aufläufe.

Karotten
sind gelbe-orangerote Wurzeln, die einen saftig süßlichen, nussigen Geschmack haben. Karotten sind rundlich, kurz und gedrungen. Sie werden mit und ohne Kraut angeboten. Geeignet für Rohkost, Salate, Gemüse, Aufläufe und Eintöpfe.

Knoblauch
ist ein aromatisches, ges Zwiebelgewächs in den Farben weiß bis lila. Er riecht beißend-scharf und schmeckt würzig. Er enthält ätherische Öle, pflanzliches Jod und ist als Heilpflanze anerkannt. Es gibt ihn frisch, getrocknet, granuliert und als Paste. Er eignet sich für Braten, Fisch, Gemüse, Eintöpfe, Salate, Saucen und Mayonnaisen.

Ratgeber

Kohlrabi
gibt es in weiß und blau, er hat eine hellgrüne oder ins Dunkelviolett gehende Färbung. Sein Fleisch ist besonders zart und mildsüß, er wird mit und ohne Blätter angeboten. In den Blättern sind die meisten Nährstoffe, man sollte die zarten Blätter, kleingeschnitten mitverwenden. Geeignet für Rohkost, Gemüse, Suppen, Eintöpfe und Aufläufe.

Ratgeber

Mais

ist eine Getreidepflanze und gehört vor allem in südamerikanischen Ländern, zu den Grundnahrungsmitteln. Zucker- oder Gemüsemais ist zart und hat blaß- bis goldgelbe Körner mit süßlich saftigem Geschmack. Er wird als Kolben oder in Dosen verkauft. Geeignet für Salate, Gemüse und Eintöpfe.

Mangold

ist mit dem Spinat verwandt. Das Gemüse hat einen breiten, weißen fleischigen Stiel und glänzende, breite, kräftig grüne Blätter, die an Spinat erinnern. Sein Geschmack ist kräfter als der des Spinats, die Blätter und die Stengel können als Gemüse verwendet werden. Geeignet als Gemüse, zum Füllen und für Aufläufe.

Okra

ist eine hellgelb-grüne sechseckige Schote, ähnlich der Pepperoni, die zur Gattung der Malvenpflanze gehört. Sie schmeckt etwas nach Bohnen, sehr mild und apart. Geeignet für Gemüse, Eintöpfe, Ragouts und Aufläufe.

Spargel, grün

wächst im Gegensatz zum weißen oberirdisch und braucht kaum geschält zu werden. Er ist zart, hat einen Geschmack. Geeignet für Gemüse, gekocht als Salat und für Aufläufe.

Schalotten

sind eine Zwiebelart von leicht violetter Färbung, die ebenso wie der Knoblauch mehrere Zehen unter der obersten Haut aufweist. Schalotten sind im Geschmack feiner und milder als Zwiebeln.

Sojasprossen

werden aus der Sojabohne oder der Mungobohne gewonnen. Die Sojasprosse ist größer als die der Mungobohne. Geeignet für Salate, Gemüse und Aufläufen. Als Salat sollten Sojasprossen kurz blanchiert werden.

Spinat

wird als Blatt- oder Wurzelspinat angeboten. Als Blattspinat bezeichnet man einzelne zarte lose Blätter; Wurzelspinat nennt man ganze Pflanzen die oberhalb der Wurzel abgeschnitten wurden, er hat festere Blätter und schmeckt kräftiger. Spinat ist kalorienarm und nährstoffreich. Geeignet für Suppen, Gemüse, Salate, Soufflé, Pudding und Aufläufe.

Staudensellerie

oder »Bleichsellerie« wächst in Büscheln, hat fleischige, gelbliche bis hellgrüne Stengel und zarte Blätter. Geeignet für Salate, Gemüse, Eintöpfe und Aufläufe.

Wirsing

ist eine Kohlart. Er hat gekrauste grüne Blätter, die halbgeöffnet wie eine Blüte aussehen. Er hat einen kohlähnlichen kräftigen und doch milden Geschmack. Geeignet für Gemüse und Eintöpfe.

Zuckererbsen

sind sehr kleine, zarte und hellgrüne Schoten. Sie schmecken leicht süßlich, werden mit der Schote gegessen und gelten als besonders edles Gemüse. Geeignet für Gemüse und Aufläufe.

Zucchini

sind kürbisartige Gewächse und den Gurken ähnlich. Sie sind mittel- bis dunkelgrün, weiß gestreift oder gefleckt.

Die Zucchini hat roh einen nußartigen Geschmack. Kleine Früchte werden ungeschält, in Scheiben oder Stifte geschnitten, verarbeitet. Roh für Salate, gekocht und geschmort für Gemüse, Eintöpfe und Aufläufe geeignet.

Ratgeber

Duftende Kräuter

Basilikum
wird frisch in Blättern verwendet, ist aber auch getrocknet, gerebelt oder als Pulver im Handel. Basilikum schmeckt aromatisch, und duftet intensiv. Frisches Kraut wird erst zum Schluß über die Speisen gestreut, getrocknetes kann mitgegart werden. Geeignet für Tomatengerichte, Gemüse, Salate, Fisch, Fleisch, Eintöpfe.

Bohnenkraut
wird frisch oder getrocknet, gerebelt und gebündelt verwendet. Es schmeckt würzig und leicht pfeffrig. Geeignet für Bohnengerichte, Suppen, Salate, Geflügel, Wurst und Eintopfgerichte

Estragon
wird frisch, in Blättern oder Zweigen und getrocknet gerebelt verwendet. Er schmeckt leicht pfeffrig und ist besonders aromatisch. Estragon entfaltet erst beim Kochen sein Aroma. Geeignet für Salate, Geflügel, Fleischgerichte, Fisch, Nudelgerichte, Aufläufe und Saucen.

Kerbel
ist ein aromatisch duftendes zartes Kraut und ähnelt der Petersilie. Man sollte Kerbel nicht mitkochen sondern erst an die fertigen Speisen geben. Kerbel eignet sich für Salate, Suppen, Saucen und Eiergerichte.

Kresse
gibt es als zarte Gartenkresse das ganze Jahr über zu kaufen, sie schmeckt etwas scharf, senfähnlich und eignet sich für Salate, Suppen, Fleisch, Saucen, Eier und Quark.

Liebstöckel
gibt es frisch und getrocknet. Er hat robuste grün glänzende Fiederblätter. Liebstöckel sollte sparsam verwendet werden, da er einen intensiven Geschmack hat. Besonders geeignet für Eintöpfe, zum Würzen von Suppen, Brühen und Saucen, Pizzen, Salaten und Kartoffelgerichten.

Majoran
gibt es frisch und gerebelt. Die kräftigen Blätter schmecken aromatisch und würzig. Frischen Majoran kleingehackt an die fertigen Speisen geben, gerebelten mitkochen. Geeignet für Kartoffelgerichte, Suppen, Hackfleisch, Eintöpfe, Schweinebraten, Wildragouts, Geflügel, Bohnengerichte, Kräutermayonnaisen und Wurst.

Oregano
ist der wilde Majoran, er wird frisch und getrocknet verwendet. Er schmeckt schärfer als Majoran und entfaltet sein ganzes Aroma erst beim Kochen oder Backen. Geeignet für Pizza, Nudeln, Saucen, Gemüse, Kalbshaxe, Eintöpfe und Aufläufe.

Rosmarin
Die Nadeln eines Mittelmeerstrauches sind frisch, getrocknet und gemahlen im Handel. Rosmarin duftet aromatisch und schmeckt leicht bitter. Geeignet für Lamm, Geflügel, Kalb, Kaninchen, Tomatensuppen, Pizza, Saucen, Gemüse, Fisch, Wild und Eintöpfe.

Salbei
ist frisch und getrocknet im Handel. Die jungen grauweiß schimmernden Blätter duften intensiv und schmecken würzig bitter. Geeignet für Kalb, Lamm, Schwein, Leber, Geflügel, Eier, Fisch, Salate, Saucen, Eintöpfe und Aufläufe.

Thymian
ist frisch und getrocknet im Handel. Die kleinen kräftigen Blätter duften aromatisch und schmecken leicht pfeffrig. Thymian kann mitgekocht, sollte aber sparsam verwendet werden. Geeignet für Schwein, Lamm, Hackfleisch, Kartoffeln, Gemüsesuppen, Geflügel und Wild, Ragouts, Tomaten, Eintöpfe und Aufläufe.

Zitronenmelisse
gibt es frisch zu kaufen, sie duftet und schmeckt nach Zitrone.
Die Blätter werden ganz oder kleingeschnitten verwendet. Geeignet für Salate, Rohkost, Karotten, Tomaten, Lamm, Kräutersaucen, Getränke, Desserts und Aufläufe.

Ratgeber

Aromatische Gewürze

Chilis (Cayennepfeffer)
gehören zu den schärfsten Gewürzen, es gibt sie frisch, in grünen oder roten Schoten, getrocknet und gemahlen. Man verwendet sie zu feurigen Fleisch-, Fisch- und Geflügelgerichten, Suppen, Marinaden und Saucen.

Currypulver
Ist eine aus Indien stammende Gewürzmischung aus zwölf Gewürzen. Geeignet für Lamm, Geflügel, Fisch, Reis, Gemüse und Saucen. Praktisch zum Kochen ist die Curry-Paste.

Ingwerwurzel
ist die knollige Wurzel einer in China beheimateten schilfartigen Staude. Die dickeren Teile kommen meist kandiert oder in Sirup eingelegt in den Handel, die fingerdicken Triebe als geschälte oder ungeschälte Wurzeln und als Pulver. Ingwer schmeckt und riecht würzig-scharf und ist leicht süßlich, das Aroma paßt zu salzigen und süßen Gerichten. Er gehört zu den drei wichtigsten Gewürzen in der chinesischen Küche.

Lorbeer
ist das Laub eines Mittelmeerbaumes. Die Lorbeerblätter schmecken würzig-bitter und geben vor allem sauren Speisen einen würzigen pikanten Geschmack. Geeignet für Sauerkraut, Brühen, Suppen, Wildgerichte, Sülzen, Beizen und deftige Eintöpfe.

Muskatnuß
ist der Kern einer aprikosenähnlichen Frucht und stammt von einem tropischen Lorbeergewächs.

Die Muskatnuß kommt ganz und gemahlen zum Verkauf und ist schärfer im Geschmack. Geeignet für Gemüse, Kartoffeln-, Nudeln-, Reisgerichte, Brühen, Frikassees, Hackfleisch, Eier, Eintöpfe und Aufläufe.

Nelken
sind die getrockneten Blütenknospen des Nelkenbaumes. Sie schmecken stumpf-bitter und duften aromatisch süßlich. Sie werden ganz mitgekocht oder gemahlen zugefügt. Geeignet für Sauerkraut, Wild, Beizen, Sud, Brühen, Ragouts, Obstkompott, Punsch, Glühwein, Schweinefleisch, Pasteten, Suppen, Saucen, Pilzgerichte und süße Obstaufläufe.

Paprika
wird aus den spitzen Paprikaschoten gewonnen und gemahlen angeboten. Er ist mit dem Chili verwandt.

Es gibt verschieden Sorten und Schärfegrade: Delikateß » sehr mild – Edelsüß » mild – Halbsüß » mittelscharf – Rosen » scharf – Scharf » sehr scharf. Paprika nie ins heiße Fett geben, da er sonst bitter wird, also erst kurz vor Ende der Garzeit zugeben. Geeignet für Gulasch, Schnitzel, Geflügel, Lamm, Schwein, Gemüse, Kartoffeln, Fisch, Quark, Saucen, Mayonnaisen und Käse.

Paprika nie ins heiße Fett geben, da er sonst bitter wird, also erst kurz vor Ende der Garzeit zugeben. Geeignet für Gulasch, Schnitzel, Geflügel, Lamm, Schwein, Gemüse, Kartoffeln, Fisch, Quark, Saucen, Mayonnaisen und Käse.

Ratgeber

Piment

heißen die Beeren eines immergrünen Baumes, auch Nelkenpfeffer oder Allgewürz, weil sie die Schärfe vom Pfeffer, das Aroma von Nelken, Muskat und Zimt in sich vereinen, es gibt sie ganz oder gemahlen. Geeignet für Suppen, Kohlgerichte, Ragouts, Saucen, Marinaden, Gemüse, Brühen, Sud, Beizen, Hackfleisch, Gebäck und deftige Eintöpfe.

Safran

wird aus den Narben der krokusähnlichen Blüte einer Mittelmeerpflanze gewonnen. Er ist das teuerste Gewürz der Welt und wird nur sparsam verwendet, um Gerichte zu würzen und gelb zu färben. Er duftet betörend schwer und schmeckt leicht würzig süß-bitter. Geeignet für Paella, Bouillabaisse, Risotto, Pilaf, Lamm, Hammel, Geflügel, Saucen und Desserts.

Vanilleschote,

wird grün geerntet und fermentiert, dadurch bekommt sie ihre braun-schwarze Farbe. Das Aroma, bewirkt durch das »Vanillin«, und der Geschmack sind unverwechselbar. Geeignet für Desserts, Reis, Quark, Joghurt, Saucen, Soufflés, Milch, Gebäck, Kuchen, Sahne, Eis, Konfekt, süße Aufläufe und Puddings.

Zimtstange

ist die geschälte Innenrinde des Zimt-Lorbeer-Baumes. Je dünner die Rinde umso feiner das Aroma. Der Ceylon-Zimt schmeckt süßlich mild und ist von heller Farbe. Der Cassia-Zimt ist weniger aromatisch, würzkräftiger und von dunkler Farbe. Geeignet für Reis- und Grießbrei, süße Saucen, -Suppen und -Aufläufe, Kompott, Pudding, Marmeladen, Getränke, Beizen, Sud, Kürbis, Rotkraut und Kuchen.

Ratgeber

Hülsenfrüchte

Kidney-Bohnen
haben eine kräftig-rote Schale und einen süßlichen, eßkastanienähnlichen Geschmack. Sie sind von mehliger Konsistenz. Ursprungsland ist Amerika und Afrika.
    Geeignet für Eintöpfe wie z. B. Chili con carne.

Braune Bohnen
Borlotti-Bohnen sind mittelgroße rötlich-braune rotgefleckte Bohnen aus Italien, die weich kochen, aber ihre Form behalten. Geeignet für Salate und Eintöpfe.

Puffbohnen (dicke Bohnen)
oder auch Acker-Bohnen, sind dick, mit weiß-grüner und brauner Färbung.
    Sie werden frisch und getrocknet verarbeitet, getrocknet sind sie braun und flach. Sie werden auch Sau- oder Pferdebohne genannt. Geeignet für Eintöpfe und Suppen.

Weiße Bohnen
haben eine weiße bis cremefarbige Schale. Es gibt viele verschiedene Sorten, groß, klein, rund und länglich. Sie kochen weich und sämig.
    Geeignet für Eintöpfe.

Gelbe Erbsen
haben unterschiedliche Kocheigenschaften von weich bis breiig. Sie kommen frisch und getrocknet auf den Markt. Gelbe Erbsen sind frühe Erbsen und haben einen hohen Stärkegehalt. Besonders geeignet für Eintöpfe und Suppen.

Geschälte Erbsen
werden mit einer Spezialmühle geschält und sind dadurch bekömmlicher, leichter verdaulich und garen schneller. Die geschälten Erbsen schmecken süßlich und verkochen leichter zu Brei.
    Geeignet für Pürees, Suppen und Eintöpfe.

Grüne Erbsen
haben, wie die gelben Erbsen, je nach Sorte, unterschiedliche Kocheigenschaften. Es sind frühe Erbsen mit einem hohen Stärkegehalt. Geeignet für Eintöpfe und Suppen.

Palerbsen
auch Schal- oder Rollerbsen genannt, sind die stärkereichste Sorte. Palerbsen werden hauptsächlich getrocknet angeboten. Geeignet für Eintöpfe und Suppen.

Kichererbsen
sind haselnußgroße hellgelbe Samen einer Erbsensorte, die hauptsächlich in Spanien, im Mittleren Osten und Mexiko angebaut wird. Kichererbsen werden getrocknet oder in Konserven angeboten. Geeignet für Eintöpfe, Gemüse und Salate.

Braune Linsen
sehen frisch nach der Ernte hell bis olivgrün aus, wenn sie sich braun verfärben, sind sie schon lange gelagert. Durch Lichteinfall und Lagerung werden sie dunkel und hart. Dunkelbraune Linsen sollten etwas länger gegart werden.
    Geeignet für Eintöpfe und Suppen.

Gelbe Linsen
sind Hülsenfrüchte, die geschält wurden, sie kochen schneller zu Brei und haben deswegen kürzere Garzeiten. Den gelben Linsen fehlt das typische Linsenaroma.
    Geeignet für Eintöpfe und Suppen.

Grüne Linsen
sind frische ungeschälte Hülsenfrüchte, die bei uns bekannteste Linsenart mit gelbem Kern. Dieser Kern verfärbt sich bei Lagerung braun.
    Geeignet für Eintöpfe und Suppen.

Rote Linsen
sind meist geschälte leuchtend orangerote Kerne mit lilafarbener Schale. Sie werden in Indien und der Türkei angebaut. Sie kochen schnell zu Brei und haben daher eine geringere Garzeit. Beim Kochen verfärben sich die Linsen gelb.
    Geeignet für Eintöpfe und Suppen.

Ratgeber

Kaninchen zerlegen

Nach diesem Schema kann man auch einen Hasen zerlegen.

Schritt 1:
Das Kaninchen muß zunächst gründlich gewaschen und dann enthäutet werden.

Schritt 2:
Die Keulen und Vorderläufen, rund um den Muskel herum mit einem scharfen Messer abtrennen.

Schritt 3:
Gelenke mit einem Messer oder Hackbeil durchtrennen.

Schritt 4:
Die Rippen mit einer Küchenschere durchschneiden.

Schritt 5:
Den Kaninchenrücken quer in Stücke teilen bzw. zum Braten im Ofen im Ganzen lassen. Die Vorderläufe, Rippen, Hals und Bauch kann man zu einem Fond auskochen.

Schritt 6:
Diese Teile ergibt ein fachgerecht zerlegtes Kaninchen.

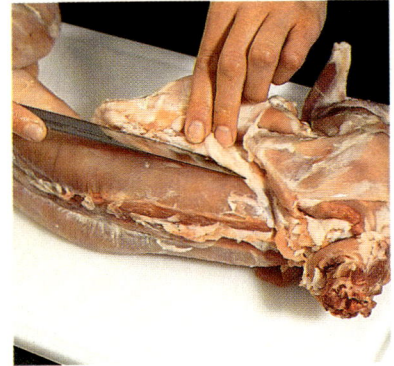
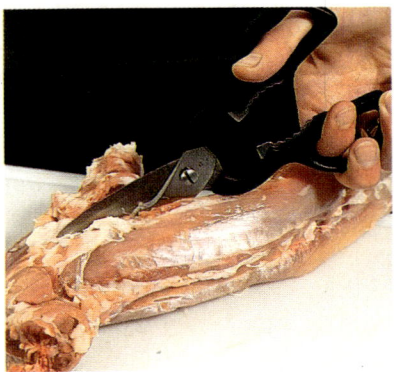
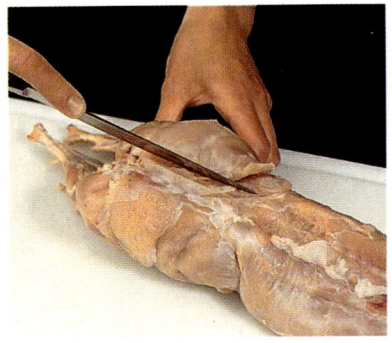
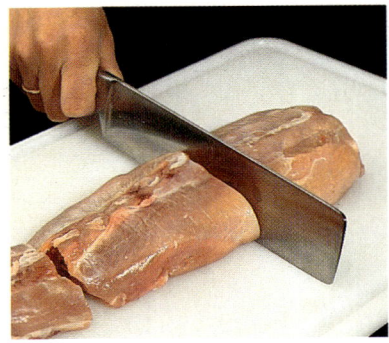
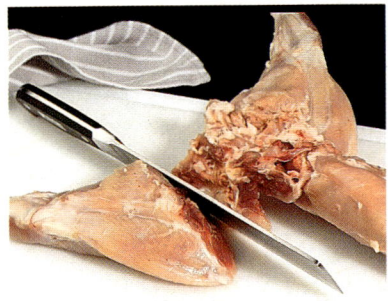
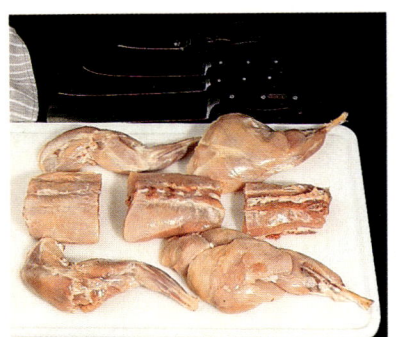

Ratgeber

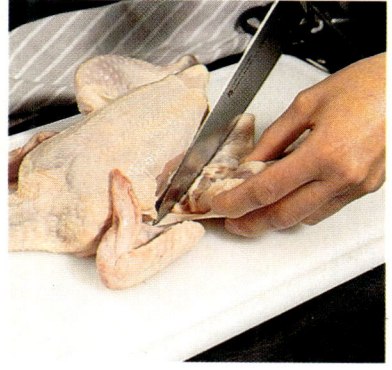
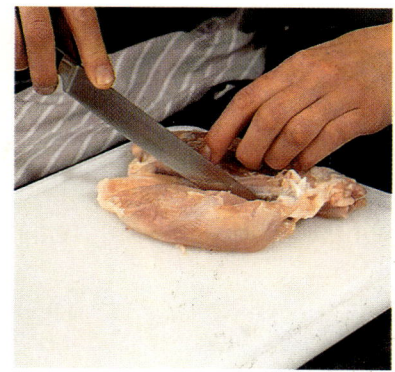
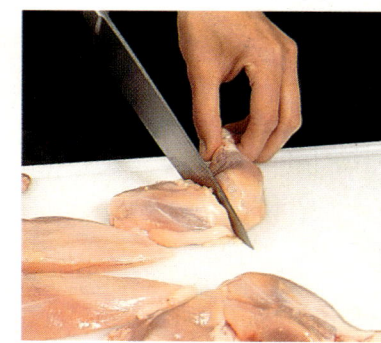

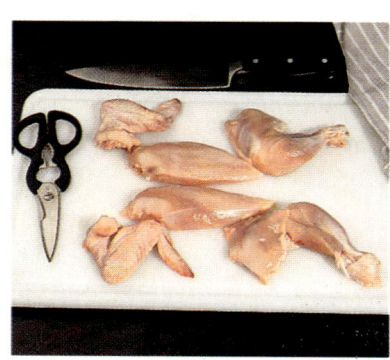

Hähnchen zerlegen

Nach diesem Schema kann man alle Geflügelarten zerlegen.

Schritt 1:
Die Schenkel etwas vom Rumpf abwinkeln und mit einem scharfen Messer zwischen Gelenk und Pfanne durchtrennen.

Schritt 2:
Die Flügel vom Rumpf abwinkeln und zwischen Gelenk und Pfanne durchtrennen.

Schritt 3:
Das ganze Hähnchen mit der Brust nach oben auf ein Brett legen und mit einem scharfen Messer der Länge nach halbieren.

Schritt 4:
Die Brust jeweils links und rechts vom Knochen herausschneiden, indem man sie mit einem scharfen Messer zwischen Rückgrat und Fleisch herauslöst.

Schritt 5:
Bei einem mittelgroßen Hähnchen erhält man nach dieser Methode 6 Teile.

Schritt 6:
Für Aufläufe und Eintöpfe die Geflügelteile, entbeint nochmals in 3 – 4 cm große Stücke schneiden.

Küchentechniken

Blanchieren
In einem großen Topf Wasser erhitzen und das Gargut eventuell mit einem Sieb, ins kochend sprudelnde Wasser tauchen, je nach Art zwischen einer und zehn Minuten. Herausnehmen und im eiskalten Wasser abschrecken. Das Gargut behält dadurch seine appetitliche Farbe und die Nährstoffe.

Das Wasserbad
Eine Art, Speisen im Wasserbad zuzubereiten, ist folgende: in eine Bratraine (Bratenpfanne) ca. 2 cm Wasser einfüllen und die geschlossene Auflauf- oder Puddingform, zu zwei Dritteln gefüllt, bei ca. 160 Grad langsam garen. Vor Ende der Garzeit nicht in die Form sehen, da der Pudding sonst zusammenfällt. Die zweite Art: einen Topf mit Wasser auf die Herdplatte stellen und Cremes, Saucen usw. in einem kleineren Topf hineinstellen und unter Rühren und mäßiger Hitze cremig schlagen.

Blindbacken
ist die Technik zum Backen hohler Formen. Die Form wird dazu mit dünnem Teig ausgelegt, der Boden mit einer Gabel mehrmals eingestochen, mit getrockneten Erbsen gefüllt und gebacken. Nach dem Backen die Hülsenfrüchte entfernen und die Teigform nach Wunsch füllen.

Ratgeber

Gratinieren – schichten
heißt, bei Aufläufen in eine gefettete Form lagenweise die Zutaten einschichten und mit einer Mischung aus Sahne, Eiern und Käse übergießen, im vorgeheizten Backofen bei ca. 190 Grad überbacken. Falls der Auflauf zu schnell dunkel wird, mit etwas Alufolie abdecken.

Kochen – Dünsten – Schmoren
Kochen ist die übliche Garmethode, dabei werden die Nahrungsmittel, in mehr oder weniger Flüssigkeit bei gleichbleibender Temperatur, mit oder ohne Deckel gegart. Dünsten ist eine Methode, bei der Lebensmittel mit sehr wenig Flüssigkeit, mit oder ohne Fett, im geschlossenen Topf schonend gegart werden. Die Nährstoffe bleiben weitgehend erhalten. Schmoren ist eine Kombination aus verschiedenen Garmethoden. Gegart wird in Fett, im eigenen Saft und im Dampf.

Der Schnellkochtopf
ist zum Kochen von Eintopf und Brühe ideal geeignet, da er zeit-, energiesparend und schonend gart. Man spart sich das Einweichen der Hülsenfrüchte. Durch den Ausschluß von Luftsauerstoff bleiben die Speisen appetitlich, Mineralstoffe und Vitamine bleiben erhalten. Den Topf nach Bedienungsanleitung benutzen.

Ratgeber

Ratgeber

Küchengeräte

Der Schnellkochtopf
ist für die Eintopfküche ideal geeignet, die Handhabung ist einfach und die Technik sicher. Im Schnellkochtopf wird in Minutenschnelle schonend gegart. Es gibt Töpfe in verschiedenen Größen und Ausführungen.

Eintöpfe die in normalen Töpfen ca. 90 Minuten kochen, lassen sich im Schnellkochtopf in ca. 20 Minuten herstellen.

Kochtöpfe
gibt es in verschiedenen Größen und Materialien. Emaillierte Töpfe sind aus Stahl und haben einen verstärkten Boden. Gußeiserne Töpfe sind meistens schwarz und geben die Hitze besonders schonend und sanft weiter. Edelstahltöpfe sind strapazierfähig und sollten in keinem Haushalt fehlen. Man kann in Edelstahltöpfen wasserarm garen, also gesünder, aromatischer und bekömmlicher.

Auflaufformen
gibt es in verschiedenen Größen und Materialien. Aus feuerfestem Porzellan, Keramik, hitzebeständigem Glas, Edelstahl, Gußeisen und Ton, am besten mit Deckel. Falls kein passender Deckel vorhanden ist, kann man den Auflauf auch mit Alufolie abdecken. Den Auflauf auf die zweite Einschubleiste von unten in den Backofen schieben und erst später nach oben versetzen.

Soufflé-Formen
sind meist hohe Schüsseln aus feuerfestem Porzellan oder Glas.

Sie werden gut eingefettet, damit das Soufflé aufgehen kann. Nicht vor Ende der Garzeit in den Ofen sehen und nach Herausnahme des Soufflés Zugluft vermeiden. Das Soufflé sofort heiß servieren, da es sonst zusammenfällt.

Puddingformen
gibt es aus feuerfestem Glas, Porzellan und Aluminium, in nostalgischen Formen, die sehr dekorativ aussehen und eine Augenweide für jeden Tisch sind. Die Form zum Garen gut verschließen oder mit Alufolie abdecken, ins Wasserbad stellen und langsam nach Rezept garen.

Der Tontopf
ist aus besonderem Naturton geformt und speziell für Süßspeisen entwickelt. Er ist für den Backofen und die Mikrowelle gedacht. Vor jedem Gebrauch den Deckel kurz unter fließendes Wasser halten, damit die Keramik sich vollsaugen kann. Den Topf nur in die kalte Backröhre stellen.

Ratgeber

Tiefgefrieren, Lagern, Auftauen

Gerade für selbstgekochte Eintöpfe lohnt sich das Tiefgefrieren, da Eintöpfe bei nochmaligem Erwärmen besonders köstlich schmecken. Tiefgefrorene Eintöpfe können schnell aufgetaut werden, wenn sich überraschend Gäste anmelden oder man keine Zeit zum Kochen hat.

Es gibt im Handel Behälter in allen Größen, von der Jumbodose bis zur Einzelportion.

Die Qualität des Gefriergutes ist entscheidend für das Ergebnis. Fleisch sollte abgehangen sein, Obst und Gemüse einen optimalen Reifegrad haben und frei von faulen Stellen sein. Fertiggerichte und Eintöpfe sollte man nach dem Erkalten unverzüglich einfrieren. Die beste Lagertemperatur beträgt minus 18 Grad C.

Schnell tiefgefrieren

Die meisten Geräte haben ein Vorgefrierfach, in dem die Nahrungsmittel besonders schnell tiefgefrieren. Je wirkungsvoller der Kälteschock, umso besser bleibt die Qualität erhalten. Es empfiehlt sich, keine zu großen Teile einzufrieren, sondern mehrere kleinere Portionen. Beim Schockgefrieren das Gefriergut nicht stapeln, die Kälte sollte von allen Seiten einwirken können.

Was man nicht einfrieren sollte:

Sauerrahm eignet sich nicht, er wird grießig. Bei Mayonnaisen setzen sich die einzelnen Bestandteile ab. Melonen, Weintrauben und Glaskirschen sind ungeeignet, ebenso Rettiche, Radieschen, grüne Blattsalate und Gurken.

Die Vorbereitung

Die Nahrungsmittel müssen sorgfältig vorbereitet werden. Das Waschen, Putzen, Zerkleinern und Blanchieren s. unten, muß mit größter Sauberkeit durchgeführt werden.

Das Blanchieren

In einem großen Topf Wasser erhitzen und das Nahrungsmittel eventuell mit einem Sieb ins kochend sprudelnde Wasser tauchen, je nach Art zwischen einer und zehn Minuten. Herausnehmen und im eiskalten Wasser abschrecken. Das Nahrungsmittel behält so seine appetitliche Farbe und die Nährstoffe. Beim Blanchieren von Obst sollte man 1 g Ascorbinsäure (Zitronensäure) auf 1 l Wasser zusetzen, so kann man verhindern das Obst, z. B. Apfelspalten, braun anlaufen.

Die richtige Verpackung

In den Gefrierbeuteln und -behältern möglichst wenig Luft lassen. Nur gefriergeeignete Materialien verwenden, sie müssen widerstandsfähig, geschmacksneutral, luft- und flüssigkeitsundurchlässig sein. So werden Geschmacksübertragungen und Qualitätsminderungen vermieden. Nicht sachgerecht verpackte Lebensmittel trocknen während der Lagerzeit aus, bekommen Gefrierbrand und werden beim Zubereiten zäh.

Kennzeichnung

Es ist besonders wichtig die Nahrungsmittel gut lesbar zu kennzeichnen.

Im Handel gibt es selbstklebende Gefrieretiketten in verschiedenen Farben, die man den Lebensmittelgruppen zuordnen kann wie z. B. rot für Fleisch, blau für Fisch, grün für Gemüse usw. Mit einem Folienschreiber, der wasser-, gefrier-, kochfest und lebensmittelunbedenklich ist, beschriften.

Auf dem Etikett sollte enthalten sein: Menge der Portionen – Lebensmittelart – Einfrierdatum (Monat/Jahr).

Ordnen der Lebensmittel

Die tiefgefrorenen Lebensmittelarten sollten, eventuell mit Hilfe der farbigen Etiketten und nach Verbrauch einsortiert werden, was dringend verbraucht werden muß, nach vorne oder oben.

Am besten eine Liste der eingefrorenen Lebensmittel anlegen, so daß man nicht jedesmal mühsam suchen muß und unnötig langes Öffnen des Gerätes vermieden wird. Gleichzeitig spart man so Energie. Durchstreichen was verbraucht ist, so ist man immer auf dem Laufenden.

Das Auftauen

Große Stücke oder Portionen langsam auftauen, am besten im Kühlschrank. Die Kälte wird im Kühlschrank gleichzeitig genutzt und geht nicht, wie beim Auftauen bei Zimmertemperatur, verloren. Kleine frische Fleischstücke antauen und durch rasches Anbraten die Oberflächenporen schließen, damit der Fleischsaft nicht austreten kann. Geflügel nie im geschlossenen Behälter oder Beutel auftauen, da sich leicht Bakterien bilden können. Küchenfertig eingefrorenen Fisch bis zur mittleren Größe nur leicht antauen und gleich im Sud oder in der heißen Pfanne garen.

Aufgetautes Obst und Gemüse sofort verwenden, da die Qualität rasch abnimmt.

Lebensmittel die im Kühlschrank aufgetaut und dort nur wenige Stunden gelagert waren, können unter folgenden Voraussetzungen wieder eingefroren werden. Die Lebensmittel müssen beim ersten Einfrieren von tadelloser Qualität, sachgerecht verpackt und gelagert sein und das Wiedereinfrieren muß innerhalb der empfohlenen Lagerzeit geschehen.

Die Lagerzeiten

Lebensmittel haben unterschiedliche Lagerzeiten, in welcher sie ihre ursprüngliche Qualität weitgehend oder vollständig behalten, siehe Tabelle.

Zu lange gelagerte Lebensmittel verlieren an Geschmack, das Fett wird ranzig, Vitamine und Nährstoffe verschwinden.

Die Lagerdauer

Schwein	4 – 8 Monate
Rind	10 – 12 Monate
Kalb	6 – 9 Monate
Wild	4 – 12 Monate
Lamm	7 – 10 Monate
Hackfleisch	3 – 6 Monate
Geflügel	6 – 12 Monate
Fisch	2 – 7 Monate
Gemüse	6 – 12 Monate
Kräuter	6 – 12 Monate
Obst	6 – 12 Monate
Pilze	6 – 8 Monate
Fertiggerichte	2 – 4 Monate

Die empfohlenen Lagerzeitangaben sind Richtwerte, ob der untere oder oberer Wert gültig ist, hängt von der Qualität der Lebensmittel, der Vorbehandlung bis zum Einfrieren und von den Qualitätsansprüchen im Haushalt ab. Generell ist zu sagen: für fettere Lebensmittel gilt der untere Wert und für magere der obere.

Ratgeber

Rindfleischbrühe

1,5 kg Rindfleisch
500 g Markknochen
2 l Wasser
Salz
1 Stange Lauch
2 Karotten
2 Zwiebeln
1/2 Sellerieknolle
1 Petersilienwurzel
1 Liebstöckelblatt
1 Bund Petersilie
1 Lorbeerblatt
4 Nelken
4 schwarze Pfefferkörner

Das Rindfleisch und Knochen unter fießendem kalten Wasser waschen. Den Lauch putzen, waschen und in Stücke schneiden.

Die Karotten und die Zwiebeln schälen, die Karotten halbieren und die Zwiebeln vierteln.

Den Sellerie und die Petersilienwurzel schälen und grob schneiden. Das Liebstöckel und die Petersilie waschen unn abtropfen lassen. Das Gemüse, mit Fleisch, Knochen, Salz und den Gewürzen im kalten Wasser ansetzen, aufkochen, dann 90 Minuten im geschlossenen Topf sieden lassen. Entstehenden Schaum mit einer Kelle abschöpfen. Die Brühe durch ein Sieb gießen und weiterverwenden.

Eventuell mit Weißwein oder Sherry abschmecken.

Als Rinder Fond die Brühe nochmals in einen breiten flachen Topf geben und auf die Hälfte einkochen lassen.

Hühnerbrühe

1 Suppenhuhn

Zutaten wie „Rindfleischbrühe", das Fleisch und die Markknochen durch das Suppenhuhn ersetzen.

Das Suppenhuhn unter kaltem Wasser von innen und außen waschen.

Das Gemüse wie „Rindfleischbrühe" vorbereiten.

Das Gemüse mit dem Huhn, Salz und den Gewürzen im kalten Wasser ansetzen, aufkochen, dann 90 Minuten im geschlossenen Topf sieden lassen.

Entstehenden Schaum mit einer Kelle abschöpfen.

Die Brühe durch ein Sieb gießen und weiterverwenden.

Eventuell mit Sherry abschmecken.

Als Hühner Fond nochmals in einen breiten flachen Topf geben und auf die Hälfte einkochen lassen.

Im Schnellkochtopf beträgt die Garzeit ca. 25 Minuten.

Ratgeber

Aufbau der Rezepte

Die Rezepte sind, wenn nicht anders angegeben, für 4 Personen berechnet.

Die Zutaten ist in der Reihenfolge der Verwendung aufgelistet.

Die erstklassige Qualität von Fleisch und Zutaten sind eine Grundvoraussetzung für gutes Gelingen.

Frische Kräuter und Gewürze tragen ebenfalls zur geschmacklichen Steigerung der Eintöpfe und Aufläufe bei.

Aufläufe

Die Eier im Auflauf lockern, binden und bewirken das typische »Auflaufen« bzw. Aufsteigen der Masse. Soll der Auflauf besonders locker werden, verwendet man noch ein zusätzliches Ei.

Den Auflauf nach dem Backen sofort heiß servieren. Bei längerem Stehenlassen sinkt der Auflauf leicht zusammen.

Aufläufe immer auf der unteren Schiene backen und später zum Überbacken nach oben versetzen. Der Auflauf sollte eine goldbraune Kruste haben.

Ein Auflauf ist eine schmackhafte Hauptmahlzeit und wird in der feuerfesten Auflaufform sofort auf den Tisch gebracht.

Das Wasserbad auf dem Herd und in der Backröhre

Die eine Art Speisen im Wasserbad zu zubereiten ist folgende: in eine Bratenpfanne oder flachen Schale ca. 2 cm Wasser einfüllen und die Auflauf- oder Puddingform, die nur zu zwei Dritteln gefüllt sein darf, bei ca. 160 Grad langsam garen.

Die zweite Art: in einen größeren Topf mit Wasser auf die Herdplatte stellen und nur leicht erhitzen, einen zweiten Topf oder eine Metallschüssel in das Wasserbad stellen und so Cremes, Saucen usw. darin unter Rühren und mäßiger Hitze cremig schlagen.

Gratinieren oder überbacken

Die Zutaten in eine gefettete Form lagenweise einschichten und mit einer Mischung aus Sahne/Milch, Eiern und Käse übergießen, im vorgeheizten Backofen bei ca. 190 Grad gratinieren bzw. überbacken. Falls der Auflauf zu schnell dunkel wird, mit etwas Alufolie abdecken.

Maßeinheiten (wurden wie folgt abgekürzt:)

1 TL = 1 Teelöffel
1 EL = 1 Eßlöffel
1 Tasse = ca. 1/8 l = 125 ml
Msp. = 1 Messerspitze

Maße und Gewichte

1 Suppenteller = ca. 1/4 l = 250 ml
1 Weinglas = ca. 1/8 l = 125 ml
1 Tasse = ca. 1/8 l = 125 ml
1 Schnapsglas = ca. 2 cl = 20 ml

Grammangaben:

je 1 gestrichen voll	TL	EL	Tasse
Mayonnaise	10 g	30 g	250 g
Speisestärke	5 g	15 g	120 g
Öl	3 g	9 g	75 g
Wasser	5 g	15 g	–
Mehl	3 g	10 g	80 g
Zucker	5 g	15 g	–
Butter	5 g	15 g	–
Sahne	4 g	10 g	125 g
Crème fraîche	4 g	10 g	125 g

Brat- und Backtemperaturen:

E-Herd	Gas-Herd
160 Grad C	Stufe 1
180 Grad C	Stufe 2
200 Grad C	Stufe 3
220 Grad C	Stufe 4
240 Grad C	Stufe 5

Schwache Hitze ist 160 Grad C
Mittelhitze ist 180 Grad C
Starke Hitze ist über 220 Grad C

Garzeiten im Schnellkochtopf

für Stufe 2, (bei Stufe 1 verdoppelt sich die Garzeit)

Kohleintopf	15 Minuten
Erbsensuppe	25 Minuten
Gemüsesuppe	4 – 8 Minuten
Kartoffelsuppe	5 – 6 Minuten
Rindfleischbrühe	25 – 30 Minuten
Suppenhuhn	25 – 35 Minuten
vorgeweicht:	
Bohnenkerne	15 – 20 Minuten
Grüne Erbsen	20 – 25 Minuten
Ganze Erbsen	10 – 15 Minuten
Linsen	8 – 10 Minuten

Gemüse – bunt, leicht, deftig

Ein leckerer Gemüseauflauf, verfeinert mit aromatischen Kräutern, sorgt für willkommene Abwechslung auf dem Mittagstisch. Seit die Nouvelle Cuisine Gemüse wie z. B. den Wirsing wiederentdeckt hat, genießt er den ihm gebührenden Ruf.
Bunte leichte Gemüseeintöpfe, angereichert mit Fleisch, Nudeln oder Kartoffeln, mit kernigem Bauernbrot serviert, bereichern unseren Speiseplan.

Gemüse

Bunter Bohnen-Eintopf

150 g weiße Bohnen
150 g braune Bohnen
2 l Wasser
100 g durchwachsener Speck
1 Zwiebel
1 Knoblauchzehe
1 l Rinder-Fond
Salz
1/2 TL getrockneter Thymian
200 g frische grüne Bohnen
200 g Wachsbohnen
1/2 TL getrocknetes Bohnenkraut

Die weißen und die braunen Bohnen über Nacht in 2 l Wasser einweichen, dann abgießen und beiseite stellen.

Den Speck in Würfel schneiden. Die Zwiebel und den Knoblauch schälen, beides kleinwürfeln. Die Speckwürfel in einen Schnellkochtopf geben und anbraten. Die Zwiebel und den Knoblauch zugeben, dann glasig dünsten.

Die Bohnen mit dem Rinder-Fond dazugeben, mit Salz und Thymian würzen und im geschlossenen Topf 8 Minuten garen.

In der Zwischenzeit die grünen- und die Wachsbohnen putzen, brechen und dann zu den Bohnen in den Topf geben.

Das Bohnenkraut zugeben und im geschlossenen Topf noch weitere 5 Minuten garen.

Im normalen Topf beträgt die Garzeit ca. 60 Minuten.

Weiße Bohnen mit Tomaten

250 g weiße Bohnen
2 l Wasser
1 Zwiebel
600 g Lammfleisch
2 Zwiebeln
1 Knoblauchzehe
500 g feste Gemüsetomaten
2 EL Schmalz
2 EL Mehl
500 ml Rinder-Fond
500 ml Weißwein
1 Sträußchen Kräuter der Provence -
oder 1 TL getrocknete -
Salz
schwarzer Pfeffer

Die Bohnen waschen, mit der geschälten und geviertelten Zwiebel in 2 l Wasser ca. 80 Minuten kochen, dann abgießen und beiseite stellen. Das Fleisch waschen und in Würfel schneiden. Die Zwiebeln und den Knoblauch schälen und würfeln.

Die Tomaten kurz in kochendes Wasser tauchen, schälen, entkernen und in Stücke schneiden.

Das Schmalz in einem Topf zerlassen, das Fleisch, die Zwiebeln und den Knoblauch zugeben und 10 Minuten dünsten.

Die Bohnen und die Tomaten zugeben und mit Mehl bestäuben. Dann mit Rinder-Fond und Wein aufgießen, nochmals aufkochen lassen.

Die Kräuter waschen, kleinschneiden und zugeben. Mit Salz und Pfeffer abschmecken.

Gemüse

Puffbohnen Cassoulet

250 g Puffbohnen (dicke Bohnen)
1 l Wasser
3 Zwiebeln
2 Knoblauchzehen
3 Karotten
500 g gemischtes Hackfleisch
4 EL Pflanzenöl
1 Prise Cayennepfeffer
750 ml Rinder Fond
1 Bohnenkrautzweig
Salz
schwarzer Pfeffer
1 Bund Petersilie

Die Puffbohnen über Nacht in Wasser einweichen, dann abgießen und beiseite stellen.

Die Zwiebeln und die Knoblauchzehen schälen, die Zwiebeln würfeln und die Knoblauchzehen durch die Presse drücken.

Die Karotten schälen und in Scheiben schneiden.

Das Öl in eine Pfanne geben und das Hackfleisch darin anbraten, Zwiebeln, Knoblauch, Karotten und den Cayennepfeffer zugeben, kurz mitdünsten.

Die Puffbohnen zufügen, mit dem Rinder Fond aufgießen, das Bohnenkraut zufügen und 60 Minuten kochen lassen.

Den Bohnenkrautzweig herausnehmen und mit Salz und Pfeffer abschmecken.

Die Petersilie waschen, feinhacken und das Cassoulet vor dem Servieren damit bestreuen.

Löffelerbsen mit Speck

400 g geschälte gelbe Erbsen
2 l Wasser
2 Zwiebeln
1 Bund Suppengrün
2 Kartoffeln
350 g durchwachsener Speck
1 EL Butter
1 l Rinder-Fond
etwas Majoran
1/2 EL Essig
Salz
schwarzer Pfeffer

Die Erbsen über Nacht in Wasser einweichen, dann abgießen und beiseite stellen.

Die Zwiebeln schälen und kleinwürfeln.

Das Suppengrün putzen, waschen und kleinschneiden.

Die Kartoffeln schälen und würfeln.

Den Speck in kleine Würfel schneiden.

Die Butter in den Schnellkochtopf geben und zerlaufen lassen, Zwiebeln, Suppengrün und Speck zugeben, dann andünsten.

Die Erbsen, Kartoffeln und Majoran zufügen, mit dem Rinder-Fond aufgießen, den Topf verschließen und 15 Minuten kochen lassen.

Mit Essig, Salz und frischgemahlenem Pfeffer abschmecken.

Gelber Erbsen-Eintopf

250 g geschälte gelbe Erbsen
1 l Wasser
1 Zwiebel
600 g Schweinenacken
2 Zwiebeln
2 rote Paprikaschoten
2 EL Schmalz
2 EL Mehl
500 ml Rinder-Fond
250 ml Weißwein
1 Bund Petersilie
Salz
schwarzer Pfeffer

Die Erbsen waschen und mit der geschälten, geviertelten Zwiebel in 1 l Wasser ca. 60 Minuten kochen, dann abgießen und beiseite stellen.

Das Fleisch waschen und in feine Streifen schneiden.

Die Zwiebeln schälen und in Würfel schneiden.

Die Paprikaschoten waschen, entkernen und in Würfel schneiden.

Das Schmalz in einem Topf zerlassen, das Fleisch, die Zwiebeln und die Paprikaschoten zugeben und 10 Minuten dünsten lassen.

Die Erbsen zugeben, mit Mehl bestäuben, mit Rinder-Fond und Wein aufgießen, nochmals aufkochen lassen.

Die Petersilie waschen, kleinschneiden und zugeben.

Mit Salz und frischgemahlenem Pfeffer abschmecken.

Gemüse

Gemüse

Lauch-Topf

250 g Lauch
600 g Rindfleisch aus der Nuß
2 Zwiebeln
2 rote Paprikaschoten
2 EL Schmalz
2 EL Mehl
500 ml Rinder Fond
250 ml Weißwein
1 Bund Petersilie
Salz
schwarzer Pfeffer

Den Lauch putzen, waschen und in Ringe schneiden.

Das Fleisch waschen und in feine Streifen schneiden.

Die Zwiebeln schälen und in Würfel schneiden.

Die Paprikaschote putzen, waschen, entkernen und in Würfel schneiden.

Das Schmalz in einem Topf zerlassen, das Fleisch, die Zwiebeln und die Paprikaschoten zugeben und 10 Minuten dünsten lassen.

Den Lauch zugeben, mit Mehl bestäuben, mit Rinder Fond und Wein aufgießen, nochmals 15 Minuten kochen lassen.

Die Petersilie waschen, kleinschneiden und zugeben.

Mit Salz und frischgemahlenem Pfeffer abschmecken.

Kichererbsen-Eintopf

250 g Kichererbsen
1 l Wasser
3 Zwiebeln
2 Knoblauchzehen
3 Karotten
500 g gemischtes Hackfleisch
4 EL Pflanzenöl
1 Prise Cayennepfeffer
750 ml Rinder-Fond
Salz
schwarzer Pfeffer
1 Bund Petersilie

Die Kichererbsen über Nacht in Wasser einweichen, dann abgießen und beiseite stellen.

Die Zwiebeln und die Knoblauchzehen schälen, die Zwiebeln würfeln und die Knoblauchzehen durch die Presse drücken.

Die Karotten schälen und in Scheiben schneiden.

Das Öl in eine Pfanne geben und das Hackfleisch darin anbraten, Zwiebeln, Knoblauch, Karotten und den Cayennepfeffer zugeben, kurz mitdünsten.

Die Kichererbsen zufügen und mit dem Rinder-Fond aufgießen, 60 Minuten kochen lassen.

Mit Salz und Pfeffer abschmecken.

Die Petersilie waschen, feinhacken und den Eintopf vor dem Servieren damit bestreuen.

Karotten-Kasserolle

500 g Rindfleisch
1 Zwiebel
3 EL Butter
500 ml Rinder-Fond
500 g Karotten
500 g Kartoffeln
1 TL Majoran
1 Bund Petersilie
1 TL Zucker
Salz
schwarzer Pfeffer

Das Rindfleisch waschen, trockentupfen und in Würfel schneiden.

Die Zwiebel schälen und ebenfalls würfeln.

Die Butter in einer Kasserolle erhitzen und das Rindfleisch mit der Zwiebel darin anbraten.

Mit dem Rinder-Fond aufgießen und 25 Minuten leicht kochen lassen.

In der Zwischenzeit die Karotten und Kartoffeln schälen, dann in Stifte bzw. in Scheiben schneiden.

Den Majoran mit dem Gemüse zum Fleisch geben und nochmals 25 Minuten kochen, bis das Gemüse gar ist.

Die Petersilie waschen und feinschneiden.

Den Eintopf mit Zucker, Salz und frischgemahlenem Pfeffer abschmecken und heiß, mit der Petersilie bestreut, servieren. Dazu paßt kerniges Bauernbrot.

Gemüse

Rheinischer Erbsentopf

Für 8 Personen

1 EL Schmalz
2 Zwiebeln
100 g durchwachsenen Schinkenspeck
2 l Rinder-Fond
1 Schinkenknochen
1 Speckschwarte
500 g frische Erbsen
1 Stange Lauch
1 kleine Sellerieknolle
200 g Kartoffeln
4 Karotten
1 Lorbeerblatt
1 Zweig Majoran
Salz
schwarzer Pfeffer

Die Zwiebeln schälen und in Würfel schneiden.

Den Schinkenspeck würfeln, das Schmalz in einem Topf zerlassen, die Speckwürfel und Zwiebeln zugeben, dann andünsten. Mit dem Rinder-Fond aufgießen, den Schinkenknochen, die Speckschwarte und die Erbsen zugeben, aufkochen lassen.

Den Lauch putzen, waschen und in Ringe schneiden. Den Sellerie, die Kartoffeln und Karotten schälen, dann in Streifen schneiden. Das Gemüse mit dem Lorbeerblatt, Majoran und Salz zum Rinder-Fond geben und bei kleiner Hitze 90 Minuten garen lassen. Mit frischgemahlenem Pfeffer abschmecken.

Gemüse

Fränkischer Linsentopf

500 g Linsen
2 l Wasser
2 Zwiebeln
200 g Kassler
1 EL Schmalz
2 l Rinder-Fond
1 Schinkenknochen
1 Speckschwarte
1 Stange Lauch
1 kleine Sellerieknolle
200 g Kartoffeln
4 Karotten
1 Lorbeerblatt
1 Zweiglein Majoran
1 TL Salz
schwarzer Pfeffer
2 EL Kräuteressig

Die Linsen am Vorabend in Wasser einweichen. Die Zwiebeln schälen und in Würfel schneiden. Das Kassler vom Knochen trennen und würfeln. Das Schmalz in einem Topf zerlassen, die Zwiebel- und Kasslerwürfel zugeben und andünsten. Mit dem Rinder-Fond aufgießen, dann den Schinkenknochen, die Speckschwarte und die Linsen zugeben, aufkochen lassen. Den Lauch putzen, waschen und in Ringe schneiden. Den Sellerie, die Kartoffeln und Karotten schälen, dann in Streifen schneiden. Das Gemüse mit Lorbeerblatt, Majoran und Salz zum Rinder-Fond geben und bei kleiner Hitze 90 Minuten garen.
 Mit Pfeffer und dem Kräuteressig abschmecken.

Lauch-Kartoffel-Topf

Für 6 Personen

500 g Lauch
1 kg Kartoffeln
3 EL Butter
2 l Rinder-Fond
1 Bund Petersilie
1 Becher Sahne Dickmilch
Salz
schwarzer Pfeffer

Den Lauch putzen, waschen und in feine Ringe schneiden.

Die Kartoffeln schälen und in dünne Scheiben schneiden.

Die Butter in einem Topf zerlassen und den Lauch darin andünsten, die Kartoffeln zugeben und mit dem Rinder-Fond aufgießen.

Zum Kochen bringen und 30 Minuten kochen lassen, bis das Gemüse fast gar ist.

Die Petersilie waschen und kleinhacken.

Kurz vor dem Servieren die Dickmilch einrühren und die Petersilie zugeben.

Mit Salz und Pfeffer abschmecken

Tip: Sehr edel schmeckt die Suppe, wenn man zum Schluß 50 g in Streifen geschnittenen, geräucherten Lachs dazugibt.

Kräuterrahm-Suppe

1 Zwiebel
1 Knoblauchzehe
250 g Kohlrabi
250 g Kartoffeln
4 EL Butter
500 ml Rinder-Fond
500 ml Crème fraîche
2 Bund gemischte Kräuter:
Petersilie
Estragon
Dill
Kerbel
Kresse
Schnittlauch
1 EL Speisestärke
2 EL Wasser
4 Eigelb
Salz
weißer Pfeffer
1 Prise Zucker
geriebene Muskatnuß
1 Schuß Weißwein

Die Zwiebel und Knoblauchzehe schälen und feinwürfeln.

Die Kohlrabi und Kartoffeln schälen und in Streifen schneiden.

Die Butter in einem Topf erhitzen, die Zwiebel- und Knoblauchwürfel sowie die Kartoffel- und Kohlrabistreifen darin andünsten.

Mit dem Rinder-Fond aufgießen und 25 Minuten leicht köcheln lassen, dann die Crème fraîche einrühren.

Die Kräuter waschen und feinhacken.

Die Speisestärke mit dem Wasser anrühren und zur Suppe geben, nochmals aufkochen und die Kräuter dazurühren.

Die Eigelb verquirlen und unter die nicht mehr kochende Suppe rühren.

Mit Salz, frischgemahlenem Pfeffer, Zucker, einer Prise geriebener Muskatnuß und Weißwein abschmecken.

Mit französischem Weißbrot servieren.

Kohlrabi-Topf

Für 8 Personen:

500 g Kohlrabi
1 kg Kartoffeln
3 EL Butter
2 l Rinder Fond
1 Bund Petersilie
200 ml Crème fraîe
Salz
schwarzer Pfeffer

Die Kohlrabi schälen und in Streifen schneiden.

Die Kartoffeln schälen und in dünne Scheiben schneiden.

Die Butter in einem Topf zerlassen und die Kohlrabi darin andünsten, die Kartoffeln zugeben und mit dem Rinder Fond aufgießen. Zum Kochen bringen und 25 Minuten kochen lassen, bis das Gemüse fast gar ist.

Die Petersilie waschen und kleinhacken. Kurz vor dem Servieren die Crème fraîe einrühren und die Petersilie zugeben. Mit Salz und Pfeffer abschmecken.

Gemüse

Kerbel-Suppe

| 250 g Lauch |
| 250 Kartoffeln |
| 2 EL Butter |
| 750 ml Rinder-Fond |
| 250 ml süße Sahne |
| 100 g Kerbel |
| Salz |
| weißer Pfeffer |

Den Lauch putzen, waschen und in feine Ringe schneiden.

Die Kartoffeln schälen und in Würfel schneiden.

Die Butter in einem Topf erhitzen, die Lauchringe und die Kartoffelwürfel darin andünsten.

Mit dem Rinder-Fond aufgießen und 30 Minuten zugedeckt kochen lassen.

Mit einem Mixstab pürieren oder durch ein Sieb streichen, dann die Sahne zur Suppe rühren.

Den Kerbel waschen und feinhacken.

Die Suppe nochmals erhitzen und den Kerbel zugeben und mit Salz und frischgemahlenem Pfeffer abschmecken, nicht mehr kochen lassen.

Mit Knoblauchbrot servieren.

Gemüse

Bärlauch-Suppe

250 g Lauch
250 Kartoffeln
2 EL Butter
750 ml Rinder Fond
250 ml süße Sahne
100 g Bärlauch
Salz
weißer Pfeffer

Den Lauch putzen, waschen und in feine Ringe schneiden.
Die Kartoffeln schälen und in Würfel schneiden.
Die Butter in einem Topf erhitzen, die Lauchringe und die Kartoffelwürfel darin andünsten.
Mit dem Rinder Fond aufgießen und 30 Minuten zugedeckt kochen lassen.
Mit einem Mixstab pürieren oder durch ein Sieb streichen, dann die Sahne zur Suppe rühren.
Den Bärlauch waschen und feinhacken.
Die Suppe nochmals erhitzen und den Bärlauch zugeben und mit Salz und frischgemahlenem Pfeffer abschmecken, nicht mehr kochen lassen.
Mit Weißbrot servieren.

Tip: Bärlauch ist wilder Knoblauch, der im Mai in Auwäldern wächst; verwendet werden die jungen Blätter vor der Blüte.

Sauerampfer-Suppe

100 g Sauerampfer

Zutaten und Zubereitung wie »Kerbel-Suppe«, nur den Kerbel durch selbstgesammelten oder gekauften Sauerampfer ersetzen.

Brunnenkresse-Suppe

50 g Brunnenkresse

Zutaten und Zubereitung wie Rezept »Kerbel-Suppe«, nur den Kerbel durch Brunnen- oder Gartenkresse ersetzen.

Broccoli-Cremesuppe

1 Zwiebel
1 Knoblauchzehe
500 g Broccoli
2 EL Butter
500 ml Rinder-Fond
250 ml Crème fraîche
1 Bund gemischte Kräuter
1 EL Speisestärke
2 EL Wasser
4 Eigelb
200 ml süße Sahne
Salz
weißer Pfeffer
Zucker
Muskatnuß
1 EL Weißwein

Die Zwiebel und Knoblauchzehe schälen und feinwürfeln.

Den Broccoli waschen und kleinschneiden.

Die Butter in einem Topf erhitzen und den Broccoli, Zwiebel- und Knoblauchwürfel andünsten.

Mit dem Rinder-Fond aufgießen und 10 Minuten kochen lassen.

Mit einem Mixstab pürieren oder durch ein Sieb streichen.

Die Crème fraîche einrühren.

Die Kräuter waschen und feinhacken.

Die Speisestärke mit dem Wasser anrühren und zur Suppe geben, nochmals aufkochen lassen und die Kräuter dazurühren.

Die Eigelb verquirlen und unter die nicht mehr kochende Suppe rühren.

Mit Salz, frischgemahlenem Pfeffer, Zucker, einer Prise geriebener Muskatnuß und Weißwein abschmecken.

Die Schlagsahne steifschlagen und vorsichtig unter die fertige Suppe rühren.

Mit französischem Weißbrot servieren.

Tip: »Zucchini-Cremesuppe« läßt sich nach dem gleichen Rezept mit 500 g Zucchini zubereiten.

Gemüse

Gemüse

Tomaten-Basilikum-Suppe

750 g Fleischtomaten
2 Bund Basilikum
3 EL Ketchup

Zutaten und Zubereitung wie »Broccoli-Cremesuppe«, nur den Broccoli durch Fleischtomaten ersetzen. Die Tomaten kurz in kochendes Wasser tauchen, häuten, entkernen und in grobe Stücke teilen.

Die gemischten Kräuter durch das Basilikum ersetzen. Die Tomaten nicht pürieren, sondern die Suppe mit den Tomatenstücken servieren.

Die Suppe zum Schluß noch mit Ketchup abschmecken.

Morchel-Rahmsuppe

300 g frische oder 25 g getrocknete Morcheln
250 g Kartoffeln

Zutaten und Zubereitung wie »Broccoli-Cremesuppe«, nur den Broccoli durch frische Morcheln oder getrocknete, vorher 30 Minuten in Wasser eingeweichte Pilze und geschälte in Streifen geschnittene Kartoffeln, ersetzen. Auch Champignons oder Waldpilze sind statt der Morcheln verwendbar. Die Pilze putzen und kleingeschnitten andünsten, nicht pürieren.

Bunte Gemüsesuppe mit Klößchen

Für 8 Personen

2 Zwiebeln
2 Kohlrabi
4 Karotten
4 große Kartoffeln
2 Stangen Lauch

Für die Klößchen:
1 Bund Petersilie
1 Bund Schnittlauch
1 Bund Dill
1 Bund Estragon
350 g gemischtes Hackfleisch
1 Ei
2 EL Semmelbrösel
1 TL Senf
Salz
schwarzer Pfeffer

Außerdem:
1 1/2 l Rinder-Fond

Die Zwiebeln schälen und in kleine Würfel schneiden.

Die Kohlrabi, Karotten und Kartoffeln schälen und in Stifte scheiden.

Den Lauch putzen, waschen und in Ringe schneiden.

Die Kräuter waschen und feinhacken.

Für die Hackklößchen das Fleisch in eine Schüssel geben, mit Ei, Semmelbrösel, Kräutern, Senf, Salz und frischgemahlenem Pfeffer mischen und einen Hackteig herstellen. Dann kleine Klößchen formen und in leicht gesalzenem Wasser 8 Minuten gar ziehen lassen.

Die Brühe zum Kochen bringen und das Gemüse darin 20 Minuten kochen.

Zum Schluß die Klößchen zugeben und heiß mit der Kräuter-Knoblauchsauce servieren.

Kräuter-Knoblauchsauce

Für 8 Personen

5 Knoblauchzehen
1 EL gehackte Petersilie
2 Eigelb
125 ml Pflanzenöl
125 ml Crème fraîche
1 TL Salz

Die Knoblauchzehen schälen und durch die Presse in eine Schüssel drücken.

Die Petersilie waschen und feinhacken.

Das Eigelb unter Rühren hinzufügen und das Öl erst tropfenweise, dann in dünnem Strahl, am besten mit einem Handrührer dazurühren, bis die Sauce dicklich wird. Die Crème fraîche und die Petersilie unterrühren zum Schluß mit Salz abschmecken.

Vor dem Servieren auf jede Portion Gemüsesuppe 1 EL von der Sauce geben.

Gemüse

Zuckererbsen-Topf

| 1 kg Zuckererbsen |
| 2 Zwiebeln |
| 1 Knoblauchzehe |
| 1 EL Butter |
| 125 ml süße Sahne |
| 100 g Schafskäse |
| Salz |
| schwarzer Pfeffer |
| 1 Bund Petersilie |
| 200 g gekochter Schinken |

Die Erbsenschoten putzen, waschen und in kochendem Salzwasser 10 Minuten garen, sie müssen noch Biß haben, dann warmstellen.

Die Zwiebeln und Knoblauchzehe schälen und kleinwürfeln.

Die Butter in einer feuerfesten Auflaufform erhitzen und die Zwiebeln mit dem Knoblauch darin glasig dünsten.

Den zerbröckelten Käse mit der Sahne vermischen, mit Salz und frischgemahlenem Pfeffer abschmecken.

Die Petersilie waschen und feinhacken.

Den Schinken in kleine Würfel schneiden.

Die Zuckererbsen zu den Zwiebeln geben und nochmals 5 Minuten erhitzen, die Sahnekäsecreme darübergießen, den Schinken darauf geben.

Vor dem Servieren mit der Petersilie bestreuen.

Chicorée-Topf

| 1 kg Chicorée |
| 2 Zwiebeln |
| 1 Knoblauchzehe |
| 1 EL Butter |
| 125 ml süße Sahne |
| 100 g Schafskäse |
| Salz |
| schwarzer Pfeffer |
| 1 Bund Petersilie |
| 200 g gekochter Schinken |

Den Chicorée putzen, waschen und den bitteren Keil am unteren Ende herausstechen, in kochendem Salzwasser 8 – 10 Minuten garen, dann warmstellen.

Die Zwiebeln und die Knoblauchzehe schälen und kleinwürfeln.

Die Butter in einer feuerfesten Auflaufform erhitzen und die Zwiebeln mit dem Knoblauch darin glasig dünsten.

Den zerbröckelten Käse mit der Sahne vermischen, mit Salz und frischgemahlenem Pfeffer abschmecken.

Die Petersilie waschen und feinhacken.

Den Schinken in kleine Würfel schneiden.

Den Chicorée nebeneinander zu den Zwiebeln legen und nochmals 5 Minuten erhitzen, die Sahnekäsecreme darübergießen, den Schinken darüber streuen.

Vor dem Servieren mit der Petersilie bestreuen.

Tip: Nach diesem Rezept kann man auch grünen oder weißen Spargel zubereiten, den grünen am unteren Ende abschneiden, den weißen schälen und 20 Minuten garen.

Gemüse

Gemüse

Westfälischer Steckrüben-Eintopf

Für 6 Personen

500 g Schweinebauch
750 g Steckrüben
500 g Kartoffeln
3 EL Butter
500 ml Rinder-Fond
Salz
schwarzer Pfeffer
Kümmel
50 g durchwachsener Speck
1 Zwiebel

Das Fleisch waschen, trockentupfen und in dicke Scheiben schneiden.

Die Steckrüben schälen und in Würfel schneiden. Die Kartoffeln schälen und kleinschneiden.

Die Butter in eine Kasserolle geben und erhitzen, das Fleisch zugeben und anbraten, mit dem Rinder-Fond aufgießen.

Die Rüben und die Kartoffeln dazugeben und mit Salz, Pfeffer und Kümmel würzen. Im geschlossenen Topf 60 Minuten garen. Dann das Fleisch herausheben, den Eintopf durchrühren, abschmecken. Das Fleisch wieder zugeben und warmstellen.

Den Speck in Würfel schneiden. Die Zwiebel schälen, würfeln und mit dem Speck in einer Pfanne anbraten.

Den Eintopf in eine vorgewärmte Terrine umfüllen. Mit den darübergestreuten Speck-Zwiebelwürfeln servieren.

Altdeutscher Wirsing-Eintopf

Für 6 Personen

1 kg Wirsing
200 g durchwachsener Speck
3 kleine Zwiebeln
500 ml Rinder-Fond
500 g Kartoffeln
Salz
schwarzer Pfeffer
1 Bund Petersilie
250 g grobe Mettwurst

Den Wirsing halbieren, den Strunk entfernen, in Streifen schneiden, waschen und abtropfen lassen. Den Speck in kleine Würfel zerteilen. Die Zwiebeln schälen und ebenfalls würfeln.

Den Speck mit den Zwiebeln in einen Topf geben und die Zwiebeln darin glasig dünsten.

Den Wirsing zugeben und unter Rühren anbraten. Mit dem Rinder-Fond aufgießen und 15 Minuten kochen.

Die Kartoffeln schälen, in kleine Stücke schneiden und ebenfalls zugeben, weitere 15 Minuten kochen lassen.

Mit Salz und frischgemahlenem Pfeffer abschmecken.

Die Petersilie waschen und kleinschneiden.

Die Wurst in Scheiben schneiden und zum Eintopf geben. Das Gericht vor dem Servieren mit der Petersilie bestreuen, dazu schmeckt Bauernbrot.

Gemüse

Grünkohl-Kasserolle

Für 6 Personen

1 kg Grünkohl
200 g durchwachsener Speck
3 kleine Zwiebeln
500 ml Rinder-Fond
500 g Kartoffeln
1 TL Kümmel
Salz
schwarzer Pfeffer
1 Bund Petersilie
500 g Kassler

Den Grünkohl halbieren, den Strunk entfernen, in Streifen schneiden, waschen und abtropfen lassen.

Den Speck in kleine Würfel zerteilen. Die Zwiebeln schälen und ebenfalls würfeln.

Den Speck mit den Zwiebeln in einen Topf geben und die Zwiebel darin glasig dünsten.

Den Grünkohl zugeben und unter Rühren anbraten. Mit dem Rinder-Fond aufgießen und 15 Minuten kochen.

Die Kartoffeln schälen, in kleine Stücke schneiden und mit dem Kümmel zugeben, weitere 15 Minuten kochen lassen.

Mit Salz und frischgemahlenem Pfeffer abschmecken.

Die Petersilie waschen und kleinschneiden. Das Kassler vom Knochen lösen, würfeln und zum Eintopf geben. Das Gericht vor dem Servieren mit der Petersilie bestreuen.

Gemüse

Gemüse

Tomaten-Spinat-Gratin

500 g Spinat
2 Zwiebeln
4 EL Butter
6 EL Weißwein
Salz
weißer Pfeffer
1 Prise Zucker
geriebene Muskatnuß
150 g gekochter Schinken
4 Tomaten
1 EL Butter
250 g Emmentaler
1 Bund Basilikum

Den Spinat verlesen, waschen und kurz blanchieren, kalt abschrecken und beiseite stellen.

Die Zwiebeln schälen und in Würfel schneiden.

Die Butter in einem Topf erhitzen und die Zwiebeln darin andünsten.

Den Spinat zugeben und mit dem Wein aufgießen.

Mit Salz, frischgemahlenem Pfeffer, Zucker, und Muskatnuß abschmecken und 5 Minuten dünsten.

Den Schinken in Würfel schneiden.

Die Tomaten kurz in kochendes Wasser tauchen, häuten, vierteln und entkernen, dann in Streifen schneiden.

Eine feuerfeste Form mit etwas Butter auspinseln.

Den Spinat hineingeben, den Schinken und die Tomaten daraufgeben.

Den Emmentaler reiben und darüberstreuen.

Im vorgeheizten Backofen bei 200 Grad 15 Minuten überbakken.

Das Basilikum waschen und in Blättchen zupfen und kurz vor dem Servieren über das Gratin streuen.

Dazu schmecken neue Kartoffeln.

Zucchini-Gratin

500 g Zucchini
2 Zwiebeln
4 EL Butter
6 EL Brühe
Salz
weißer Pfeffer
1 TL Zitronensaft
150 g gekochter Schinken
2 Tomaten
1 EL Butter
250 g Gouda
1 Bund Petersilie

Die Zucchini waschen, abtropfen lassen und mit der Schale in Scheiben schneiden.

Die Zwiebeln schälen und in Würfel schneiden.

Die Butter in einem Topf erhitzen und die Zwiebeln darin andünsten.

Die Zucchini zugeben und mit dem Rinder-Fond aufgießen.

Mit Salz, frischgemahlenem Pfeffer und dem Zitronensaft abschmecken, 10 Minuten dünsten.

Den Schinken in Würfel schneiden.

Die Tomaten kurz in kochendes Wasser tauchen, häuten, vierteln und entkernen, dann in Streifen schneiden.

Eine feuerfeste Form mit Butter auspinseln.

Die Zucchini einfüllen, den Schinken und die Tomaten daraufgeben.

Den Gouda reiben und darüberstreuen.

Im vorgeheizten Backofen bei 200 Grad 25 Minuten backen.

Die Petersilie waschen, kleinschneiden und kurz vor dem Servieren über das Gratin streuen.

Das Gratin schmeckt sehr gut als Hauptgericht mit neuen Kartoffeln oder Püree und als Beilage zu gegrilltem oder kurzgebratenem Fleisch.

Fenchel-Gratin

500 g Fenchel

Zutaten und Zubereitung wie Rezept »Zucchini-Gratin«, nur die Zucchini durch Fenchel ersetzen.

Gemüse

Bunte Gemüse-pfanne

250 g Karotten
250 g Champignons
250 g Zucchini
2 Zwiebeln
250 g Hühnerbrustfilet
3 EL Butter
125 ml Gemüse-Fond
1 EL Majoran
Salz
weißer Pfeffer
2 EL Pinienkerne

Die Karotten schälen und in Scheiben schneiden.

Die Champignons putzen, wenn nötig waschen und halbieren. Die Zucchini waschen und in Stifte schneiden.

Die Zwiebeln schälen und kleinwürfeln.

Das Hühnerbrustfilet waschen, trockentupfen und in Streifen schneiden.

Die Butter in einer tiefen Pfanne erhitzen, das Hühnerfleisch darin anbraten und mit dem Gemüse-Fond aufgießen.

Die Karotten zufügen und 5 Minuten mitdünsten, nun die Champignons, Zucchini und Zwiebeln zugeben, nochmals 5 Minuten garen lassen.

Den Majoran waschen, kleinschneiden und zum Gemüse geben. Mit Salz und frischgemahlenem Pfeffer abschmecken.

Kurz vor dem Servieren die Pinienkerne darüber streuen.

Gemüse

Kartoffel-Pfanne

1 rote und 1 grüne Paprikaschote
250 g Zucchini
2 Zwiebeln
2 Knoblauchzehen
500 g Kartoffeln
250 g Kalbfleisch
3 EL Butter
125 ml Gemüse-Fond
1 Bund Kräuter der Provence
Salz
weißer Pfeffer

Die Paprikaschoten waschen, halbieren, entkernen und in Streifen schneiden.
Die Zucchini waschen und in Stifte schneiden.
Die Zwiebeln und Knoblauchzehen schälen und kleinwürfeln.
Die Kartoffeln schälen und in Scheiben schneiden.
Das Kalbfleisch waschen, trockentupfen und in Streifen schneiden.
Die Butter in einer tiefen Pfanne erhitzen und das Kalbfleisch darin anbraten, mit dem Gemüse-Fond aufgießen.
Die Kartoffeln, Paprikaschoten, Zucchini, Zwiebeln und Knoblauchzehen zugeben, 10 Minuten garen lassen.
Die Kräuter waschen, kleinschneiden und zum Gemüse geben.
Mit Salz und frischgemahlenem Pfeffer abschmecken.

Spargel-Schinken-Gratin

800 g Spargel
2 Zwiebeln
4 EL Butter
6 EL Brühe
Salz
weißer Pfeffer
1 TL Zitronensaft
250 g gekochter Schinken
2 Tomaten
1 EL Butter
250 g Gouda
1 Bund Petersilie

Den Spargel schälen und die holzigen Enden abschneiden.
Die Zwiebeln schälen und in Würfel schneiden. Die Butter in einem Topf erhitzen und die Zwiebeln darin andünsten. Den Spargel zugeben und mit dem Rinder-Fond aufgießen. Mit Salz, Pfeffer und dem Zitronensaft abschmecken, 10 Minuten dünsten. Den Schinken in Würfel schneiden. Die Tomaten kurz in kochendes Wasser tauchen, häuten, vierteln und entkernen, dann in Streifen schneiden. Eine feuerfeste Form mit Butter auspinseln. Den Spargel einlegen, den Schinken und die Tomaten daraufgeben. Den Gouda reiben und darüberstreuen. Im vorgeheizten Backofen bei 200 Grad 25 Minuten backen. Die Petersilie waschen, kleinschneiden und kurz vor dem Servieren über das Gratin streuen.

Gemüse

Überbackener Kohlrabi

1 kg Kohlrabi
500 ml Rinder-Fond

Für die Sauce:
2 EL Butter
2 EL Mehl
250 ml Crème fraîche
2 Eigelb
Salz
weißer Pfeffer
1 Prise Zucker
geriebene Muskatnuß

Außerdem:
1 EL Butter
150 g gekochter Schinken
1 Bund Petersilie

Die Kohlrabi schälen und in Scheiben schneiden.

Den Fond in einen Topf geben und zum Kochen bringen, die Kohlrabischeiben 15 Minuten garen, herausheben und abtropfen lassen.

Die Butter in einem Topf erhitzen, das Mehl hineingeben und eine helle Mehlschwitze rühren, mit einem Teil der Kohlrabibrühe aufgießen, einmal aufkochen lassen, so daß eine sämige Sauce entsteht.

Die Crème fraîche mit dem Eigelb verrühren und unter die Sauce geben.

Mit Salz, frischgemahlenem Pfeffer, Zucker und Muskatnuß abschmecken.

Den Schinken in Streifen schneiden.

Eine feuerfeste Auflaufform mit Butter einfetten und die Kohlrabischeiben einlegen.

Die Ei-Sahne-Sauce über die Kohlrabi gießen und die Schinkenstreifen darüberstreuen.

Im vorgeheizten Backofen bei 220 Grad ca. 20 Minuten backen.

Die Petersilie waschen, feinschneiden und den Kohlrabi-Auflauf vor dem Servieren damit bestreuen.

Broccoli-Auflauf

1 kg Broccoli

Zutaten und Zubereitung wie Rezept »Überbackener Kohlrabi«, nur den Kohlrabi durch Broccoli ersetzen.

Überbackener Lauch

1 kg Lauch

Zutaten und Zubereitung wie Rezept »Überbackener Kohlrabi«, nur den Kohlrabi durch Lauch ersetzen.

Rosenkohl-Auflauf

Für 6 Personen
1 kg Rosenkohl
500 g Karotten
500 ml Rinder-Fond

Für die Sauce:
2 EL Butter
2 EL Mehl
250 ml Crème fraîche
2 Eigelb
Salz
weißer Pfeffer
1 Prise Zucker
geriebene Muskatnuß

Außerdem:
1 EL Butter
150 g roher Schinken
150 g Gouda
1 Bund Petersilie

Den Rosenkohl putzen, die Karotten schälen und in Scheiben schneiden.

Die Brühe in einen Topf geben und zum Kochen bringen, den Rosenkohl und die Karotten 20 Minuten garen, herausheben und abtropfen lassen.

Die Butter in einem Topf erhitzen, das Mehl hineingeben und eine helle Mehlschwitze rühren, mit einem Teil vom Rinder-Fond aufgießen und aufkochen lassen, so daß eine sämige Sauce entsteht.

Die Crème fraîche mit dem Eigelb verrühren und unter die Sauce geben.

Gemüse

Mit Salz, frischgemahlenem Pfeffer, Zucker und Muskatnuß abschmecken.

Den Schinken in Streifen schneiden und den Gouda reiben. Eine feuerfeste Auflaufform mit Butter einfetten und das Gemüse einlegen.

Die Ei-Sahne-Sauce über das Gemüse gießen, die Schinkenstreifen und den Gouda darüberstreuen. Im vorgeheizten Backofen bei 180 Grad ca. 20 Minuten überbacken.

Die Petersilie waschen, feinschneiden und den Rosenkohl-Auflauf vor dem Servieren damit bestreuen.

Gemüse

Pikanter Gemüse-Flan

1 rote und 1 grüne Paprikaschote
250 g Champignons
100 g gekochter Schinken
3 EL Butter
Salz
weißer Pfeffer
geriebene Muskatnuß
1 EL Butter
1/2 Becher Sahne Dickmilch
3 Eier
150 g Emmentaler

Die Paprikaschoten waschen, halbieren, entkernen und in feine Streifen schneiden.

Die Champignons putzen, eventuell waschen und in Scheiben schneiden.

Den Schinken in Würfel schneiden.

Die Butter in einen Topf geben und erhitzen, dann das Gemüse darin kurz andünsten.

Mit Salz, frischgemahlenem Pfeffer und Muskatnuß abschmecken.

Eine feuerfeste Form mit der Butter auspinseln und die Gemüse einfüllen.

Die Sahne Dickmilch mit den Eiern verquirlen. Den Käse reiben und zufügen, dann über das Gemüse gießen.

Im vorgeheizten Backofen bei 200 Grad ca. 30 Minuten backen. Heiß, mit Salzkartoffeln servieren.

Gemüse

Blumenkohlauflauf

1 großen Blumenkohl
2 l Wasser
1 EL Salz
250 g gekochter Schinken
250 ml süße Sahne
1 Ei
schwarzer Pfeffer
125 g roher Schinken
1 EL Butter
3 EL Butter
3 EL Mehl
125 ml Milch oder süße Sahne
3 Eier
50 g Emmentaler

Den Blumenkohl ca. 12 Minuten kochen, abgießen und in Röschen zerteilen. Den gekochten Schinken grob zerkleinern, mit der Sahne und dem Ei pürieren, mit Pfeffer abschmecken. Den rohen Schinken würfeln und unter die Sauce rühren. Eine feuerfeste Form mit etwas Butter einfetten und die Hälfte der Schinken-Masse einfüllen, dann die Blumenkohlröschen einlegen und den Rest der Masse darübergießen.

Butter in einem Topf zerlassen und das Mehl einrühren, die Milch langsam unter Rühren zugießen, bis die Sauce sämig wird. Den Käse reiben und mit dem Eigelb verrühren, das Eiweiß zu steifem Schnee schlagen und unterheben. Die Käsemasse über den Blumenkohl gießen und im vorgeheizten Backofen bei 200 Grad ca. 35 Minuten backen.

Gemüse

Sauerkraut-Auflauf mit Quark

Für den Teig:
250 g Quark
50 g Mehl
200 ml Crème fraîche
4 Eier
100 g Emmentaler
1 TL helle Sojasauce
1 Gläschen Weinbrand

Für die Füllung:
1 Stange Lauch
200 g Kassler
2 EL Butter
1 EL Butter
500 g Sauerkraut
1/2 Bund Estragon
1/2 Bund Majoran
Salz
weißer Pfeffer
1 Eiweiß

Aus Quark, Mehl, Crème fraîche und den Eiern einen Teig rühren.

Den Käse reiben, mit der Sojasauce und dem Weinbrand dazurühren.

Den Lauch putzen, waschen und das Weiße in feine Ringe, das Kassler in kleine Würfel schneiden.

Die Butter in einem Topf erhitzen und den Lauch, mit den Kasslerwürfeln kurz anbraten.

Die feuerfeste Form mit der Butter einfetten, zwei Drittel des Teiges in die Form geben und das Sauerkraut locker einlegen.

Den Estragon und den Majoran waschen, kleinschneiden, dann über das Sauerkraut streuen, mit Salz und frischgemahlenem Pfeffer würzen.

Den Lauch und die Kasslerwürfel darüberstreuen.

Das Eiweiß zu steifem Schnee schlagen, unter den restlichen Teig heben und auf dem Auflauf verteilen.

Im vorgeheizten Backofen bei 200 Grad ca. 45 Minuten backen.

Deftiger Sauerkraut-Auflauf

500 g Kartoffeln
200 g grobe Mettwurst
100 g Emmentaler
1 Apfel
1 Birne
1 EL Butter
500 g Sauerkraut

Für den Guß:
4 Eier
500 ml Milch
Salz
schwarzer Pfeffer
1 Bund Schnittlauch

Die Kartoffeln ca. 30 Minuten kochen, abkühlen lassen und pellen, besser noch am Tag vorher kochen.

Die Kartoffeln und die Mettwurst in Scheiben schneiden, den Käse würfeln.

Den Apfel und die Birne schälen, Kerngehäuse entfernen und ebenfalls in Würfel schneiden.

Ein feuerfeste Form mit der Butter einfetten und lagenweise das Sauerkraut, Kartoffel, Mettwurst, Apfel, Birne und Käse einfüllen, mit Sauerkraut abschließen.

Die Eier mit der Milch verquirlen und mit Salz und frischgemahlenem Pfeffer abschmekken und die Sauce über den Auflauf gießen.

Im vorgeheizten Backofen bei 200 Grad ca. 60 Minuten backen.

Den Schnittlauch waschen, in Röllchen schneiden und den Auflauf damit bestreuen.

Nudeln – köstlich und ideenreich

Aufläufe und Gratins aus Nudeln, mit goldbrauner Käsekruste und zartem Innenleben, mit bunten frischen Salaten und einer herzhaften Sauce serviert, entzücken die Familie und auch Gäste.
Bunte Nudel-Eintöpfe kann man wirklich mit fast allem kombinieren, jede Region hat hier ihre speziellen Rezepte. Ein besonderer Genuß sind selbstgemachte Nudeln, wer sie einmal ausprobiert hat, möchte keine anderen mehr essen.

Nudeln

Paprika-Nudeltopf

- 2,5 l Wasser
- 2 EL Salz
- 2 EL Öl
- 250 g breite Bandnudeln
- 2 rote und 1 grüne Paprikaschote
- 2 Bund Frühlingszwiebeln
- 1 Zwiebel
- 1 Knoblauchzehe
- 250 g gekochter Schinken
- 3 EL Butter
- 75 ml Weißwein
- 750 ml Rinder-Fond
- Salz
- weißer Pfeffer
- 1/2 TL Oregano
- geriebene Muskatnuß
- 1 Prise Zucker
- 125 ml Crème fraîche
- 1 Bund Estragon

Das Wasser mit Salz und Öl zum Kochen bringen, die Nudeln einlegen, aufkochen lassen, umrühren und bei geringer Hitze, mit geöffnetem Deckel, 8 – 12 Minuten je nach Sorte kochen lassen, die Nudeln müssen noch »al dente« sein, das heißt, sie müssen noch »Biß« haben. Hin und wieder anhand einer Nudel kontrollieren, dann in ein Sieb gießen und mit kaltem Wasser abschrekken, beiseite stellen.

Die Paprikaschoten waschen, putzen, halbieren und entkernen, dann in Streifen schneiden.

Die Frühlingszwiebeln waschen, putzen und in Ringe schneiden.

Die Zwiebel und die Knoblauchzehe schälen und feinwürfeln.

Den Schinken in Würfel schneiden.

Die Butter in einer Pfanne erhitzen. Die Paprikaschoten, Frühlingszwiebeln, Zwiebel-, Knoblauchwürfel und den Schinken darin dünsten. Mit Wein und dem Rinder-Fond aufgießen. Zum Schluß mit Salz, frischgemahlenem Pfeffer, Oregano, Muskatnuß und der Prise Zucker abschmecken.

Bei geringer Hitze 25 Minuten kochen, zum Schluß die Nudeln zugeben und nochmals kurz erhitzen.

Vor dem Servieren die Crème fraîche unterziehen und den Nudeltopf in eine Terrine umfüllen.

Den Estragon waschen, kleinschneiden und über den Eintopf streuen.

Hörnchen-Gemüsetopf

- 2,5 l Wasser
- 2 EL Salz
- 2 EL Öl
- 250 g Hörnchen Nudeln
- 1 Karotte
- 2 Stangen Lauch
- 2 Kartoffeln
- 250 ml Rinder-Fond
- 2 große Fleischtomaten
- Salz
- weißer Pfeffer
- 1 Bund Petersilie

Das Wasser mit Salz und Öl zum Kochen bringen, die Nudeln einlegen, aufkochen lassen, umrühren und bei geringer Hitze, mit geöffnetem Deckel, 8 – 12 Minuten je nach Sorte kochen lassen, die Nudeln müssen noch »al dente« sein, das heißt, sie müssen noch »Biß« haben. Hin und wieder anhand einer Nudel kontrollieren, dann in ein Sieb gießen und mit kaltem Wasser abschrekken, warmstellen.

Inzwischen die Karotte schälen und in Scheiben schneiden.

Den Lauch putzen, waschen und in Ringe schneiden.

Die Kartoffeln schälen und in Würfel schneiden.

Den Rinder-Fond in einen Topf geben und das Gemüse darin ca. 15 Minuten leicht kochen lassen.

Die Tomaten kurz in kochendes Wasser halten, schälen, vierteln und entkernen, dann in Würfel schneiden.

Das Gemüse mit den Nudeln in eine vorgewärmte Schüssel geben und vermischen, mit Salz und Pfeffer abschmecken, zum Schluß die Tomaten unterheben.

Die Petersilie waschen, kleinschneiden und über den Gemüsetopf streuen.

Nudeln

Nudeln

Quark-Nudelauflauf

2,5 l Wasser
250 g feine Bandnudeln
2 EL Salz
2 EL Öl
500 g Quark
4 Eigelb
Salz
weißer Pfeffer
geriebene Muskatnuß
250 g gekochter Schinken
1 Zwiebel
4 Eiweiß
2 EL Butter

Die Nudeln wie »Paprika Nudeltopf«, s. S 68, kochen, abgießen und auskühlen lassen.

Den Quark mit dem Eigelb verrühren und mit Salz, Pfeffer und einer Prise Muskatnuß abschmecken. Den Schinken in Würfel schneiden. Die Zwiebel schälen, kleinwürfeln und in der erhitzten Butter glasig dünsten. Die Nudeln, Zwiebel und den Schinken mit der Quarkmasse verrühren. Eiweiß zu steifem Schnee schlagen und unter die Masse heben. Eine feuerfeste Auflaufform mit Butter einfetten und die Quark-Nudelmasse einfüllen.

Im vorgeheizten Backofen bei 180-200 Grad 45 Minuten goldbraun backen. Falls der Auflauf zu braun wird, mit Alufolie abdecken.

Dazu einen frischen gemischten Salat servieren.

Nudeln

Bunte Nudeln

4 l Wasser
4 EL Salz
3 EL Öl
200 g weiße Bandnudeln
200 g grüne Bandnudeln
100 g gekochter Schinken
100 g Champignons
3 EL Butter
250 ml süße Sahne
Salz
weißer Pfeffer
100 g Emmentaler
1 Bund Basilikum

Das Wasser mit Salz und Öl zum Kochen bringen, beide Nudelsorten gemeinsam einlegen, aufkochen lassen, umrühren und bei geringer Hitze, mit geöffnetem Deckel, 8 – 12 Minuten kochen lassen, die Nudeln müssen noch »Biß« haben, dann in ein Sieb gießen, abschrecken und beiseite stellen. Den Schinken in Würfel schneiden. Die Champignons putzen, eventuell waschen und blättrig aufschneiden. Die Nudeln mit der Butter in eine feuerfeste Auflaufform geben und Sahne, Schinken und Champignons nach und nach zugeben und unter Rühren vorsichtig erhitzen. Mit Salz und Pfeffer abschmecken. Den Emmentaler reiben und darüberstreuen. Im vorgeheizten Backofen bei 180 – 200 Grad 10 Minuten überbakken. Das Basilikum waschen, grob hacken und dann über die bunten Nudeln geben.

Gemüsespaghetti mit Sahne

2,5 l Wasser
2 EL Salz
2 EL Öl
250 g Spaghetti
200 g tiefgefrorene Erbsen
200 g gekochter Schinken
250 ml süße Sahne
50 g Gouda
Salz
weißer Pfeffer
1 Bund Petersilie

Das Wasser mit Salz und Öl zum Kochen bringen, die Nudeln einlegen, aufkochen lassen, umrühren und bei geringer Hitze, mit geöffnetem Deckel, 8 – 12 Minuten je nach Sorte kochen lassen. Die Nudeln müssen »al dente« sein, das heißt, sie müssen noch »Biß« haben. Hin und wieder kontrollieren, dann in ein Sieb gießen und mit kaltem Wasser abschrecken. Die Erbsen in kochendes Wasser geben und 5 Minuten kochen lassen. Den Schinken in feine Streifen schneiden und den Käse reiben.

Die Sahne mit den Nudeln in einen Topf geben, Erbsen, Schinken und den Käse dazugeben, dann vorsichtig verrühren.

Mit Salz und frischgemahlenem Pfeffer abschmecken.

Die Petersilie waschen und kleinschneiden.

Die Nudeln in eine vorgewärmte Schüssel füllen und mit der Petersilie bestreut servieren.

Nudeln

Nudel-Tomaten-Auflauf

2,5 l Wasser
2 EL Salz
2 EL Öl
250 g Makkaroni
750 g Tomaten
250 g gekochter Schinken
1 Bund Schnittlauch
1 Bund Petersilie
3 Eier
200 ml süße Sahne
Salz
weißer Pfeffer
geriebene Muskatnuß
200 g Mozzarella (italienischer Frischkäse)
3 EL Butter

Das Wasser mit Salz und Öl zum Kochen bringen, die Nudeln einlegen, aufkochen lassen, umrühren und bei geringer Hitze, mit geöffnetem Deckel, 8 – 12 Minuten je nach Sorte kochen lassen, die Nudeln müssen noch »al dente« sein, das heißt, sie müssen noch »Biß« haben. Hin und wieder anhand einer Nudel kontrollieren, dann in ein Sieb gießen und mit kaltem Wasser abschrekken, beiseite stellen.

Die Tomaten in kochendes Wasser tauchen, schälen und in Scheiben schneiden.

Den Schinken in Würfel schneiden.

Den Schnittlauch und die Petersilie waschen und kleinschneiden.

Die Eier mit der Sahne verrühren und mit Salz, frischgemahlenem Pfeffer und Muskatnuß abschmecken.

Den Mozzarella in dünne Scheiben schneiden.

Die Auflaufform mit 1 EL Butter einfetten und lagenweise die Nudeln, Tomaten, Schinken und Kräuter einschichten. Den Käse obenauf legen und mit der Eiersahne begießen.

Die restliche Butter in Flöckchen auf dem Auflauf verteilen. Im vorgeheizten Backofen bei 200 Grad 40 Minuten backen.

Mit Friseesalat servieren.

Vierkäse-Sauce-Auflauf

2,5 l Wasser
2 EL Salz
2 EL Öl
250 g Makkaroni
100 g Emmentaler
100 g Gouda
100 g Gorgonzola
200 ml süße Sahne
500 g Tomaten
1 Bund Basilikum
Salz
weißer Pfeffer
100 g Mozzarella (italienischer Frischkäse)
3 EL Butter

Das Wasser mit Salz und Öl zum Kochen bringen, die Nudeln einlegen, aufkochen lassen, umrühren und bei geringer Hitze, mit geöffnetem Deckel, 8 – 12 Minuten je nach Sorte kochen lassen, die Nudeln müssen noch »al dente« sein, das heißt, sie müssen noch »Biß« haben. Hin und wieder anhand einer Nudel kontrollieren, dann in ein Sieb gießen und mit kaltem Wasser abschrekken, beiseite stellen.

Den Emmentaler und den Gouda reiben, den Gorgonzola in grobe Stücke teilen.

Die Sahne in einen Topf geben und den geriebenen Käse, sowie den Gorgonzola unter Rühren erwärmen.

Die Tomaten in kochendes Wasser tauchen, schälen, vierteln, entkernen und in Stücke schneiden.

Das Basilikum waschen und in Blättchen zupfen.

Eine feuerfeste Form mit 1 EL Butter ausfetten und die Nudeln, mit den Tomaten einfüllen, mit Salz und frischgemahlenem Pfeffer abschmecken.

Den Mozzarella in dünne Scheiben schneiden und auf die Nudeln legen.

Mit der Käsesahne-Sauce übergießen, die restliche Butter als Flöckchen darauf verteilen und im vorgeheizten Backofen bei 200 Grad 25 – 30 Minuten backen.

Den Auflauf vor dem Servieren mit dem Basilikum bestreuen.

Nudeln

Sahne-Tortellini

2,5 l Wasser
2 EL Salz
2 EL Öl
250 g Tortellini
250 g tiefgefrorene Erbsen
75 g Butter
50 g geriebener Gouda
125 ml süße Sahne
Salz
weißer Pfeffer
250 gekochter Schinken

Das Wasser mit Salz und Öl zum Kochen bringen, die Tortellini einlegen, aufkochen lassen, umrühren und bei geringer Hitze, mit geöffnetem Deckel, 8 – 12 Minuten je nach Sorte kochen lassen, die Tortellini müssen noch »al dente« sein, das heißt, sie müssen noch »Biß« haben. Hin und wieder anhand einer Tortellini kontrollieren, dann in ein Sieb gießen und mit kaltem Wasser abschrecken, beiseite stellen.

Die Erbsen in kochendes Wasser geben und 5 Minuten kochen lassen.

Die Butter in einem Topf erwärmen, die Tortellini, den geriebenen Käse, Sahne und Erbsen zugeben, dann ca. 5 Minuten leicht kochen lassen.

Mit Salz und frischgemahlenem Pfeffer abschmecken.

Den Schinken in Würfel schneiden und zum Schluß zugeben, noch einmal umrühren und mit Tomatensalat servieren.

Grüne Nudeln mit Champignons

2,5 l Wasser
2 EL Salz
2 EL Öl
250 g Birelli-Nudeln
250 g Champignons
2 Frühlingszwiebeln
2 EL Butter
Saft 1/2 Zitrone
50 g Gouda
200 ml Crème fraîche
Salz
weißer Pfeffer
1 Prise Zucker
1 Bund gemischte Kräuter
1 EL Butter

Die Nudeln kochen wie bei »Sahne-Tortellini« beschrieben. Die Champignons putzen, und blättrig aufschneiden. Die Frühlingszwiebeln putzen, waschen und in Ringe schneiden. Die Butter in einer Pfanne zerlassen, die Champignons und die Frühlingszwiebeln darin andünsten und den Zitronensaft dazugeben. Den Gouda reiben und mit der Crème fraîche unter das Gemüse rühren. Mit Salz, frischgemahlenem Pfeffer und Zucker abschmecken. Die Kräuter waschen und kleinschneiden. Eine feuerfeste Form mit der Butter ausfetten und die Nudeln hineingeben. Die Gemüsesauce darübergießen und im vorgeheizten Backofen bei 200 Grad 45 Minuten backen. Die Kräuter vor dem Servieren über die Nudeln geben.

Feinschmecker-Spinatauflauf

1 kg Blattspinat
1 Zwiebel
3 EL Butter
Zucker
Salz
Pfeffer
gemahlene Muskatnuß
150 g Emmentaler
1 EL Butter
4 Eier
250 ml süße Sahne

Den Spinat verlesen, waschen und abtropfen lassen.

Die Zwiebel schälen und kleinhacken.

Die Butter in einem großen Topf zerlassen, die Zwiebeln darin andünsten, den Spinat zugeben, zusammenfallen lassen und grobhacken. Mit Zucker, Salz, frischgemahlenem Pfeffer und einer Prise Muskatnuß abschmecken.

Den Emmentaler reiben.

Eine Auflaufform mit der Butter einfetten.

Die Eier trennen und das Eigelb mit der Sahne verrühren, den Käse unterheben. Das Eiweiß zu steifem Schnee schlagen und unter die Masse heben.

Den Spinat in die Form einfüllen und die Ei-Käse-Masse unterheben. Im vorgeheizten Backofen bei 180 – 200 Grad 10 Minuten backen. Mit Salzkartoffeln servieren.

Nudeln

Nudeln

Nudeln selbstgemacht

500 g Mehl
5 Eier
1 TL Salz
4 EL lauwarmes Wasser
2 EL Olivenöl

Das Mehl auf eine glatte Arbeitsfläche sieben. In die Mitte eine Mulde drücken und die Eier hineingeben.

Salz, Wasser und Olivenöl zugeben. Mit Hilfe einer Gabel die Eier mit dem Salz, dem Wasser und dem Öl verrühren, dabei schon etwas Mehl untermischen.

Das Mehl vom Rand her vermischen und nach und nach unterkneten.

Wenn der Teig zu fest sein sollte, noch etwas Wasser zugeben.

Den Teig ca. 10 Minuten kneten, mit dem Handballen flachdrücken, zusammenlegen und wieder flachdrücken, bis der Teig glatt, glänzend und elastisch ist. Zugedeckt 1 – 2 Stunden ruhen lassen, dann beliebig weiterverarbeiten.

Den Teig auf einem bemehlten Brett möglichst dünn ausrollen und in ca. 5 cm breite Streifen schneiden, diese dann durch die Nudelmaschine, erst durch die breiteste Walzeneinstellung geben, dann nach und nach zurückstellen.

Zum Trocknen aufhängen oder auf einem Tuch ausbreiten. Danach je nach Verwendung in schmale oder breite Bandnudeln, Spaghetti o.ä. Formen schneiden. Nochmals zum Trocknen aufhängen und dann in Schraubgläser luftdicht verschlossen aufbewahren. Die Nudeln lassen sich auch mit einem scharfen Messer von Hand in Streifen schneiden. Die Garzeit der selbstgemachten Nudeln beträgt höchstens 3 Minuten.

Grüne Nudeln

500 g Mehl
4 Eier
2 EL Olivenöl
100 g tiefgefrorenen pürierten Spinat
1 TL Salz

Verarbeiten wie »Nudeln selbstgemacht«; den aufgetauten Spinat etwas ausdrücken, damit er nicht mehr zu feucht ist.

Rote Nudeln

500 g Mehl
4 Eier
4 EL Olivenöl
4 EL Tomatenmark

Den Teig wie »Nudeln selbstgemacht« verarbeiten, eventuell noch etwas Wasser zufügen.

Nudeln aus Roggenmehl

500 g Roggenmehl Type 905
5 Eier
5 Eigelb
2 EL Olivenöl
1 TL Salz
3 TL Wasser

Verarbeiten wie »Nudeln selbstgemacht«, eventuell noch etwas Wasser zugeben. Der Teig sollte 3 Stunden vor Weiterverarbeitung ruhen.

Die Nudeln wie unten beschrieben kochen.

Nudeln »al dente« kochen

Das Wasser mit Salz und Öl zum Kochen bringen, die Nudeln einlegen, aufkochen lassen, umrühren und bei geringer Hitze, mit geöffnetem Deckel, je nach Nudelart 8 – 12 Minuten kochen lassen, die Nudeln müssen noch »al dente« sein, das heißt, sie müssen noch »Biß« haben. Hin und wieder anhand einer Nudel kontrollieren, dann in ein Sieb gießen und mit kaltem Wasser abschrecken.

Das Öl verhindert, daß die Nudeln zusammenkochen und sie kochen nicht so leicht über.

Nudeln

Nudelpudding mit Sauce Béchamel

2,5 l Wasser
2 EL Salz
2 EL Öl
250 g Hörnchen

Außerdem:
125 g roher Schinken
3 Eiweiß
1 EL Butter
50 g Emmentaler

Das Wasser mit Salz und Öl zum Kochen bringen, die Nudeln einlegen, aufkochen lassen, umrühren und bei geringer Hitze, mit geöffnetem Deckel, 8 – 12 Minuten je nach Sorte kochen lassen, die Nudeln müssen noch »al dente« sein, das heißt, sie müssen noch »Biß« haben. Hin und wieder anhand einer Nudel kontrollieren, dann in ein Sieb gießen und mit kaltem Wasser abschrecken, beiseite stellen.

Die Sauce Béchamel nach dem Rezept, s. S. 237, zubereiten.

Die Nudeln in eine Schüssel geben, den Schinken kleinwürfeln und mit der Sauce Béchamel unter die Nudeln mischen.

Die Eiweiße steifschlagen und ebenfalls unterheben.

Eine hohe Puddingform mit der Butter einfetten und die Nudelmasse einfüllen, sie darf aber nur zu Dreiviertel gefüllt sein, da der Pudding sich noch ausdehnt, dann den Deckel aufsetzen.

Die Bratenpfanne vom Backofen mit ca. 2 cm Wasser füllen, die Puddingform hineinstellen und im vorgeheizten Backofen den Pudding bei 180 Grad ca. 60 Minuten garen.

Den Käse reiben.

Nach dem Garen den Pudding vorsichtig auf eine Platte stürzen, mit dem Käse bestreuen und mit Sauce Béchamel, s. S. 237, sofort servieren.

Nudelpudding mit Schinken

2,5 l Wasser
2 EL Salz
2 EL Öl
250 g Makkaroni

Außerdem:
250 g gekochter Schinken
125 g Butter
5 Eier
2 EL Semmelbrösel
geriebene Muskatnuß
Salz
weißer Pfeffer
1 Bund Petersilie
1 EL Butter

Das Wasser mit Salz und Öl zum Kochen bringen, die Nudeln einlegen, aufkochen lassen, umrühren und bei geringer Hitze, mit geöffnetem Deckel, 8 – 12 Minuten je nach Sorte kochen lassen, die Nudeln müssen noch »al dente« sein, das heißt, sie müssen noch »Biß« haben. Hin und wieder anhand einer Nudel kontrol-

Nudeln

lieren, dann in ein Sieb gießen und mit kaltem Wasser abschrekken, beiseite stellen.

Den Schinken kleinwürfeln, die Butter in einer Pfanne zerlaufen lassen und die Schinkenwürfel darin anbraten, abkühlen lassen.

Die Eier miteinander verrühren und mit den Nudeln zu den Schinkenwürfeln geben.

Die Semmelbrösel dazurühren und mit Muskatnuß, Salz und frischgemahlenem Pfeffer abschmecken.

Die Petersilie waschen und kleinschneiden und ebenfalls zugeben.

Eine hohe Puddingform mit der Butter einfetten und die Nudelmasse einfüllen, sie darf aber nur bis zu Dreiviertel gefüllt sein, da der Pudding sich noch ausdehnt, dann den Deckel aufsetzen.

Die Bratenpfanne vom Backofen mit ca. 2 cm Wasser füllen, die Puddingform hineinstellen und den Pudding im vorgeheizten Backofen bei 180 Grad ca. 60 Minuten garen.

Nach dem Garen vorsichtig auf eine Platte stürzen und sofort mit Sauce Béchamel, s. S. 237, servieren.

Tip: Falls der Pudding sich nur schlecht aus der Form löst, ein feuchtes Tuch über die gestürzte Form legen und einige Minuten warten, dann versuchen, die Form abzuheben.

Kartoffeln – nahrhaft und sättigend

Eintöpfe und Aufläufe aus Kartoffeln sind billig, sättigend und schmecken köstlich. Sie vertragen kräftige Kräuter und Gewürze. Majoran z. B. gilt als klassisches Kartoffelkraut, sein Aroma verbindet sich harmonisch mit den Kartoffeln. Ebenso Rosmarin, Thymian, Liebstöckel, Schnittlauch, Estragon. Gemüse wie Lauch, Karotten, Sellerie und Zwiebeln ergänzen den Geschmack von Kartoffeln besonders gut.

Kartoffeln

Kartoffel-Gratin

1 kg Kartoffeln
2 Knoblauchzehen
Salz
weißer Pfeffer
geriebene Muskatnuß oder Kümmel
1 Bund gemischte Kräuter:
Petersilie
Estragon
Zitronenmelisse
Minze
Majoran
200 g Emmentaler oder Gouda
4 EL Butter
3 Eier
400 ml süße Sahne

Die Kartoffeln schälen und in dünne Scheiben schneiden, waschen und trockentupfen.

Die Knoblauchzehen schälen und feinwürfeln.

Die Kartoffelscheiben in eine Schüssel geben, mit dem Knoblauch, Salz, frischgemahlenem Pfeffer und Muskatnuß würzen.

Die Kräuter waschen, kleinschneiden und unter die Kartoffelscheiben mischen. Den Käse reiben. Eine Auflaufform mit 1 EL Butter einfetten und die erste Lage Kartoffel einfüllen, dann einen Teil des Käses darüberstreuen und so fortfahren bis die Form gefüllt ist, den Abschluß bildet eine Lage Käse.

Die Eier mit der Sahne verrühren und über den Auflauf gießen. Die restliche Butter als Flöckchen auf dem Auflauf verteilen.

Im vorgeheizten Backofen bei 220 Grad ca. 30 – 40 Minuten backen. Das Gratin mit einer großen Schüssel buntem Salat als Hauptgericht servieren.

Tip: Gratins aus gekochten Kartoffeln benötigen nur 20 Minuten Garzeit.

Das Gratin läßt sich auch mit Appenzeller, Raclette oder Gruyere-Käse zubereiten.

Gratin-Provenzale

1/2 Bund Thymian
1/2 Bund Oregano
1 Rosmarinzweig
400 ml Crème fraîche

Zutaten und Zubereitung wie Rezept »Kartoffel-Gratin«, statt der gemischten Kräuter je 1/2 Bund Thymian, Oregano und 1 Rosmarinzweig verwenden. Die süße Sahne durch Crème fraîche ersetzen.

Frühlings-Gratin

1 Bund Frühlingszwiebeln
1 Bund Petersilie
400 ml Crème fraîche

Zutaten und Zubereitung wie Rezept »Kartoffel-Gratin«, statt der gemischten Kräuter 1 Bund Frühlingszwiebeln und 1 Bund Petersilie verwenden. Die süße Sahne durch Crème fraîche ersetzen. Die Frühlingszwiebeln putzen, waschen und in feine Ringe schneiden und unter die Kartoffeln mischen.

Majoran-Gratin

1 Bund Majoran

Zutaten und Zubereitung wie Rezept »Kartoffel-Gratin«, statt der gemischten Kräuter 1 Bund Majoran verwenden.

Tip: Die rohen Kartoffelscheiben nach dem Schneiden gründlich mit kaltem Wasser waschen, damit die Kartoffelstärke abgespült wird. Dadurch werden die Gratins besonders aromatisch und knusprig.

Kartoffeln

Kartoffeln

Kartoffel-Auflauf mit Lauch

750 g Kartoffeln
2 l Wasser
500 g Lauch
2 l Salzwasser
2 Zwiebeln
2 Knoblauchzehen
2 EL Pflanzenöl
500 g gemischtes Hackfleisch
Salz
schwarzer Pfeffer
Cayennepfeffer
200 ml saure Sahne
1 Bund Petersilie
50 g Emmentaler
3 EL Butter

Die Kartoffeln waschen, mit dem Wasser zum Kochen ansetzen und ca. 25 Minuten kochen lassen, bis sie weich sind.

Das Wasser abgießen, die Kartoffeln kurz kalt abbrausen, so lassen sie sich besser schälen. Heiß pellen, auskühlen lassen und in Scheiben schneiden.

In der Zwischenzeit den Lauch putzen, in Ringe schneiden, waschen und abtropfen lassen, dann in kochendem Salzwasser 2 Minuten blanchieren, abschrecken und beiseite stellen.

Die Zwiebeln und die Knoblauchzehen schälen und feinwürfeln. Das Öl in einer Pfanne erhitzen und beides glasig dünsten. Das Hackfleisch zugeben und unter Rühren anbraten.

Mit Salz, frischgemahlenem Pfeffer, Cayennepfeffer, saurer Sahne und der gewaschenen und gehackten Petersilie verrühren und abschmecken. Eine Auflaufform mit 1 EL Butter einfetten, die Hälfte der Kartoffeln einfüllen und die Hälfte des Lauches. Alles salzen und mit der Hälfte der Sahne mischen, dann darauf verteilen. Hackfleisch, die restlichen Kartoffeln und den Lauch als Abschluß einschichten. Salzen und den Rest der Sahne darübergießen. Den Käse reiben und darüberstreuen. Die restliche Butter als Flöckchen auf dem Auflauf verteilen.

Im vorgeheizten Backofen bei 200 Grad ca. 30 – 40 Minuten backen. Den Auflauf mit einer großen Schüssel grünen Salat servieren.

Kartoffel-Blutwurst-Auflauf

750 g Kartoffeln
2 l Wasser
500 g Äpfel
2 Zwiebeln
2 Knoblauchzehen
2 EL Pflanzenöl
500 g geräucherte Blutwurst
Salz
schwarzer Pfeffer
100 ml süße Sahne
1/2 Bund Majoran
50 g Emmentaler
3 EL Butter
100 ml Crème fraîche

Zum Garnieren:
1/2 Bund Petersilie

Kartoffeln

Die Kartoffeln waschen, mit dem Wasser zum Kochen ansetzen und ca. 25 Minuten kochen lassen, bis sie weich sind.

Das Wasser abgießen, die Kartoffeln kurz kalt abbrausen, so lassen sie sich besser schälen. Heiß pellen, auskühlen lassen und durch die Kartoffelpresse drücken oder pürieren.

In der Zwischenzeit die Äpfel schälen, vierteln, in Scheiben schneiden und beiseite stellen.

Die Zwiebeln und die Knoblauchzehen schälen und feinwürfeln.

Das Öl in einer Pfanne erhitzen, Zwiebeln, Knoblauchzehen und Apfelscheiben kurz andünsten.

Die Blutwurst in Scheiben schneiden und beiseite stellen.

Das Kartoffelpüree in eine Schüssel geben, mit Salz, frischgemahlenem Pfeffer, Sahne, dem gewaschenen, gehackten Majoran verrühren und abschmecken.

Eine Auflaufform mit 1 EL Butter einfetten und jeweils lagenweise das Kartoffelpüree, die Blutwurst die Crème fraîche und die Apfelstücke einfüllen.

Den Käse reiben und den Auflauf damit bestreuen.

Die restliche Butter als Flöckchen auf dem Auflauf verteilen.

Im vorgeheizten Backofen bei 200 Grad ca. 30 – 40 Minuten backen.

Die Petersilie waschen und kleinhacken. Den Auflauf damit bestreuen und mit Salat als Hauptgericht servieren.

Kartoffeln

Kartoffelpfanne mit Mozzarella

1 kg Kartoffeln
4 EL Pflanzenöl
Salz
schwarzer Pfeffer
4 Gemüsetomaten
400 g Mozzarella (italienischer Frischkäse)
200 ml süße Sahne
1 Bund Basilikum

Die Kartoffeln schälen und in dünne Scheiben schneiden, trockentupfen.

Das Öl in einer Pfanne erhitzen und die Kartoffeln darin goldbraun unter mehrmaligem Wenden anbraten.

Mit Salz und frischgemahlenem Pfeffer abschmecken.

Die Tomaten kurz in kochendes Wasser tauchen, schälen, den Stielansatz herausschneiden und in Scheiben schneiden.

Den Mozzarella ebenfalls in Scheiben schneiden.

Die Tomaten und den Käse vorsichtig unter die Kartoffeln heben und die Sahne darübergießen. Die Pfanne mit einem Deckel verschließen und ca. 10 Minuten garen.

Das Basilikum waschen und die Blättchen abzupfen, kurz vor dem Servieren auf die Pfanne geben.

Mit Salat als Hauptgericht servieren.

Kartoffel-Bauern-Pfanne

1 kg Kartoffeln
1 l Wasser
500 g Zuckererbsenschoten
2 Tomaten
100 g durchwachsenen Speck
Salz
schwarzer Pfeffer

Für den Guß:
100 ml süße Sahne
6 Eier
200 g gekochter Schinken

Zum Garnieren:
1 Bund Petersilie

Die Kartoffeln waschen, mit dem Wasser zum Kochen ansetzen und ca. 25 Minuten kochen lassen, bis sie weich sind.

Das Wasser abgießen, die Kartoffeln kurz kalt abbrausen, so lassen sie sich besser schälen. Heiß pellen, auskühlen lassen und in Scheiben schneiden.

Die Zuckererbsen putzen, waschen und abtropfen lassen.

Die Tomaten kurz in kochendes Wasser tauchen, schälen, den Stielansatz herausschneiden und in Scheiben schneiden.

Den Speck in Würfel schneiden und in einer Pfanne auslassen.

Die Kartoffelscheiben in der Speckpfanne unter Wenden goldbraun anbraten.

Mit Salz und frischgemahlenem Pfeffer abschmecken.

Die Zuckererbsen waschen und abgetropft unter die Kartoffeln heben und die Tomaten obenauf legen.

Den Schinken in Streifen schneiden.

Die Eier mit der Sahne verquirlen und die Schinkenstreifen unterrühren.

Die Eier-Sahne-Masse über die Pfanne gießen, mit einem Deckel verschließen und stocken lassen.

Die Petersilie waschen, kleinschneiden und über die Pfanne streuen.

Kartoffel-Zucchini-Pfanne

500 g Zucchini

Zutaten und Zubereitung wie Rezept »Kartoffel-Bauern-Pfanne«, statt der Zuckererbsen 500 g Zucchini verwenden.

Die Zucchini waschen und in Scheiben schneiden.

Kartoffeln

Bayerisches Kartoffel Gulasch

1 kg Kartoffeln
50 g durchwachsener Speck
250 g Zwiebeln
1 TL Paprika
Salz
250 ml Rinder Fond
1 kleines Liebstöckelblatt
1/2 Bund Basilikum
2 EL Mehl
100 ml Crème fraîche

Die Kartoffeln schälen ud in grobe Würfel schneiden.

Den Speck würfeln und in einer Pfanne auslassen.

Die Zwiebeln schälen, in Würfel schneiden und im Speck andünsten.

Die Kartoffeln, den Paprika, das Salz zugeben und kurz mitdünsten.

Die Kräuter waschen, kleinhacken und zugeben, dann mit der Brühe aufgießen, aufkochen und zugedeckt 25 Minuten leicht dünsten lassen.

Das Mehl mit der Crème fraîche verrühren und 5 Minuten vor Ende der Garzeit vorsichtig unterrühren.

Die Petersilie waschen und kleinhacken.

Eventuell nochmals abschmecken und mit der Petersilie bestreut servieren.

Altdeutsche Kartoffel-Suppe

750 g Kartoffeln
2 Zwiebeln
2 Knoblauchzehen
3 Karotten
2 Stangen Lauch
3 EL Butter
200 g gekochter Schinken
1 l Rinder-Fond
1 Bund Majoran
Salz
schwarzer Pfeffer
1 TL Paprikapulver
4 Mettwürste
1 Bund Petersilie

Die Kartoffeln schälen und in Würfel schneiden.

Die Zwiebeln und die Knoblauchzehen schälen und kleinwürfeln. Die Karotten schälen und in Scheiben schneiden.

Den Lauch putzen, in Ringe schneiden, waschen und abtropfen lassen. Den Schinken in Würfel schneiden.

Die Butter in einem Topf erhitzen, das Gemüse und die Schinkenwürfel darin andünsten, mit der Brühe aufgießen.

Den Majoran waschen und kleinschneiden. Mit Salz, frischgemahlenem Pfeffer, Paprikapulver und dem Majoran abschmecken. Die Mettwürste zugeben und die Suppe 20 Minuten garkochen. Die Petersilie waschen, kleinschneiden und die fertige Suppe damit servieren.

Pikante Kartoffel-Suppe

750 g Kartoffeln
3 Karotten
6 Mettwürste
500 ml Rinder-Fond
1/2 Bund Majoran
schwarzer Pfeffer
1 Paket Frischkäse

Zum Garnieren:
20 g Kerbel

Die Kartoffeln schälen und in Würfel schneiden.

Die Karotten schälen und in Scheiben schneiden.

Den Majoran waschen und kleinschneiden.

Den Rinder-Fond in einen Topf geben, Kartoffeln, Karotten und Majoran zugeben, dann 15 Minuten garen.

Mit frischgemahlenem Pfeffer abschmecken und die Suppe pürieren.

Die Mettwürste in Scheiben schneiden.

Den Frischkäse unter die Suppe rühren und die Mettwurstscheiben dazugeben.

Den Kerbel waschen, und die Blättchen auf die fertige Suppe legen.

Tip: Der Frischkäse kann auch durch saure/süße Sahne oder Crème fraîche ersetzt werden.

Kartoffeln

Kartoffeln

Kartoffel Kürbis-Suppe

500 g Kartoffeln
500 g Kürbis
125 g durchwachsener Speck
2 Zwiebeln
2 Stangen Lauch
500 ml Rinder-Fond
Salz
schwarzer Pfeffer
1 EL Essig-Essenz
1 EL Crème fraîche
1 TL Zucker
4 Wiener Würstchen

Die Kartoffeln und den Kürbis schälen und beides in kleine Würfel schneiden.

Den Speck würfeln, die Zwiebeln schälen und ebenfalls würfeln.

Die Speck- und die Zwiebelwürfel in einem Topf glasig dünsten.

Den Lauch putzen, in Ringe schneiden, waschen und abtropfen lassen.

Einige feine Ringe für die Dekoration zurücklegen.

Die Kartoffeln, den Kürbis, den Lauch zu den Zwiebeln geben und mitdünsten.

Mit dem Rinder-Fond aufgießen und 25 Minuten garen lassen.

Eine Schaumkelle voll Gemüse aus der Suppe nehmen und beiseite stellen.

Die restliche Suppe pürieren oder durch ein Sieb streichen, dann mit Salz, frischgemahlenem Pfeffer, Essig-Essenz, Crème fraîche und Zucker süß-sauer abschmecken.

Die Wiener in Scheiben schneiden.

Zum Schluß das zurückbehaltene Gemüse, die Lauchstreifen und die Wurstscheiben dazugeben, dann nochmals kurz erwärmen und heiß servieren.

Kartoffeleintopf mit Hühnchen

1 kg Hühnerklein
1 1/2 l Wasser
Salz
500 g Hühnerbrust
2 Zwiebeln
1 Bund Suppengrün
1 kg Kartoffeln
4 Karotten
2 Stangen Lauch
Salz
weißer Pfeffer
1 Zweig Liebstöckel oder Petersilie
100 ml Crème fraîche

Das Hühnerklein und die -brust waschen, im kalten Salzwasser ansetzen und zum Kochen bringen.

Die Zwiebeln schälen, vierteln, das Suppengrün putzen waschen und beides zum Hühnerfleisch geben, den Topf zudecken und ca. 1 Stunde kochen lassen, die Hühnerbrust nach 30 Minuten herausfischen und das Fleisch vom Knochen lösen und in mundgerechte Stücke schneiden.

Die Hühnerbrühe durch ein Sieb gießen und das Fleisch von den Knochen lösen.

Die Kartoffeln und die Karotten schälen, dann in Streifen schneiden.

Die Brühe wieder in den Topf zurückschütten, aufkochen lassen und die Gemüsestreifen darin 5 Minuten garen lassen.

Den Lauch putzen, in Ringe schneiden, waschen, abtropfen, zum Gemüse geben und 3 Minuten mitgaren lassen.

Das Hühnerfleisch zugeben, die Suppe nochmals erhitzen und mit Salz und frischgemahlenem Pfeffer abschmecken.

Das Liebstöckel (Maggikraut) waschen und kleinschneiden.

Auf jede Portion 1 EL Crème fraîche geben und das Liebstöckel darüber streuen.

Kartoffeln

Kartoffeln

Überbackene Kartoffel-Gnocchi

1 kg Pellkartoffeln
200 g Mehl
3 Eigelb
Salz
weißer Pfeffer
1 TL getrockneter Thymian
2 l Wasser
250 ml süße Sahne
4 EL Butter
50 g Emmentaler

Die Kartoffeln schälen, durch die Kartoffelpresse drücken oder durch ein Sieb passieren. Mit Mehl und Eigelb zu einem Teig verarbeiten. Mit Salz, Pfeffer und Thymian abschmecken.

Aus dem Teig walnußgroße Klößchen formen. Das Wasser in einem Topf zum Kochen bringen, die Kartoffelklößchen einlegen, die Hitze herunterschalten und 10 Minuten garziehen lassen, das Wasser darf nicht mehr kochen.

In der Zwischenzeit den Käse reiben.

Danach die Gnocchi herausnehmen und abtropfen lassen.

Den Deckel eines Bräters mit 1 EL Butter einfetten, die Kartoffel-Gnocchi hineinlegen, mit der Sahne übergießen und mit dem Käse bestreuen.

Die restliche Butter als Flokken auf den Klößchen verteilen.

Die Form im vorgeheizten Backofen bei 220 Grad ca. 15 Minuten backen.

Spinat-Gnocci

1 kg Pellkartoffeln
200 g Mehl
3 Eigelb
75 g tiefgefrorener Spinat
Salz
weißer Pfeffer
1 TL getrockneter Thymian
2 l Wasser
250 ml süße Sahne
4 EL Butter
50 g Emmentaler

Die Kartoffeln schälen und durch die Kartoffelpresse drücken oder durch ein Sieb in eine Schüssel passieren. Mit Mehl und Eigelb zu einem Teig verarbeiten. Den aufgetauten Spinat ausdrücken und in den Teig einarbeiten. Mit Salz, frischgemahlenem Pfeffer und Thymian abschmecken. Aus dem Teig walnußgroße Klößchen formen. Das Wasser in einem Topf zum Kochen bringen, die Spinatklößchen einlegen, die Hitze herunterschalten und 10 Minuten garziehen lassen. Den Käse reiben. Die Gnocchi herausnehmen und abtropfen lassen.

Den Deckel eines Bräters mit 1 EL Butter einfetten, die Spinat-Gnocchi hineinlegen, mit der Sahne übergießen und mit Käse bestreuen. Die restliche Butter auf den Klößchen verteilen.

Die Form im vorgeheizten Backofen bei 220 Grad ca. 15 Minuten backen und servieren.

Kartoffeln

Kartoffel Quark-Auflauf
Für 6 Personen

1,5 kg Kartoffeln
2 l Wasser
Salz
2 Bund Frühlingszwiebeln
500 g Sahnequark
2 Eier
3 Eigelb
Salz
weißer Pfeffer
3 EL Butter
125 ml süße Sahne

Die Kartoffeln schälen, waschen, vierteln und ca. 10 Minuten in Salzwasser kochen.

Die Frühlingszwiebeln putzen, waschen und in Ringe schneiden.

Den Quark mit den Eiern und dem Eigelb verrühren, mit Salz und frischgemahlenem Pfeffer abschmecken.

Eine flache Auflaufform mit 1 EL Butter einfetten und die Hälfte der Kartoffeln und Frühlingszwiebeln, abwechselnd mit der Quarkmasse einschichten.

Die Sahne darübergießen und die restliche Butter als Flöckchen darauf verteilen.

Im vorgeheizten Backofen bei 220 Grad ca. 25 Minuten goldbraun backen.

Reis – schnell und appetitlich

Wegen seiner schnellen und einfachen Zubereitung ist Reis bei uns sehr beliebt. Sein neutraler Geschmack erlaubt eine vielseitige Verwendung.
Egal ob man ihn mit Fisch, Fleisch, Geflügel, Gemüsen oder mit Kräutern und Gewürzen kombiniert, er schmeckt als Eintopf, Auflauf, Gratin oder Reispfanne. Für süße Aufläufe mit Obst oder Quark ist der Milchreis eine ideale Basis.

Okra-Reis

1 Knoblauchzehe
1 EL Öl
1 Tasse Langkornreis
4 Tassen Rinder-Fond
500 g gemischtes Hackfleisch
1 EL Pflanzenöl
1 große Dose geschälte Tomaten
1 große Dose Okra
Salz
weißer Pfeffer
Saft von 2 Zitronen

Die Knoblauchzehe schälen und durch die Presse drücken.

Das Öl in einer Pfanne erhitzen, den pürierten Knoblauch und den Reis zugeben, dann mit dem Rinder-Fond aufgießen und den Reis zugedeckt 15 Minuten quellen lassen.

In der Zwischenzeit das Öl in eine Pfanne geben, erhitzen, das Hackfleisch zugeben und braten bis es hell wird.

Die Tomaten und die Okra aus der Dose nehmen, abtropfen lassen, die Tomaten grob zerkleinern, die Okra ganz lassen und zum Fleisch geben.

Mit Salz, frischgemahlenem Pfeffer und dem Zitronensaft abschmecken.

Den Reis auf eine vorgewärmte Platte anrichten und die Okra-Fleischmasse darauf verteilen.

Grüner Reis

500 g mageres Rindfleisch
300 g tiefgefrorene Dicke Bohnen
1 Zwiebel
1 Knoblauchzehe
3 EL Butter
1 l Rinder-Fond
500 g Langkornreis
Salz
weißer Pfeffer
1 EL Butter
5 dicke Bund Dill
4 EL Crème fraîche

Das Fleisch waschen, trockentupfen und in Streifen schneiden.

Die Dicken Bohnen auftauen lassen.

Die Zwiebel und die Knoblauchzehe schälen und feinwürfeln.

Die Butter in einem Topf heiß werden lassen, die Zwiebel- und die Knoblauchwürfel darin glasig dünsten. Das Rindfleisch zugeben und unter Rühren anbraten, mit der Brühe aufgießen, den Reis zugeben, nochmals aufkochen lassen und bei geringer Hitze, im geschlossenen Topf, 20 Minuten ziehen lassen.

Das Reisfleisch mit Salz und frischgemahlenem Pfeffer abschmecken, die Bohnen untermischen.

Den Dill waschen und feinhacken.

Eine feuerfeste Glasform mit Butter einfetten und das Reis-Bohnen-Fleisch abwechselnd mit dem Dill lagenweise in den Topf schichten, eventuell noch etwas Flüssigkeit zugießen.

Den Deckel mit einem Küchentuch umwickeln und den Topf verschließen. Ca. 20 Minuten bei geringer Hitze dämpfen lassen.

Jede Portion mit Crème fraîche garnieren und mit Gurkensalat servieren.

Reis

Chili-Reis

1 Dose geschälte Tomaten
2 Zwiebeln
3 EL Butter
250 g Rundkornreis
500 ml Rinder-Fond
1 rote Chilischote
1 rote und 1 grüne Paprikaschote
1 Dose rote Bohnen-Kidneybeans
2 EL Butter
1 Bund Schnittlauch
Salz
schwarzer Pfeffer

Die Tomaten auf einem Sieb abtropfen lassen und in Stücke schneiden.

125 ml von dem Saft beiseite stellen.

Die Zwiebeln schälen und feinwürfeln.

Die Butter in einer Pfanne erhitzen und die Zwiebelwürfel darin glasig dünsten.

Den Reis zugeben und unter Rühren glasig dünsten.

Dann mit Fond und Tomatensaft aufgießen und zugedeckt ca. 20 Minuten garen.

Die Chilischote waschen, halbieren, entkernen, in feine Streifen schneiden und zum Reis geben.

Die Paprikaschoten waschen, halbieren und entkernen, dann in Würfel schneiden.

Die roten Bohnen in ein Sieb gießen, unter fließendem Wasser gut spülen und abtropfen lassen.

Die Paprikawürfel, Bohnen und die Tomaten unter den Reis heben und 10 Minuten mitgaren.

Den Schnittlauch waschen und in Röllchen schneiden. Die restliche Butter unter den Reis mischen und mit Salz und frischgemahlenem Pfeffer abschmecken.

Mit Schnittlauch bestreut zu geräucherter Mettwurst oder Cabanossi servieren.

Pochierte Eier

2 l Wasser
1 EL Essig
8 Eier
100 g Kräuterbutter

Das Wasser mit dem Essig zum Kochen bringen.

Die Eier einzeln in eine Suppenkelle schlagen, vorsichtig in das leise kochende Wasser gleiten lassen und 7 Minuten garen.

Mit einer Schaumkelle herausnehmen und anrichten.

Die Kräuterbutter in einem kleinen Topf zerlassen und über die Eier gießen.

Frühlings-Reis mit pochierten Eiern

200 g Parboiled Reis
500 ml Rinder-Fond
100 g gekochten Schinken
2 EL Butter
1 Bund Frühlingszwiebeln
1 Karotte
100 g Zuckererbsen
200 g Spargelspitzen
1 Bund gemischter Kräuter

Den Reis in der Brühe aufkochen und zugedeckt 5 Minuten quellen lassen.

Den Schinken in Streifen schneiden und in der Butter knusprig anbraten.

Die Frühlingszwiebeln putzen, waschen und in Ringe schneiden.

Die Karotte schälen und in Scheiben schneiden.

Die Erbsen putzen und waschen, große Schoten eventuell halbieren.

Die Spargelspitzen kalt abbrausen.

Das Gemüse zum Schinken geben und kurz andünsten, dann unter den Reis mischen und alles zusammen 10 Minuten garen.

Die Kräuter waschen, kleinschneiden und über den fertigen Reis streuen.

Den Frühlings-Reis z. B. mit den »Pochierten Eiern«, Rezept s. links, servieren.

Reis

Reis

Bunte Reispfanne

25 g getrocknete chinesische Pilze (Mu-err)
500 ml Brühe
250 g Reis
3 Karotten
2 Bund Frühlingszwiebeln
1 rote und 1 grüne Paprikaschote
150 g Zuckererbsen
150 g Fenchel
150 g frische Champignons
100 g Butter
125 ml trockener Sherry
2 EL helle Sojasauce
Salz
weißer Pfeffer
1 Bund Petersilie
1 Spritzer Tabasco
gemahlener Piment

Die getrockneten Pilze ca. 30 Minuten in Wasser einweichen, dann nochmals waschen, abtropfen lassen und in grobe Stücke zerteilen.

Die Brühe mit dem Reis in einen Topf geben, aufkochen lassen und mit geschlossenem Deckel 20 Minuten ziehen lassen.

Inzwischen die Karotten schälen und in Scheiben schneiden.

Die Frühlingszwiebeln putzen, waschen und in Ringe schneiden.

Die Paprikaschoten waschen, halbieren und entkernen, dann in Streifen schneiden.

Die Zuckererbsenschoten putzen, waschen und abtropfen lassen.

Den Fenchel putzen, waschen und in Streifen schneiden.

Die Champignons putzen, wenn notwendig waschen und blättrig aufschneiden.

Die Butter in einer großen Pfanne erhitzen, das Gemüse und die eingeweichten Pilze hineingeben, mit Sherry und Sojasauce aufgießen, 10 Minuten dünsten lassen.

Mit Salz und frischgemahlenem Pfeffer abschmecken.

Den Reis mit der Gabel etwas auflockern und unter das Gemüse rühren, nochmals erhitzen.

Die Petersilie waschen und kleinschneiden und ebenfalls untermischen.

Das Gericht mit der Tabascosauce und dem Piment abschmecken.

Die Reispfanne mit kurzgebratenem Fleisch oder Geflügel servieren.

Kräuterreis mit Klößchen

500 ml Brühe
250 g Parboiled Reis
300 g tiefgefrorene Erbsen
1 Bund Basilikum
1 Bund Dill
1 Bund Estragon
20 g Kerbel
Salz
weißer Pfeffer

Die Brühe mit Reis und Erbsen in einen Topf geben, aufkochen und mit geschlossenem Deckel ca. 20 Minuten ziehen lassen.

In der Zwischenzeit die Kräuter waschen und kleinschneiden.

Den Reis mit einem Kochlöffel etwas auflockern eventuell mit Salz und frischgemahlenem Pfeffer abschmecken, dann die Kräuter unterheben.

In eine vorgewärmte Schüssel füllen, die Klößchen, Rezept s. 101, obenauflegen und mit Tomatensalat servieren.

Kalbsbrät-Klößchen

2 l Wasser
1 EL Salz
1 Ei
2 EL Semmelbrösel
300 g Kalbsbrät
1 Bund Petersilie
Salz
schwarzer Pfeffer

In einem Topf 2 Liter Salzwasser erhitzen.

Für die Klößchen das Ei und die Semmelbrösel in eine Schüssel geben, dann das Kalbsbrät untermischen.

Die Petersilie waschen, kleinschneiden und ebenfalls zum Fleischteig geben.

Mit Salz und frischgemahlenem Pfeffer abschmecken.

Mit Hilfe von zwei Teelöffeln aus der Teigmasse kleine Klößchen formen und im nicht mehr kochenden Salzwasser 5 Minuten ziehen lassen.

Reis

Reis-Lauch-Gratin

500 ml Brühe
250 g Langkornreis
750 g Lauch
3 EL Butter
125 ml Weißwein
Salz
weißer Pfeffer
250 g gekochter Schinken
250 g Emmentaler
1 EL Butter
2 Eier
4 EL Semmelbrösel
Zum Garnieren:
1 Bund Petersilie

Den Reis in der Brühe aufkochen und zugedeckt 15 Minuten quellen lassen.

Den Lauch putzen, in Ringe schneiden und waschen.

Die Butter in einer Pfanne erhitzen, den Lauch darin andünsten und mit Weißwein aufgießen.

Mit Salz und frischgemahlenem Pfeffer abschmecken, dann 10 Minuten garen.

Den Schinken in Streifen schneiden und den Emmentaler reiben.

Eine Auflaufform mit Butter einfetten, die Hälfte des Reises und des Schinkens darauf verteilen, 4 EL Käse darüberstreuen.

Den Lauch darüber geben und mit der anderen Hälfte Reis und Schinken bedecken.

Reis

Den restlichen Käse mit den Eiern und den Semmelbröseln verrühren und über den Auflauf gießen.

Im vorgeheizten Backofen bei 220 Grad ca. 35 Minuten backen.

Die Petersilie waschen, kleinschneiden und vor dem Servieren über den Auflauf streuen.

Mit knackigen Salaten servieren.

Reis-Zucchini-Gratin

750 g Zucchini

Zutaten und Zubereitung wie Rezept »Reis-Lauch-Gratin«; den Lauch durch Zucchini ersetzen.

Reispfanne mit Chinakohl

1 Knoblauchzehe
1 EL Öl
1 Tassen Langkornreis
4 Tassen Rinder-Fond
500 g gemischtes Hackfleisch
1 EL Pflanzenöl
4 Gemüsetomaten
1 kg Chinakohl
Salz
weißer Pfeffer

Die Knoblauchzehe schälen und durch die Presse drücken.

Das Öl in einer Pfanne erhitzen, den pürierten Knoblauch und den Reis zugeben, dann mit dem Rinder-Fond aufgießen und den Reis zugedeckt 15 Minuten quellen lassen.

In der Zwischenzeit Öl in eine Pfanne geben, erhitzen, das Hackfleisch zugeben und braten bis es hell wird.

Die Tomaten kurz in kochendes Wasser tauchen, häuten, vierteln, entkernen und in nicht zu kleine Stücke schneiden.

Den Chinakohl waschen und in Streifen schneiden, mit den Tomaten zum Fleisch in die Pfanne geben und 5 Minuten mitdünsten.

Mit Salz und frischgemahlenem Pfeffer abschmecken.

Den Reis auf einer vorgewärmten Platte anrichten und die Chinakohl-Fleischmasse darauf verteilen.

Reis

Hühnchen-Reistopf

1 Hühnchen
2 EL Pflanzenöl
500 ml Brühe
250 g Reis
500 ml Wasser
1 TL Salz
2 Bund Frühlingszwiebeln
2 Stangen Lauch
1 rote und 1 grüne Paprikaschote
150 g grüne Bohnen
150 g frische Champignons
Salz
weißer Pfeffer
1 Bund Petersilie

Das Hühnchen waschen, trockentupfen und in 8 Teile zerlegen. Das Öl in einem Topf erhitzen und die Hühnchenteile rundum anbraten. Mit der Brühe ablöschen und 40 Minuten schmoren lassen.

Den Reis kochen, wie bei »Reisfleisch« beschrieben.

Die Frühlingszwiebeln und den Lauch putzen, waschen und in Ringe schneiden. Die Paprikaschoten waschen, halbieren und entkernen, dann in Streifen schneiden.

Die Bohnen putzen, waschen. Die Champignons putzen und blättrig aufschneiden. Das Gemüse zum Hühnchen geben und 10 Minuten mitdünsten lassen. Mit Salz und frischgemahlenem Pfeffer abschmecken.

Den Reis unter das Gemüse rühren. Die Petersilie waschen, kleinschneiden und untermischen.

Reisfleisch mit Curry

250 g Reis
500 ml Brühe
1 Bund Frühlingszwiebeln
1 rote und 1 grüne Paprikaschote
250 g Zucchini
300 g Schweinenacken
2 EL Pflanzenöl
3 EL Curry
1 EL Orangenmarmelade
100 ml Crème fraîche
Salz
weißer Pfeffer
1 Bund Petersilie

Die Brühe mit dem Reis in einen Topf geben, aufkochen und mit geschlossenem Deckel 20 Minuten ziehen lassen.

In der Zwischenzeit die Frühlingszwiebeln putzen, waschen und in Ringe schneiden.

Die Paprikaschoten waschen, halbieren und entkernen, dann in Streifen schneiden.

Die Zucchini waschen und in Scheiben schneiden.

Das Fleisch waschen, trockentupfen und in Würfel schneiden.

Das Öl in einem Topf erhitzen und die Fleischwürfel rundum anbraten.

Das Gemüse zum Fleisch geben und 10 Minuten mitdünsten lassen.

Mit Curry, Orangenmarmelade, Crème fraîche, Salz und frischgemahlenem Pfeffer abschmecken.

Den Reis mit einer Gabel etwas auflockern und unter das Gemüse rühren, nochmals erhitzen.

Die Petersilie waschen und kleinschneiden und auf den Reistopf streuen. Auf jede Portion einen Eßlöffel von der Knoblauch-Walnuß-Mayonnaise, Rezept s. unten, setzen.

Knoblauch-Walnuß-Mayonnaise

Für 6 Personen

4 Eigelb
1 EL Essig oder Zitronensaft
1 EL mittelscharfer Senf
300 ml Pflanzenöl
4 Knoblauchzehen
2 gehackte EL Walnüsse
Salz
weißer Pfeffer

Das Eigelb mit einem Schneebesen oder einem elektrischen Handrührgerät verrühren.

Den Essig mit dem Senf verrühren und dazugeben.

Nun das Öl nach und nach, erst tropfenweise, dann mit dünnem Strahl, unter Rühren zugießen, bis die Masse sämig wird.

Die Knoblauchzehen schälen und durch die Presse drücken, dann zur Mayonnaise geben.

Die gehackten Walnüsse unterheben und nochmals gut durchrühren.

Mit Salz und frischgemahlenem Pfeffer abschmecken.

Vollwertkost – gesund und bekömmlich

Vollwert-Eintöpfe sind zeitgemäß und sorgen für eine ausgeglichene, ballaststoffreiche Kost. Mit diesen Eintöpfen und Aufläufen ist eine abwechselungsreiche vollwertige Ernährung gewährleistet.
Frische Gemüse, mit Körnern, Vollkornnudeln und Kräutern verarbeitet, als Eintöpfe mit Sechskornbrot oder als Aufläufe mit Saucen und Salaten ergeben bekömmliche Gerichte.

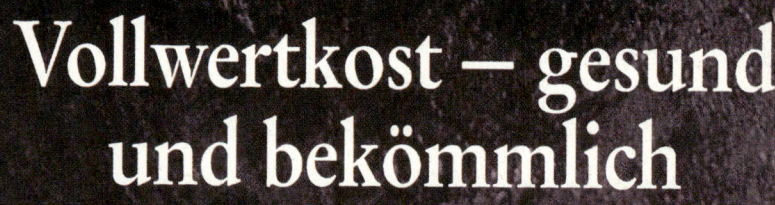

Vollwert

Pilzragout

2 Karotten
2 Staudensellerie
1 Bund Frühlingszwiebeln
3 EL Butter
400 g Egerlinge
100 g Steinpilze
Saft von 1 Zitrone
2 Fleischtomaten
250 g Vollkornnudeln
500 ml Wasser
1 Bund Petersilie
Salz
weißer Pfeffer
100 ml süße Sahne

Die Karotten schälen und in Scheiben schneiden.

Den Staudensellerie putzen, waschen und in Streifen schneiden.

Die Frühlingszwiebeln putzen, waschen und in Ringe schneiden.

Die Butter in einem Topf erhitzen, Karotten, Staudensellerie und Frühlingszwiebeln andünsten und im geschlossenen Topf 5 Minuten garen.

Die Egerlinge und die Steinpilze putzen, wenn nötig waschen, halbieren oder in grobe Stücke schneiden und mit der Zitrone beträufeln.

Die Tomaten kurz in kochendes Wasser tauchen, häuten, vierteln, entkernen, in grobe Stücke schneiden und mit den Pilzen zum Gemüse geben.

10 Minuten bei geringer Hitze weitergaren lassen.

In der Zwischenzeit die Vollkornnudeln 12 Minuten kochen, abgießen und kalt abschrecken.

Die Petersilie waschen und kleinhacken.

Das Gemüse mit Salz, frischgemahlenem Pfeffer und der Petersilie abschmecken, die Sahne einrühren.

Die Nudeln unter das Ragout mischen und heiß servieren.

Vollkorn-Gemüseauflauf

Für 8 Personen
250 g ganze Weizenkörner
250 g Lauch
250 g Karotten
1 kleiner Blumenkohl
2 Staudensellerie
500 ml Rinder-Fond
200 g Emmentaler
4 EL Butter
4 EL Weizen-Vollkornmehl
500 ml Milch
Salz
schwarzer Pfeffer
1 Bund Petersilie
1 EL Butter
50 g Vollkornbrösel

Die Weizenkörner am besten über Nacht einweichen.

Das Wasser abgießen und in Salzwasser 30 Minuten garen, abtropfen lassen.

In der Zwischenzeit den Lauch putzen, in Ringe schneiden und waschen.

Die Karotten schälen und in Scheiben schneiden.

Den Blumenkohl waschen und in Röschen aufteilen.

Den Staudensellerie waschen und in Streifen schneiden.

Die Rinder-Fond in einen Topf geben, erhitzen und das Gemüse darin 15 Minuten garen, dann herausnehmen und gut abtropfen lassen.

Den Emmentaler reiben.

Die Butter in den Topf geben und mit dem Mehl eine Mehlschwitze rühren.

Mit der Milch unter Rühren aufgießen; wenn die Schwitze kraus aussieht, nochmals aufkochen, bis die Sauce sämig wird.

Mit Salz und frischgemahlenem Pfeffer abschmecken und zwei Drittel vom Käse einrühren.

Die Petersilie waschen und kleinschneiden.

Eine feuerfeste Form mit der Butter einfetten.

Das Gemüse mit Weizenkörnern, Käsesauce und Petersilie vermischen, dann in die Auflaufform füllen. Den restlichen Käse mit den Vollkornbrösel vermischen und über den Auflauf streuen.

Im vorgeheizten Backofen bei 200 Grad 30 Minuten goldbraun backen.

Vollwert

Auberginen-Gratin

150 g Sechskornmischung
600 ml Gemüse-Fond
600 g Auberginen
Salz
2 Gemüsetomaten
Salz
schwarzer Pfeffer
1 Bund Frühlingszwiebeln
3 EL Distelöl
100 g Emmentaler

Für die Form:
1 EL Butter

Zum Garnieren:
1 Bund Petersilie

Die Sechskornmischung mit dem Gemüse-Fond in einem Topf 10 Minuten kochen und dann 20 Minuten quellen, dann abtropfen lassen.

Die Auberginen waschen, den Stengelansatz entfernen und in Scheiben schneiden. Die Scheiben mit Salz bestreuen und 10 Minuten ziehen lassen.

Die Tomaten kurz in kochendes Wasser tauchen, häuten und in Scheiben schneiden.

Die Frühlingszwiebeln putzen, waschen und in Ringe schneiden.

Die Auberginenscheiben trockentupfen.

Das Öl in eine Pfanne geben, erhitzen und die Auberginen darin anbraten.

Den Käse reiben und beiseite stellen.

Eine Auflaufform mit Butter einfetten, erst die Tomatenscheiben, dann die Frühlingszwiebeln, die Auberginen und die Körner daraufgeben, jede Lage mit Salz und frischgemahlenem Pfeffer würzen, zum Schluß mit dem Käse bestreuen.

Im vorgeheizten Backofen bei 200 Grad ca. 30 Minuten backen.

Die Petersilie waschen und kleinschneiden.

Das fertige Gratin mit der Petersilie bestreuen und sofort servieren.

Käse-Brotauflauf

8 Scheiben Vollkornbrot
4 EL Butter
1 TL scharfer Senf
1 kleine Zwiebel
4 Staudensellerie
2 EL Butter
100 g Edamer
1 Bund Petersilie
Salz
schwarzer Pfeffer
2 Eier
400 ml Milch

Die Rinde von den Broten abschneiden, die Scheiben mit Butter und Senf bestreichen, dann in Dreiecke schneiden.

Die Zwiebel schälen und würfeln, den Staudensellerie putzen, waschen und in Scheiben schneiden.

Die Butter in einem Topf erhitzen, Zwiebel und Staudensellerie darin 4 Minuten dünsten.

Den Käse reiben, die Petersilie waschen und kleinschneiden.

Eine Auflaufform mit Butter einfetten, den Boden mit einer Lage Brot auslegen, darauf das Gemüse, Käse und die Petersilie geben, mit Salz und frischgemahlenem Pfeffer bestreuen, so Schicht um Schicht einfüllen. Etwas vom Käse für den Belag beiseite stellen.

Die Eier mit der Milch verrühren, mit Salz und frischgemahlenem Pfeffer würzen und die Eiermilch über den Auflauf gießen.

Mit dem restlichen Käse bestreuen.

Im vorgeheizten Backofen bei 200 Grad ca. 35 Minuten backen.

Weißkohlauflauf mit Grünkernklößen

1,5 kg Weißkraut
2 Karotten
2 EL Butter
250 ml Rinder-Fond
1 Fleischtomate
1 EL Butter
3 Eier
200 ml Crème fraîche
50 g Gouda

Das Weißkraut putzen, waschen, vierteln, den Strunk herausschneiden und in Streifen schneiden.

Die Karotten schälen und in Scheiben schneiden.

Die Butter in einem Topf erhitzen, das Kraut und die Karotten darin andünsten, mit dem Rinder-Fond aufgießen und im geschlossenen Topf 10 Minuten garen.

Die Tomate kurz in kochendes Wasser tauchen, häuten, vierteln, entkernen und in grobe Stücke teilen.

Ein feuerfeste Form mit der Butter einfetten, Gemüse, Tomaten und die Klößchen einschichten.

Die Eier mit der Crème fraîche verrühren und über den Auflauf gießen.

Den Käse reiben und darüberstreuen.

Im vorgeheizten Backofen bei 200 Grad 45 Minuten backen.

Grünkernklöße

125 g Grünkernschrot
250 ml Gemüse-Fond
1 TL Selleriesalz
1 Lorbeerblatt
2 Knoblauchzehen
1 TL Senf
1 EL helle Sojasauce
1 Ei
schwarzer Pfeffer
1/2 TL Paprika
1/2 TL Majoran
2 l Wasser
1 EL Salz

Den Grünkernschrot in dem Gemüse-Fond, mit dem Salz und dem Lorbeerblatt aufkochen und bei geringer Hitze 12 Minuten garen.

Die Knoblauchzehen schälen, durch die Presse drücken und mit Senf, Sojasauce und dem Ei verrühren.

Mit frischgemahlenem Pfeffer, Paprika und Majoran abschmecken.

Das Wasser mit dem Salz zum Kochen bringen.

Mit feuchten Händen kleine Klößchen formen und in das kochende Wasser einlegen, 10 Minuten bei geringer Hitze ziehen lassen.

Crème fraîche Sauce mit Kresse

1 Tomate
200 ml Crème fraîche
2 EL Milch
1 EL Zitronensaft
Salz
weißer Pfeffer
1 Paket Kresse

Die Tomate in kochendes Wasser tauchen, häuten, vierteln und die Kerne entfernen, das Fruchtfleisch in kleine Stücke schneiden.

Die Crème fraîche in eine Schüssel geben, die Milch, den Zitronensaft und die Tomatenstückchen einrühren.

Mit Salz und frischgemahlenem Pfeffer abschmecken.

Die Kresse waschen, die Blättchen mit einer Küchenschere abschneiden, in feine Röllchen schneiden und zum Schluß unter die Sauce rühren.

Paßt zu Geflügel, Fleisch und Fisch.

Tip: Die Crème fraîche läßt sich auch durch saure Sahne oder Joghurt ersetzen.

Vollwert

Vollwert

Tomaten-Erbsen-Nudeln

250 g Vollkornnudeln
2 l Wasser
1 EL Salz
1 Bund Frühlingszwiebeln
1 Knoblauchzehe
3 EL Butter
1 kleine Dose geschälte Tomaten
1 kleine Dose Erbsen
Salz
schwarzer Pfeffer
200 ml Crème fraîche
1 Bund Petersilie

Die Nudeln ins kochende Salzwasser einlegen, 7 Minuten kochen lassen, abgießen, abschrekken und im Topf beiseite stellen.

In der Zwischenzeit die Frühlingszwiebeln putzen, waschen und in Ringe schneiden.

Die Knoblauchzehe schälen und durch die Presse drücken.

Die Butter in einem Topf erhitzen, Knoblauchzehe und Frühlingszwiebeln andünsten.

Die Tomaten grob zerkleinern und mit der Flüssigkeit zugeben.

Die Erbsen abtropfen lassen und ebenfalls unterrühren.

Mit Salz und Pfeffer abschmecken.

Die Petersilie waschen und kleinschneiden.

Die Crème fraîche und die Petersilie in die Gemüsesauce rühren und diese über die Nudeln gießen, nochmals erwärmen und mit grünem Salat servieren.

Vollwert

Gemüsepfanne mit Körnern

200 g Sechskornmischung
500 ml Wasser
1 Bund Frühlingszwiebeln
2 Karotten
1 rote und 1 grüne Paprikaschote
250 g Austernpilze
2 EL Butter
125 ml Gemüse-Fond
500 ml süße Sahne oder Milch
Salz
weißer Pfeffer
1 Bund Schnittlauch

Die Sechskornmischung mit dem Wasser in einem Topf 10 Minuten kochen, dann 20 Minuten quellen, dann abtropfen lassen.

Die Frühlingszwiebeln putzen, waschen und in Ringe schneiden.

Die Karotten schälen und in Scheiben schneiden.

Die Paprikaschoten waschen, halbieren, entkernen und in Streifen schneiden.

Die Austernpilze putzen, wenn nötig waschen, kleine ganz lassen, große zerteilen.

Die Butter in einer Pfanne erhitzen, das Gemüse hineingeben, andünsten, mit dem Gemüse-Fond aufgießen und 5 Minuten leicht kochen lassen, die letzten 2 Minuten die Austernpilze garen.

Die gut abgetropften Körner und die Sahne zufügen, dann zugedeckt 5 Minuten mitkochen.

Mit Salz und frischgemahlenem Pfeffer abschmecken.

Den Schnittlauch waschen, in Röllchen schneiden und zum Schluß über die Gemüsepfanne streuen.

Petersilien-Sauce

1 Tomate
200 ml Crème fraîche
2 EL Milch
1 EL Zitronensaft
1 EL Tomatenketchup
Salz
weißer Pfeffer
1 Bund Petersilie

Die Tomate in kochendes Wasser tauchen, häuten, vierteln und die Kerne entfernen, das Fruchtfleisch in kleine Stücke schneiden.

Die Crème fraîche in eine Schüssel geben, die Milch, den Zitronensaft, das Tomatenketchup und die Tomatenstückchen einrühren.

Mit Salz und frischgemahlenem Pfeffer abschmecken.

Die Petersilie waschen, kleinschneiden und zum Schluß unter die Sauce rühren.

Paßt gut zu Aufläufen, Geflügel, Fleisch und Fisch.

Tip: Die Crème fraîche läßt sich auch durch saure Sahne oder Joghurt ersetzen.

Vollwert

Grüner Spargel-Auflauf

Für 6 Personen

Für den Teig:
450 g Weizen-Vollkornmehl
Salz
150 g Butter
4 EL Wasser

Für die Form:
1 EL Butter

Für die Füllung:
500 g grüner Spargel
1 l Wasser
1 TL Salz
Pfeffer
1 Bund Petersilie
50 g Champignons
1 rote Paprikaschote
4 Eier
500 ml Milch

Außerdem:
500 g Erbsen zum Blindbacken

Das Mehl, Butter und Salz mischen, bis eine bröselige Masse entstanden ist, dann mit dem Wasser zu einem festen Teig verarbeiten. In Alufolie eingewickelt eine Stunde in den Kühlschrank legen.

In der Zwischenzeit den Spargel waschen, die unteren Enden abschneiden und im Salzwasser 20 Minuten kochen, abtropfen lassen und beiseite stellen.

Eine Auflaufform mit Butter einfetten.

Den Teig auf einer bemehlten Fläche ausrollen, die Form damit auslegen und mit einer Gabel den Teig einstechen. Den Boden mit Alufolie bedecken, die getrockneten Erbsen einfüllen und 10 Minuten blind backen, s. S. 26.

Die Erbsen und die Folie entfernen und die Form nochmals 5 Minuten in den Backofen schieben, damit der Teig trocknet.

In der Zwischenzeit die Petersilie waschen und kleinschneiden.

Die Champignons putzen, wenn nötig waschen und blättrig aufschneiden.

Die Paprikaschote waschen, halbieren, entkernen und in Streifen schneiden.

Den Spargel in Stücke schneiden und auf den Teigboden legen.

Die Eier mit der Milch verrühren, die Petersilie zugeben, mit Salz und frischgemahlenem Pfeffer würzen.

Die Eiermischung über den Spargel gießen, die Champignons und die Paprikastreifen obenauf legen.

Im vorgeheizten Backofen bei 200 Grad ca. 35 Minuten backen, bis die Füllung fest ist.

Heiß oder kalt mit einer »Crème fraîche-Sauce mit Basilikum«, Rezept s. unten, servieren.

Weiße Sahne-Sauce

40 g Butter
40 g Mehl
250 ml Sahne
3 Eier
Salz
weißer Pfeffer

Die Butter in einen Topf geben, zerlaufen lassen, das Mehl zugeben und unter Rühren eine helle Mehlschwitze kochen, wenn die Schwitze kraus aussieht, die Sahne langsam unter Rühren einlaufen lassen, dann den Topf vom Herd nehmen.

Die Eier verquirlen, unter die Sauce rühren, mit Salz und frischgemahlenem Pfeffer abschmecken. Die Sauce darf nun nicht mehr kochen, da sie sonst gerinnt.

Vollwert

Hirse-Pudding mit Limonen-Sauce

Für 6 Personen

750 ml Gemüse-Fond
200 g Hirse
2 Eigelb
100 g Emmentaler
3 EL Butter
Salz
weißer Pfeffer
geriebene Muskatnuß
750 g Wirsing
2 EL Butter
2 Gemüsetomaten

Den Gemüse-Fond zum Kochen bringen, die Hirse darin aufkochen und 20 Minuten bei kleiner Hitze quellen lassen.

Den Emmentaler reiben, das Eigelb verrühren. Butter, Eigelb und Emmentalers der Hirse zufügen, dann die Masse mit Salz, frischgemahlenem Pfeffer und Muskatnuß abschmecken.

Vom Wirsing die äußeren großen Blätter ablösen und im kochenden Wasser 4 Minuten blanchieren. Den Rest vierteln und in Streifen schneiden.

Die Butter in einem Topf erhitzen und die Wirsingstreifen darin 10 Minuten schmoren, eventuell etwas Brühe aufgießen, mit Salz, frischgemahlenem Pfeffer und Muskatnuß würzen.

Die Tomaten kurz in kochendes Wasser tauchen, häuten, und in Scheiben schneiden.

Die Puddingform mit der Butter einfetten und mit den großen Wirsingblättern auslegen, ein Blatt beiseite legen.

Die Hälfte der Hirsemasse einfüllen, dann eine Lage Wirsingstreifen, Tomatenscheiben usw., die oberste Schicht mit einem Wirsingblatt abdecken.

Die Form verschließen und ca. 60 Minuten im heißen Wasserbad garen.

Den Pudding nach dem Garen auf eine Platte stürzen und mit einer »Limonen-Sauce«, Rezept s. unten, servieren.

Limonen-Sauce

200 ml Crème fraîche
3 EL süße Sahne
1 EL Zucker
2 EL Limonen- oder Zitronensaft
Salz
weißer Pfeffer
2 EL Zitronenmelisse

Die Crème fraîche in eine Schüssel geben, die Sahne, den Zucker und den Limonensaft einrühren.

Mit Salz und frischgemahlenem Pfeffer abschmecken.

Die Zitronenmelisse gut waschen, feinhacken und ebenfalls unterheben.

Vollwert

Vollkornspaghetti mit Kressebutter

500 g Vollkornspaghetti
3 l Wasser
2 EL Salz
2 EL Öl
500 g Tomaten
2 EL Butter
50 g Gartenkresse
1 Knoblauchzehe
125 g Butter
Salz
weißer Pfeffer
Zitronensaft
100 g Gouda

Das Wasser mit Salz und Öl zum Kochen bringen, die Spaghetti einlegen, aufkochen, 8 Minuten leicht weitergaren lassen, abgießen und kalt abschrecken. Im Topf warmstellen. Die Tomaten in kochendes Wasser tauchen, häuten, vierteln, entkernen und in Stücke schneiden. Die Butter in einer Pfanne erhitzen und die Tomaten 3 Minuten unter Rühren andünsten, warmstellen. Die Kresse waschen und kleinschneiden. Die Knoblauchzehe schälen und durch die Presse drücken.

Die weiche Butter in eine Schüssel geben, die Kresse und die Knoblauchzehe einrühren. Den Zitronensaft zugeben, mit Salz und Pfeffer abschmecken. Zum Schluß den Käse reiben. Auf die heißen Nudeln die Tomatenstücke legen, etwas Käse daraufstreuen und die Kräuterbutter daraufsetzen.

Vegetarisch – gut und kalorienarm

Die vegetarische Küche ist von großer Vielfalt, die durch die unterschiedlichsten Zutaten, Kräuter und Gewürze immer neue harmonische Verbindungen eingeht. Die Fülle des Warenangebotes aus aller Welt ermöglicht es dem Vegetarier zu jeder Jahreszeit seinen abwechslungsreichen Speiseplan zu realisieren.

Vegetarisch

Gemüseplatte mit Pinienpaste

Für 6 Personen
2 Auberginen
4 EL Erdnußöl
500 g Lauch
1/2 Kopf Weißkraut
250 g Zuckererbsen oder grüne Bohnen
2 L Wasser
1 EL Salz
400 g Spargel
1 Bund Frühlingszwiebeln
Salz
schwarzer Pfeffer

Für die Paste:
300 g Pinienkerne
5 Knoblauchzehen
4 EL Essig
Salz
schwarzer Pfeffer
2 TL gemahlener Koriander

Zum Garnieren:
1 Bund Petersilie

Die Auberginen putzen, waschen, abtropfen lassen und in Scheiben schneiden.
Das Öl in eine Pfanne geben und die Auberginen von beiden Seiten schön braun anbraten.
Auf Küchenpapier abtropfen lassen.
Den Lauch putzen, in Ringe schneiden und waschen.
Das Weißkraut putzen und in feine Streifen schneiden.
Die Erbsenschoten putzen und waschen.

Den Lauch und das Weißkraut in kochendem Salzwasser nacheinander 15 Minuten garen, die Erbsenschoten nur 8 Minuten kochen lassen.
Herausnehmen und abtropfen lassen.
Den Spargel aus der Dose nehmen und ablaufen lassen, dann in Stücke schneiden.
Mit Salz und frischgemahlenem Pfeffer abschmecken.
Die Frühlingszwiebeln schälen und vierteln.
Die Knoblauchzehen für die Paste schälen und durch die Presse drücken.
Die Pinienkerne mahlen, mit Essig und Knoblauch vermischen.
Mit Salz, frischgemahlenem Pfeffer und dem Koriander abschmecken.
Die Paste auf die Auberginenscheiben streichen, Lauch, Weißkraut und die Schoten mit der restlichen Paste vorsichtig vermischen.
Die Petersilie waschen und kleinhacken.
Die Auberginen, das Gemüse und die Zwiebeln dekorativ auf einer Platte anrichten, mit der gehackten Petersilie bestreuen und servieren.
Dazu paßt dunkles französisches Nuß-Baguette.

Walnuß-Paste

300 g Walnüsse
5 Knoblauchzehen
4 EL Balsamico-Essig
Salz
schwarzer Pfeffer
2 TL gemahlener Koriander

Die Walnüsse mahlen, den Knoblauch durch die Presse drücken und mit dem Essig vermischen. Mit Salz, Pfeffer und Koriander abschmecken.

Vegetarisch

Vegetarisch

Feinschmecker-Spinatauflauf

1 kg Blattspinat
1 Zwiebel
3 EL Butter
Zucker
Salz
Pfeffer
gemahlene Muskatnuß
150 g Emmentaler
1 EL Butter
4 Eier
250 ml süße Sahne

Den Spinat verlesen, waschen und abtropfen lassen.

Die Zwiebel schälen und kleinhacken.

Die Butter in einem großen Topf zerlassen, die Zwiebeln darin andünsten, den Spinat zugeben, zusammenfallen lassen und grobhacken. Mit Zucker, Salz, frischgemahlenem Pfeffer und einer Prise Muskatnuß abschmecken.

Den Emmentaler reiben.

Eine Auflaufform mit der Butter einfetten.

Die Eier trennen und das Eigelb mit der Sahne verrühren, den Käse unterheben.

Das Eiweiß zu steifem Schnee schlagen und unter die Masse heben.

Den Spinat in die Form einfüllen und die Ei-Käse-Masse unterheben. Im vorgeheizten Backofen bei 180 – 200 Grad 10 Minuten backen. Mit Salzkartoffeln servieren.

Basilikum-Tomaten-Auflauf

1 kg Gemüsetomaten
1 Bund Frühlingszwiebeln
3 EL Butter
Salz
Pfeffer
150 g geriebener Emmentaler
1 Bund Basilikum
1 EL Butter
4 Eier
250 ml süße Sahne

Die Tomaten kurz in kochendes Wasser tauchen und enthäuten, dann in Scheiben schneiden.

Die Frühlingszwiebeln putzen, waschen und in schräge ca. 4 cm lange Stücke schneiden.

Die Butter in einem Topf zerlassen, die Frühlingszwiebeln darin andünsten. Mit Salz und Pfeffer abschmecken.

Das Basilikum waschen und kleinschneiden.

Eine Auflaufform mit der Butter einfetten.

Die Eier trennen, das Eigelb mit der Sahne verrühren, den Käse und das Basilikum unterheben. Das Eiweiß zu steifem Schnee schlagen und unter die Masse heben.

Die Tomatenscheiben und die Frühlingszwiebeln in die Form einfüllen, dann die Ei-Käse-Masse unterheben.

Im vorgeheizten Backofen bei 180 – 200 Grad 10 Minuten backen. Mit Naturreis servieren.

Vegetarisch

Lauchgratin

1 kg Lauch
1 Zwiebel
3 EL Butter
2 EL helle Sojasauce
4 EL trockener Sherry
Salz
Pfeffer
Kümmel
150 g geriebener Emmentaler
1 EL Butter
4 Eier
250 ml Crème fraîche
1 Bund Petersilie

Den Lauch putzen, waschen und in ca. 5 cm lange Stücke schneiden. Die Zwiebel schälen und kleinhacken. Die Butter in einem großen Topf zerlassen, die Zwiebeln darin andünsten, die Lauchstücke, die Sojasauce und den Sherry zugeben, dann 10 Minuten dünsten. Mit Salz, frischgemahlenem Pfeffer und Kümmel abschmecken. Eine Auflaufform mit der Butter einfetten. Die Eier trennen und das Eigelb mit der Crème fraîche verrühren, den Käse untermischen.

Das Eiweiß zu steifem Schnee schlagen und unter die Masse heben. Die Lauchstücke nebeneinander in die Form legen und die Ei-Käse-Masse darübergießen.

Die Petersilie waschen, kleinhacken und über den Auflauf streuen. Im vorgeheizten Backofen bei 180 – 200 Grad 20 Minuten backen. Mit Kräuter Kartoffel-Püree servieren.

Vegetarisch

126

Vegetarisch

Maistopf süß-sauer

2 rote Paprikaschoten
1 Bund Frühlingszwiebeln
1 Knoblauchzehe
2 EL Erdnußöl
1 kleine Dose geschälte Tomaten
250 ml Gemüse-Fond
4 EL Essig-Essenz 25 %
3 EL Zucker
2 EL trockener Sherry
3 Dosen Maiskörner
Salz
weißer Pfeffer

Die Paprikaschoten waschen, halbieren, entkernen und in Streifen schneiden.

Die Frühlingszwiebeln putzen, waschen und in Ringe schneiden.

Die Knoblauchzehe schälen und durch die Presse drücken.

Das Öl in einer Pfanne erhitzen, die Paprikaschoten, Frühlingszwiebeln und Knoblauch darin andünsten. Die Tomaten grobhacken und mit der Flüssigkeit dazugeben. Mit dem Gemüse-Fond aufgießen, mit Essig-Essenz, Zucker und Sherry abschmecken, 10 Minuten garen lassen.

Die Maiskörner abtropfen lassen, zugeben und erhitzen.

Mit Salz und Pfeffer abschmecken und mit Vollkornnudeln servieren.

Gourmet-Sauerkraut-Gemüsetopf

200 g Karotten
200 g weiße Steckrüben
200 g Kürbis
200 g Lauch
2 EL Butter
250 ml Gemüse-Fond
1 EL Zucker
Salz
weißer Pfeffer
500 g Sauerkraut
100 ml Crème fraîche

Die Karotten, Rüben und Kürbis schälen und in kleine Stücke schneiden.

Den Lauch putzen, in Ringe schneiden und waschen.

Die Butter in einem Topf erhitzen und die Gemüse darin andünsten, mit dem Gemüse-Fond aufgießen und mit Zucker, Salz und frischgemahlenem Pfeffer abschmecken, dann 12 Minuten garen.

Zum Schluß das Sauerkraut untermengen, nochmals 6 Minuten garen und die Crème fraîche unterrühren.

Mit Kartoffelbrei servieren.

Lauchcreme-Eintopf mit Kartoffeln

500 g Lauch
500 g Kartoffeln
1 Zwiebel
4 EL Sonnenblumenöl
1 1/2 l Gemüse-Fond
200 ml Milch
2 Becher Sahne Dickmilch
1 TL Zitronensaft
Salz
weißer Pfeffer
geriebene Muskatnuß
1 Bund Schnittlauch

Den Lauch putzen, in Ringe schneiden und waschen.

Die Kartoffeln schälen und in Würfel schneiden.

Die Zwiebel schälen und würfeln.

Das Öl in einem Topf erhitzen, Zwiebeln, Lauch und Kartoffeln darin andünsten, mit dem Gemüse-Fond aufgießen und 15 Minuten garen.

Mit dem Handrührgerät oder Mixstab pürieren, Milch, Dickmilch und Zitronensaft, dazugeben. Mit Salz, frischgemahlenem Pfeffer und Muskatnuß abschmecken, nochmals erhitzen.

Den Schnittlauch waschen, in Röllchen schneiden und den Lauchcreme-Eintopf damit bestreuen.

Mit Petersilien-Kartoffeln servieren.

Vegetarisch

Naturreis-Risotto

250 g Naturreis
1 l Gemüse-Fond
250 g Karotten
250 g Lauch
2 EL Butter
250 g Frühlingszwiebeln
2 Knoblauchzehen
3 EL Butter
50 g gehackte Haselnüsse

Für die Sauce:
3 EL Butter
3 EL Roggenmehl
125 ml Gemüse-Fond
125 ml süße Sahne
1 EL Curry
Salz
schwarzer Pfeffer

Den Reis in dem Gemüse-Fond zum Kochen bringen und auf kleiner Flamme 30 Minuten quellen lassen.

Die Karotten schälen und in Scheiben schneiden.

Den Lauch putzen, in Ringe schneiden und waschen.

Die Butter in einem Topf erhitzen und das Gemüse darin 20 Minuten dünsten.

Die Frühlingszwiebeln putzen, waschen und in Ringe schneiden.

Die Knoblauchzehen schälen und durch die Presse drücken.

Die Butter in einer Pfanne erhitzen und die gehackten Haselnüsse anrösten, Frühlingszwiebeln und Knoblauch zugeben und andünsten.

Für die Sauce die Butter in einer Pfanne erhitzen und mit Mehl eine Schwitze anrühren, dann mit dem Gemüse-Fond unter Rühren aufgießen, so daß die Sauce sämig wird.

Die Sauce mit Sahne, Curry, Salz und frischgemahlenem Pfeffer abschmecken.

Das Gemüse mit dem Reis vermischen, die Frühlingszwiebeln mit den Nüssen darübergeben und mit der Curry-Sauce servieren.

Vollkornnudel-Auflauf

250 g Vollkornnudeln
2 L Wasser
1 EL Salz
2 EL Öl
750 g Mangold
2 EL Butter
Salz
schwarzer Pfeffer
geriebene Muskatnuß
1 EL Butter
2 Becher Joghurt
4 Eier
100 g Gouda

Vegetarisch

Das Wasser mit Salz und Öl zum Kochen bringen, die Nudeln einlegen, aufkochen lassen, umrühren und bei geringer Hitze, mit geöffnetem Deckel, 8 – 12 Minuten je nach Sorte kochen lassen, die Nudeln müssen noch »al dente« sein, das heißt, sie müssen noch »Biß« haben. Hin und wieder anhand einer Nudel kontrollieren, dann in ein Sieb gießen und mit kaltem Wasser abschrecken, beiseite stellen.

Den Mangold putzen, waschen und grobhacken.

Die Butter in einen Topf geben und den Mangold darin 2 Minuten andüsten Mit Salz, frischgemahlenem Pfeffer und Muskatnuß abschmecken.

Eine feuerfeste Form mit der Butter einfetten und zuerst die Nudeln, dann den Mangold lagenweise einschichten, die oberste Schicht sollten Nudeln sein.

Die Eier mit dem Joghurt verrühren und über den Auflauf gießen.

Den Käse reiben und darüberstreuen.

Im vorgeheizten Backofen bei 200 Grad ca. 45 Minuten backen.

Vegetarisch

Auberginen-Ragout

1 kg Gemüsetomaten
1 Bund Frühlingszwiebeln
1 Zweig Thymian
2 Salbeiblätter
Salz
schwarzer Pfeffer
75 ml Sonnenblumenöl
1 kg Auberginen
Salz
Mehl
75 ml Sonnenblumenöl
1 Knoblauchzehe
1 Bund gehackte Petersilie

Die Tomaten kurz in kochendes Wasser tauchen, häuten, vierteln, entkernen und in grobe Stücke teilen. Die Frühlingszwiebeln putzen, waschen und in Ringe schneiden.

Das Öl in einer Pfanne erhitzen und die Tomaten und Frühlingszwiebeln darin kurz andünsten, den Thymian und die Salbeiblätter zugeben und mit Salz und Pfeffer abschmecken.

Die Auberginen schälen, würfeln und mit Salz bestreut kurz ziehen lassen. Trockentupfen und in Mehl wenden. Das Öl in einer Pfanne erhitzen und die Würfel goldbraun ausbacken.

Den Knoblauch schälen durch die Presse drücken und zu den Auberginen geben. Die Auberginen zu den Tomaten geben und zugedeckt 10 Minuten garen lassen.

Die Petersilie waschen, kleinhacken und über das fertige Ragout streuen.

Gemüse-Ragout

2 rote Zwiebeln
1 Knoblauchzehe
500 g Auberginen
Salz
1 El Mehl
75 ml Sonnenblumenöl
250 g Karotten
2 große Kartoffeln
1/2 Sellerieknolle
2 Stangen Lauch
Salz
schwarzer Pfeffer
250 ml Gemüse-Fond
100 ml Crème fraîche
1 Bund gemischte Kräuter

Die Zwiebeln schälen und in Würfel schneiden. Die Auberginen schälen, würfeln und mit Salz bestreut kurz ziehen lassen. Trockentupfen und in Mehl wenden. Das Öl in einer Pfanne erhitzen und die Würfel goldbraun ausbacken. Knoblauch schälen, durch die Presse drücken und zu den Auberginen geben.

Die Karotten, die Kartoffeln und den Sellerie schälen und in Stücke schneiden. Den Lauch putzen, in Ringe schneiden. Zwiebeln, Knoblauchzehe, Karotten, Kartoffeln, Sellerie und den Lauch zu den Auberginen geben und kurz andünsten, mit Salz und frischgemahlenem Pfeffer abschmecken.

Mit dem Gemüse-Fond aufgießen und 20 Minuten garen lassen. Crème fraîche unterrühren und mit Kräutern bestreut servieren.

Vegetarisch

Geflämmte Sellerie

2 mittelgroße Sellerieknollen
3 EL Pflanzenöl
1 TL Salz
1 TL Löwen Senf
1/2 TL weißer Pfeffer
3 EL warmes Wasser
250 g Quark
4 EL süße Sahne
1 Zwiebel
1 rote und 1 grüne Paprikaschote
3 Eier
1 Bund gemischte Kräuter

Die Sellerieknollen unter kaltem Wasser gründlich abbürsten, in Salzwasser 40 Minuten garen, dann schälen und in Scheiben schneiden. Aus Öl, Salz, Senf, Pfeffer und dem Wasser eine Marinade rühren, die Selleriescheiben darin ziehen lassen. Den Quark mit der Sahne verrühren. Die Zwiebel schälen und feinwürfeln.

Die Paprikaschoten waschen, halbieren, entkernen und in Würfel schneiden.

Den Backofen auf 220 Grad vorheizen. Die Eier trennen, das Eiweiß zu steifem Schnee schlagen. Die Kräuter waschen und feinhacken. Das Eigelb mit Zwiebel, Paprikawürfeln, Kräutern verrühren und unter die Quarkmasse mischen, den Eischnee unterheben. Die abgetropften Selleriescheiben abtropfen lassen und in eine feuerfeste Auflaufform legen, mit der Quarkmasse begießen und 10 Minuten überbacken.

Wursteintöpfe – pikant und preiswert

Besonders würzige Eintöpfe lassen sich mit geräucherten herzhaften Wurstsorten zubereiten. Ein guter Eintopf ist kein »Arme-Leute-Essen«. Mit guten Zutaten, herzhaften Würsten, frischem Gemüse und würzigen Kräutern wird er zur Delikatesse, die jeder Gourmet zu schätzen weiß.

Wurst

Vierländer-Linsentopf

Für 8 Personen

500 g Linsen
2 l Wasser
2 Zwiebeln
200 g Schinkenspeck
2 l Gemüse-Fond
1 Stange Lauch
1 kleine Sellerieknolle
200 g Kartoffeln
4 Karotten
8 Würstchen
1 Lorbeerblatt
1 Zweig Majoran
1 TL Salz
schwarzer Pfeffer
2 EL Kräuteressig

Die Linsen am Vorabend in Wasser einweichen. Die Zwiebeln schälen und in Würfel schneiden. Den Speck in Würfel schneiden, in einem Topf auslassen und die Zwiebeln darin andünsten.

Mit der Brühe aufgießen und die Linsen zugeben, aufkochen lassen. Den Lauch putzen, waschen und in Ringe schneiden. Den Sellerie, Kartoffeln und die Karotten schälen und in Würfel schneiden. Das Gemüse mit Lorbeerblatt, Majoran und Salz zur Brühe geben, dann bei kleiner Hitze 90 Minuten garen.

Die Würstchen zum Eintopf geben, nochmals erwärmen und mit dem frischgemahlenen Pfeffer und dem Kräuteressig abschmecken.

Dicke Bohnen mit Cabanossi

500 g dicke Bohnen
2 l Wasser
2 Zwiebeln
2 Kartoffeln
2 Karotten
2 Stangen Lauch
4 EL Butter
1 l Gemüse-Fond
etwas Majoran
1/2 EL Essig
500 g Cabanossi
Salz
schwarzer Pfeffer

Die Bohnen über Nacht in Wasser einweichen, dann abgießen und beiseite stellen.

Die Zwiebeln schälen und kleinwürfeln.

Die Kartoffeln und Karotten schälen und würfeln.

Den Lauch putzen, waschen und in Ringe schneiden.

Die Butter in den Schnellkochtopf geben und zerlaufen lassen, die Zwiebeln, Kartoffeln, Karotten, Lauch zugeben und andünsten.

Die Bohnen und Majoran zufügen, mit dem Gemüse-Fond aufgießen, den Topf verschließen und 20 Minuten kochen lassen.

Die Wurst in Scheiben schneiden, zum Schluß dazugeben und nochmals erhitzen.

Mit Essig, Salz und frischgemahlenem Pfeffer abschmecken.

Deftiger Bauern-Topf

Für 8 Personen
500 g Palerbsen
2 l Wasser
2 Zwiebeln
250 g durchwachsener Speck
2 l Rinder-Fond
1 Stange Lauch
1 kleine Sellerieknolle
200 g Kartoffeln
4 Karotten
8 geräucherte Mettwürste
1 Lorbeerblatt
1 Zweig Majoran
1 TL Salz
schwarzer Pfeffer
2 EL Kräuteressig

Die Erbsen am Vorabend in Wasser einweichen.

Die Zwiebeln schälen und in Würfel schneiden.

Den Speck in Würfel schneiden, in einem Topf auslassen und die Zwiebel andünsten.

Mit dem Rinder-Fond aufgießen und die Erbsen zugeben, aufkochen lassen. Den Lauch putzen, waschen und in Ringe schneiden. Den Sellerie, Kartoffeln und die Karotten schälen und in Würfel schneiden. Das Gemüse mit Lorbeerblatt, Majoran und Salz zur Fleischbrühe geben, dann bei kleiner Hitze 90 Minuten garen. Die Mettwürste zum Eintopf geben, nochmals erwärmen und mit Pfeffer und dem Kräuteressig abschmecken.

Wurst

Bohnen-Eintopf

| 500 g frische grüne Bohnen |
| 500 g Wachsbohnen |
| 100 g durchwachsenen Speck |
| 1 Zwiebel |
| 1 Knoblauchzehe |
| 1 l Gemüse-Fond |
| Salz |
| 500 g Debrecziner |
| 1/2 TL getrockneter Thymian |
| 1/2 TL getrocknetes Bohnenkraut |
| 100 ml Crème fraîche |

Die grünen und die Wachsbohnen putzen, waschen und eventuell brechen.

Den Speck in Würfel schneiden.

Die Zwiebel und den Knoblauch schälen, beides kleinwürfeln.

Die Speckwürfel in einen Schnellkochtopf geben und anbraten.

Die Zwiebeln und den Knoblauch zugeben, dann glasig dünsten.

Die Bohnen mit der Brühe dazugeben, mit Salz und Thymian würzen und im geschlossenen Topf 8 Minuten garen.

Das Bohnenkraut zugeben und im geschlossenen Topf noch weitere 5 Minuten garen.

Die Debrecziner in Stücke schneiden, zum Eintopf geben und erhitzen.

Auf jede Portion einen Eßlöffel Crème fraîche geben.

Weiße Bohnen mit Paprikaschoten

250 g weiße Bohnen
2 l Wasser
1 Zwiebel
600 g Knoblauchwurst
2 Zwiebeln
2 Knoblauchzehen
2 rote und 2 grüne Paprikaschoten
2 EL Schmalz
2 EL Mehl
1 l Rinder-Fond
1 Bund Thymian
Salz
schwarzer Pfeffer

Die Bohnen waschen, mit der geschälten und geviertelten Zwiebel in 2 l Wasser ca. 80 Minuten kochen, dann abgießen und beiseite stellen. Die Wurst in Scheiben schneiden.

Die Zwiebeln und den Knoblauch schälen und würfeln.

Die Paprikaschoten waschen, halbieren, entkernen und in Streifen schneiden.

Das Schmalz in einem Topf zerlassen, Wurst, Zwiebeln und Knoblauch zugeben und 5 Minuten dünsten.

Die Bohnen und Paprikaschoten zugeben, dann mit Mehl bestäuben. Mit Rinder-Fond aufgießen und 10 Minuten kochen lassen.

Den Thymian waschen, kleinschneiden und zugeben.

Mit Salz und frischgemahlenem Pfeffer abschmecken.

Wurst

Wurstgulasch

125 g durchwachsener Speck
4 Zwiebeln
2 EL Sonnenblumenöl
2 Bund Suppengrün
500 g Kartoffeln
750 ml Gemüse-Fond
500 g Bierschinken
4 Tomaten
1 EL Mehl
125 ml süße Sahne
Salz
schwarzer Pfeffer
1 TL Paprikapulver

Den Speck in Würfel schneiden.
Die Zwiebeln schälen und kleinwürfeln.
Das Öl in eine tiefe Pfanne geben und erhitzen, Speck und Zwiebeln darin glasig dünsten.
Das Suppengrün putzen, waschen, kleinschneiden und in die Pfanne geben, 3 Minuten mitdünsten. Die Kartoffeln schälen, in Würfel schneiden und ebenfalls zugeben.
Mit dem Gemüse-Fond aufgießen und 10 Minuten schwach kochen lassen. Den Bierschinken in Würfel schneiden. Die Tomaten kurz in kochendes Wasser tauchen, schälen und vierteln. Mit dem Bierschinken dazugeben und 5 Minuten kochen lassen. Das Mehl mit der Sahne verrühren und das Gulasch damit binden. Mit Salz, frischgemahlenem Pfeffer und dem Paprikapulver abschmecken. Mit Salzkartoffeln servieren.

Deftige Sauerkraut-Pfanne

150 g durchwachsener Speck
1 Zwiebel
1 Kartoffel
750 g Sauerkraut
1 Lorbeerblatt
2 Wacholderbeeren
1 Prise Zucker
Salz
schwarzer Pfeffer
4 Mettwürstchen
50 g durchwachsener Speck
250 ml Gemüse-Fond
250 ml Weißwein
200 ml Crème fraîche

Eine feuerfeste Form mit dünngeschichteten Speckscheiben auslegen.
Die Zwiebel schälen und feinhacken. Die Kartoffel schälen und feinreiben.
Das Sauerkraut mit der Zwiebel, Kartoffel, Wacholderbeeren, Zucker, Salz, frischgemahlenem Pfeffer vermischen und zur Hälfte in die Form füllen.
Die Mettwürste in Scheiben schneiden und dazwischen legen, dann den Rest Kraut obenauflegen. Den Speck in Würfel schneiden und auf das Kraut legen.
Mit dem Fond und Weißwein aufgießen, das Lorbeerblatt darauf legen, verschließen und im Backofen bei 180 Grad ca. 45 Minuten garen.
Dazu schmeckt Crème fraîche und Kartoffelpüree.

Wurst

Wurst

Grüne Erbsen mit Cabanossi

400 g geschälte grüne Erbsen
2 l Wasser
2 Zwiebeln
1 Bund Suppengrün
2 Kartoffeln
1 EL Butter
1 l Gemüse-Fond
etwas Majoran
1/2 EL Essig
500 g Cabanossi
Salz
schwarzer Pfeffer

Die Erbsen über Nacht in Wasser einweichen, dann abgießen und beiseite stellen.

Die Zwiebeln schälen und kleinwürfeln.

Das Suppengrün putzen, waschen und kleinschneiden.

Die Kartoffeln schälen und würfeln.

Die Wurst in Scheiben schneiden.

Die Butter in den Schnellkochtopf geben, zerlaufen lassen, die Zwiebeln, und das Suppengrün zugeben, andünsten.

Die Erbsen, Kartoffeln und Majoran zufügen, mit dem Gemüse-Fond aufgießen, den Topf verschließen und 20 Minuten kochen lassen.

Zum Schluß die Wurst dazugeben und nochmals erhitzen.

Mit Essig, Salz und frischgemahlenem Pfeffer abschmecken.

Wurst

Roter Linseneintopf mit Würstchen

250 g rote Linsen
1 l Wasser
1 Zwiebel
500 g Wiener Würstchen
2 Zwiebeln
2 rote Paprikaschoten
2 EL Schmalz
2 EL Mehl
500 ml Gemüse-Fond
250 ml Weißwein
1 Bund Petersilie
Salz
schwarzer Pfeffer

Die Linsen waschen und mit der geschälten, geviertelten Zwiebel in 1 l Wasser ca. 60 Minuten kochen, dann abgießen und beiseite stellen.

Die Zwiebeln schälen und in Würfel schneiden.

Die Paprikaschoten waschen, entkernen und in Würfel schneiden.

Das Schmalz in einem Topf zerlassen, die Zwiebeln und die Paprikaschoten zugeben und 10 Minuten dünsten lassen.

Die Linsen zugeben, mit Mehl bestäuben, mit Gemüse-Fond und Wein aufgießen, die Würstchen zugeben und nochmals aufkochen lassen.

Die Petersilie waschen, kleinschneiden und zugeben.

Mit Salz und frischgemahlenem Pfeffer abschmecken.

Wurst

Spitzkohl mit Mettwurst

1,5 kg Spitzkohl
4 Zwiebeln
100 g Schweineschmalz
2 EL Zucker
500 ml Gemüse-Fond
1 TL Kümmel
Salz
schwarzer Pfeffer
1 EL Essig
1 EL Speisestärke
3 El Crème fraîche
4 Mettwürstchen

Den Spitzkohl putzen, halbieren, den Strunk entfernen und in grobe Würfel schneiden.

Die Zwiebeln schälen und kleinwürfeln.

Das Schmalz in einen Topf geben, erhitzen, den Kohl und die Zwiebeln darin scharf anbraten, bis der Kohl leicht Farbe hat.

Den Zucker darüber streuen und unter Rühren karamelisieren lassen.

Mit dem Gemüse-Fond aufgießen; mit Kümmel, Salz, frischgemahlenem Pfeffer und Essig abschmecken, 10 Minuten leicht kochen lassen.

Die Speisestärke mit der Crème fraîche verrühren und unter das Kraut rühren, die Mettwürstchen zugeben, aufkochen lassen, bis das Kraut sämig wird.

Mit Bratkartoffeln und einem kühlen Bier servieren.

Bunte Gemüsepfanne

1 Zwiebel
1 Knoblauchzehe
500 g Zucchini
1 rote und 1 gelbe Paprikaschote
500 g Kartoffeln
2 EL Pflanzenöl
125 ml Geflügel-Fond
1/2 TL getrockneter Thymian
500 g Fleischwurst
Salz
schwarzer Pfeffer

Die Zwiebel und die Knoblauchzehe schälen und feinhacken.

Die Zucchini waschen und in Scheiben schneiden.

Die Paprikaschoten waschen, halbieren, entkernen und würfeln.

Die Kartoffeln schälen und in Würfel schneiden.

Das Öl in einer Pfanne erhitzen und die Zwiebeln, Knoblauch, Paprikaschoten und Kartoffeln 5 Minuten unter Rühren andünsten.

Den Fond zugeben und mit dem Thymian abschmecken. 25 Minuten dünsten lassen, eventuell etwas Flüssigkeit zufügen.

Die Fleischwurst häuten und in Scheiben schneiden.

Nach 15 Minuten Garzeit die Wurst zugeben und mitdünsten.

Mit Salz und frischgemahlenem Pfeffer abschmecken.

Wurst

Kichererbsen mit Knoblauchwurst

250 g Kichererbsen
1 l Wasser
3 Zwiebeln
2 Knoblauchzehen
3 Karotten
2 Stangen Lauch
3 Kartoffeln
4 EL Pflanzenöl
1 Prise Cayennepfeffer
1 l Gemüse-Fond
500 g Knoblauchwurst
Salz
schwarzer Pfeffer
1 Bund Petersilie

Die Kichererbsen über Nacht in Wasser einweichen, dann abgießen und beiseite stellen. Die Zwiebeln und die Knoblauchzehen schälen, die Zwiebeln würfeln und Knoblauch durch die Presse drücken. Die Karotten schälen und in Scheiben schneiden. Den Lauch putzen, waschen und in Ringe schneiden. Die Kartoffeln schälen und würfeln. Das Öl in eine tiefe Pfanne geben, Zwiebeln, Knoblauch, Karotten, Lauch, Kartoffeln und den Cayennepfeffer zugeben, kurz mitdünsten. Die Kichererbsen zufügen und mit dem Gemüse-Fond aufgießen, 60 Minuten kochen lassen. Zum Schluß die Wurst zufügen, nochmals erhitzen und mit Salz und Pfeffer abschmekken. Die Petersilie waschen, feinhacken und den Eintopf vor dem Servieren damit bestreuen.

Kartoffel-Lauchtopf mit Würstchen

Für 8 Personen

1 kg Kartoffeln
2 Karotten
500 g Lauch
3 EL Butter
2 l Gemüse-Fond
8 Pfälzer Würstchen
1 Bund Petersilie
200 ml Crème fraîche
Salz
schwarzer Pfeffer

Die Kartoffeln und Karotten schälen und in dünne Scheiben schneiden.

Den Lauch putzen, waschen und in feine Ringe schneiden.

Die Butter in einem Topf zerlassen, die Kartoffeln und die Karotten darin andünsten, den Lauch zugeben und mit dem Gemüse-Fond aufgießen.

Zum Kochen bringen und 20 Minuten kochen lassen, bis das Gemüse fast gar ist.

Die letzten 10 Minuten die Würstchen zugeben.

Die Petersilie waschen und kleinhacken.

Kurz vor dem Servieren die Crème fraîche einrühren und die Petersilie darüberstreuen.

Mit Salz und Pfeffer abschmecken

Wurst

Kohl-Wurst-Eintopf

Für 6 Personen

1 kg Weißkraut
200 g durchwachsener Speck
3 kleine Zwiebeln
500 ml Gemüse-Fond
500 g Kartoffeln
Salz
schwarzer Pfeffer
1 Bund Petersilie
250 g Polnische Würste

Den Kohl halbieren, den Strunk entfernen, in Streifen schneiden, waschen und abtropfen lassen.

Den Speck in kleine Würfel zerteilen.

Die Zwiebeln schälen und ebenfalls würfeln.

Den Speck mit den Zwiebeln in einen Topf geben und die Zwiebeln darin glasig dünsten.

Den Kohl zugeben und unter Rühren anbraten. Mit der Brühe aufgießen und 15 Minuten kochen.

Die Kartoffeln schälen, in kleine Stücke schneiden und ebenfalls zugeben, weitere 15 Minuten kochen lassen.

Mit Salz und frischgemahlenem Pfeffer abschmecken.

Die Petersilie waschen und kleinschneiden.

Die Würste zum Eintopf geben, nochmals erhitzen.

Das Gericht vor dem Servieren mit der Petersilie bestreuen; dazu schmeckt Bauernbrot.

Ländliche Krautpfanne

100 g durchwachsener Speck
1 EL Zucker
2 Zwiebeln
750 g Sauerkraut
1 TL Kümmel
500 g Fleischwurst
250 ml saure Sahne
2 TL Paprika, edelsüß
2 TL Rosenpaprika
Salz
1 EL Speisestärke

Den Speck in Würfel schneiden und in einer Pfanne auslassen.

Den Zucker zum Speck geben und unter Rühren auflösen.

Die Zwiebeln schälen und in Scheiben schneiden, zum Speck geben und goldbraun anrösten.

Das Sauerkraut auflockern, in die Pfanne geben und mit Kümmel abschmecken.

Die Fleischwurst häuten, in Scheiben schneiden, untermischen und 10 Minuten garen lassen.

Die saure Sahne mit Paprikapulver, Salz und Speisestärke vermischen und unter das Kraut rühren, nochmals aufkochen lassen und heiß servieren.

Als Beilage kann man Bauernbrot reichen.

Wurst

Tip: Nach diesem Rezept kann man jede Kohlart zubereiten, die Wurst läßt sich auch durch Kassler ersetzen.

Schweinefleisch – herzhaft und würzig

Schmackhafte Eintöpfe, die gerade in der kalten Jahreszeit für die innere Wärme sorgen, gehören nach wie vor zu den Spitzenreitern der deutschen Küche. Würziges Schweinefleisch und kräftige Gemüse bilden die Grundlage. Aber auch leichte, preiswerte Eintöpfe und raffinierte Gratins sind in diesem Kapitel zu finden.

Schweinefleisch

Grün-weiße Bohnen mit Paprika

750 g Schweinenacken
60 g Schweineschmalz
750 ml Rinder-Fond
500 g grüne Bohnen
1 EL getrocknetes Bohnenkraut
2 rote und 2 grüne Paprikaschoten
Salz
schwarzer Pfeffer
1 große Dose weiße Bohnen
2 EL Essig-Essenz 25 %
1 EL Zucker

Das Schweinefleisch waschen, trockentupfen und in Würfel schneiden.

Das Schmalz in einer Pfanne erhitzen und das Fleisch darin von allen Seiten anbraten.

Mit dem Rinder-Fond aufgießen und 40 Minuten garen lassen.

Die Bohnen putzen, waschen und eventuell zerkleinern.

Die Paprikaschoten waschen, halbieren, entkernen und in Streifen schneiden.

Bohnen, Paprikaschoten und Bohnenkraut zum Fleisch geben und nochmals 30 Minuten garen.

Dann die weißen Bohnen abgetropft dazugeben, mit Salz, frischgemahlenem Pfeffer, Essig-Essenz und Zucker abschmecken.

Altdeutscher-Sauerkraut-Topf

75 g fetten Speck
300 g mageres Pökelfleisch vom Schwein
1 Bund Frühlingszwiebeln
1 Knoblauchzehe
500 g Sauerkraut
2 Karotten
2 rote Paprikaschoten
2 große Kartoffeln
1 EL Paprika edelsüß
250 ml trockener Weißwein
250 ml Brühe
Salz
weißer Pfeffer

Den Speck feinwürfeln und in einem Topf auslassen.

Das Fleisch in Würfel schneiden und im heißen Fett rundum anbraten.

Die Frühlingszwiebeln putzen, waschen und in Ringe schneiden.

Die Knoblauchzehe schälen und durch die Presse drücken.

Beides zum Fleisch geben und glasig andünsten.

Das Sauerkraut zerpflücken und ebenfalls zum Fleisch geben.

Die Karotten schälen und in Scheiben schneiden.

Die Paprikaschoten waschen, halbieren, entkernen und in Streifen schneiden.

Die Kartoffeln schälen und würfeln.

Das Gemüse zum Sauerkraut geben und andünsten.

Das Paprikapulver darüberstäuben, mit Salz und frischgemahlenem Pfeffer abschmecken.

Mit Wein und Brühe aufgießen, dann im geschlossenen Topf 25 Minuten garen lassen.

Tip: Man kann den Eintopf noch mit 75 g Vollkornnudeln anreichern.

Die Nudeln 8 Minuten vor Ende der Garzeit zufügen.

Schweinefleisch

Roter Bohnentopf

300 g rote Bohnen
75 g fetter Speck
600 g Schweinebauch
4 EL Schweineschmalz
1 Zwiebel
1 Knoblauchzehe
750 g Sauerkraut
2 Karotten
2 Stangen Lauch
2 große Kartoffeln
500 ml Rinder-Fond
Salz
weißer Pfeffer

Die Bohnen über Nacht in 1 1/2 l Wasser einweichen.

Im Einweichwasser 20 Minuten kochen lassen.

Das Fleisch und den Speck in Würfel schneiden, erhitzen und im heißen Fett rundum anbraten. Die Zwiebel schälen und in Ringe schneiden. Die Knoblauchzehe schälen und durch die Presse drücken.

Beides zum Fleisch geben und glasig andünsten. Anschließend das Sauerkraut zerpflücken und unterrühren.

Die Karotten schälen und in Scheiben schneiden. Den Lauch putzen, waschen und in Ringe schneiden. Die Kartoffeln schälen und würfeln. Das Gemüse zum Sauerkraut geben und andünsten. Mit dem Rinder-Fond aufgießen und im geschlossenen Topf 25 Minuten garen.

Mit Salz und frischgemahlenem Pfeffer abschmecken.

Schweinefleisch

Kartoffeltopf mit Hackfleisch

750 g Schweinehackfleisch
2 Zwiebeln
2 EL Olivenöl
1 Knoblauchzehe
750 g Lauch
750 g Kartoffeln
2 Karotten
1/4 Sellerieknolle
500 ml Rinder-Fond
100 g durchwachsener Speck
Salz
weißer Pfeffer
1 Bund Petersilie

Das Hackfleisch im heißen Öl unter Rühren anbraten.
Die Zwiebeln schälen und in Ringe schneiden.
Die Knoblauchzehe schälen und durch die Presse drücken.
Beides zum Fleisch geben und glasig andünsten. Den Lauch putzen, waschen und in Ringe schneiden.
Die Kartoffeln schälen und würfeln. Karotten und Sellerie schälen und in Scheiben schneiden bzw. würfeln. Das Gemüse zum Eintopf geben und andünsten, dann mit dem Rinder-Fond aufgießen und im geschlossenen Topf 25 Minuten garen. Mit Salz und frischgemahlenem Pfeffer abschmecken. Den Speck in Würfel schneiden und in einer Pfanne auslassen. Die Petersilie waschen und kleinschneiden.
Beides vor dem Servieren über den Eintopf geben.

Schweinefleisch

Karotten-Topf mit Schweinehalsgrat

750 g Schweinehalsgrat

Für die Beize:
125 ml Rotwein
125 ml Wasser
1/2 TL Pimentkörner
1 Lorbeerblatt
1 Bund Thymian

Außerdem:
3 EL Butter
500 g Kartoffeln
750 g Karotten
1/2 Sellerieknolle
1 Bund Petersilie
500 ml Rinder-Fond
Salz
schwarzer Pfeffer
100 g Emmentaler
100 ml saure Sahne

Schweinefleisch

Das Fleisch waschen, trockentupfen und in 3 cm große Würfel schneiden, dann mit Wein, Wasser und Gewürzen in einem Topf 24 Stunden beizen.

Die Flüssigkeit abgießen und die Gewürze beiseite stellen.

Die Butter in einem Topf erhitzen und die abgetropften Fleischwürfel mit der Hälfte der Gewürze 15 Minuten anbraten.

Die Kartoffeln, Karotten und den Sellerie schälen dann in Würfel bzw. Scheiben schneiden.

Die Petersilie waschen und kleinschneiden.

Alles mit dem Fleisch mischen.

Mit Salz und frischgemahlenem Pfeffer abschmecken, mit dem Rinder-Fond aufgießen und 25 Minuten zugedeckt schwach kochen lassen.

Danach den Eintopf in eine feuerfeste Form umfüllen.

Den Käse reiben und mit der sauren Sahne vermischen, über den Eintopf gießen und im vorgeheizten Backofen bei 200 Grad 10 Minuten überbacken.

Rosenkohl-Topf

750 g Schweinebauch
2 EL Pflanzenöl
Salz
schwarzer Pfeffer
gemahlener Kümmel
1 l Rinder-Fond
500 g Kartoffeln
500 g Rosenkohl
2 Boskop Äpfel
1 Bund Petersilie
2 EL helle Sojasauce

Das Schweinefleisch waschen und trockentupfen, die Schwarte entfernen und das Fleisch in Würfel schneiden.

Das Öl in einem Topf erhitzen und die Fleischwürfel darin anbraten.

Mit Salz, frischgemahlenem Pfeffer und Kümmel abschmecken. Mit dem Rinder-Fond aufgießen und zugedeckt 45 Minuten garen lassen.

Die Kartoffeln schälen und in Würfel schneiden.

Den Rosenkohl putzen, waschen und mit den Kartoffeln zum Fleisch geben, anschließend nochmals 20 Minuten schmoren lassen. Die Äpfel schälen, vierteln, Kerngehäuse entfernen und in Stücke schneiden. 5 Minuten vor Ende der Garzeit zugeben. Die Petersilie waschen und kleinschneiden. Das fertige Gericht mit Sojasauce abschmecken und mit der Petersilie bestreut servieren.

Schweinefleisch

Winter-Eintopf

1,2 kg Eisbein
schwarzer Pfeffer
6 EL Schweineschmalz
4 Karotten
3 Stangen Lauch
2 große Kartoffeln
400 g Wirsing
2 große Zwiebeln
250 ml Rinder-Fond
250 ml Weißwein
Salz
weißer Pfeffer
geriebener Majoran

Die Eisbeinschwarte rautenförmig einschneiden und mit Pfeffer rundum einreiben, zugedeckt 3 Stunden ziehen lassen. Das Schweineschmalz in einem großen Topf erhitzen, das Eisbein darin anbraten, 20 Minuten schmoren lassen. In der Zwischenzeit das Gemüse putzen, waschen und in Stücke schneiden. Die Zwiebeln schälen und kleinwürfeln. Das Eisbein aus dem Topf nehmen und die Zwiebeln im Fett andünsten. Das Gemüse zugeben und unter Rühren ebenfalls andünsten.

Mit Salz, Pfeffer und Majoran abschmecken. Mit dem Rinder-Fond und dem Weißwein aufgießen, dann das Eisbein mit der Schwarte nach oben darauf legen und noch ca. 35 Minuten garen lassen. Das Fleisch in flache Scheiben schneiden und auf dem Gemüse anrichten.

Schweinefleisch

Rotkraut-Eintopf

Für 6 Personen

750 g Schweinenacken
2 EL Pflanzenöl
Salz
schwarzer Pfeffer
500 ml Rinder-Fond
500 g Kartoffeln
1 kg Rotkraut
2 Äpfel (Boskop)
Salz
schwarzer Pfeffer
1 EL Zucker
1/2 TL gemahlene Nelken
1 Bund Petersilie

Das Schweinefleisch waschen, trockentupfen und in Würfel schneiden. Das Öl in einem Topf erhitzen und die Fleischwürfel darin anbraten. Mit Salz und Pfeffer abschmecken. Die Kartoffeln schälen und würfeln. Das Rotkraut putzen, waschen, halbieren, den Strunk entfernen und in Streifen hobeln.

Die Äpfel schälen, vierteln, Kerngehäuse entfernen und in Stücke schneiden. Die Fleischwürfel abwechselnd mit Kartoffeln, Rotkraut und Apfelwürfeln in eine feuerfeste Form schichten. Zwischendurch mit Salz, Pfeffer, Zucker und gemahlenen Nelken würzen. Mit dem Rinder-Fond aufgießen und zugedeckt im vorgeheizten Backofen bei 220 Grad ca. 120 Minuten garen lassen.

Schweinefleisch

Zwiebel-Rotwein-Gratin

750 g Schweinenacken
750 g kleine Zwiebeln
1 kg Gemüsetomaten
1 Bund Thymian
1 Bund Bohnenkraut
4 EL Pflanzenöl
1 EL Mehl
250 ml Rotwein
125 ml Rinder-Fond
100 g schwarze Oliven
Salz
Zucker
Cayennepfeffer

Das Fleisch waschen, trockentupfen und in kleine Würfel schneiden. Die Zwiebeln schälen und vierteln.

Die Tomaten kurz in kochendes Wasser tauchen, häuten, vierteln, entkernen und in Stücke schneiden. Die Kräuter waschen und kleinhacken. Das Öl in einem flachen Topf erhitzen und das Fleisch kurz von allen Seiten anbraten, die Zwiebeln zugeben und andünsten. Das Mehl darüber stäuben und leicht anbräunen lassen, mit Rotwein und Fond ablöschen.

Die Oliven entkernen, die Tomaten und Kräuter zum Fleisch geben, dann mit Salz, Zucker und Cayennepfeffer abschmecken. Im vorgeheizten Backofen bei 200 Grad ca. 30 Minuten überbacken. Mit Bauernbrot und kräftigem Rotwein servieren.

Gratiniertes Sauerkraut mit Eisbein

200 g gelbe Erbsen
1,2 kg Eisbein
2 l Wasser
1 Bund Suppengrün
6 Pimentkörner
6 Wacholderbeeren
1 Lorbeerblatt
2 Zwiebeln
1 Knoblauchzehe
4 EL Schweineschmalz
750 g Sauerkraut
2 Karotten
2 Stangen Lauch
2 große Kartoffeln
500 ml Rinder-Fond
Salz
weißer Pfeffer
geriebene Muskatnuß

Die Erbsen über Nacht in 1 1/2 l Wasser einweichen.

Im Einweichwasser 30 Minuten zum Kochen aufsetzen, dann abgießen.

Das Suppengrün putzen, waschen und kleinschneiden.

Das Eisbein mit dem Wasser, Suppengrün und den Gewürzen zum Kochen bringen, dann 90 Minuten garen.

Die Zwiebeln schälen und in Ringe schneiden.

Die Knoblauchzehe schälen und durch die Presse drücken.

Das Schweineschmalz in einen Topf geben und erhitzen, die Zwiebeln und den Knoblauch darin glasig andünsten.

Das Sauerkraut zerpflücken und zu den Zwiebeln geben.

Die Karotten schälen und in Scheiben schneiden.

Den Lauch putzen, waschen und in Ringe schneiden.

Die Kartoffeln schälen und würfeln.

Das Gemüse zum Sauerkraut geben und andünsten.

Mit dem Rinder-Fond aufgießen und im geschlossenen Topf 25 Minuten garen.

Mit Salz und frischgemahlenem Pfeffer abschmecken.

Die Erbsen mit etwas von der Eisbeinbrühe im Mixer pürieren, mit Salz, frischgemahlenem Pfeffer und Muskatnuß abschmecken.

Vom Eisbein die Fettschicht ablösen und in Streifen schneiden. Das magere Fleisch in Würfel schneiden.

Eine Auflaufform erst mit den fetten Fleischstreifen, dann lagenweise mit Sauerkraut, Fleisch und Erbsenpüree auffüllen.

Im vorgeheizten Backofen bei 200 Grad ca. 20 Minuten backen.

Schweinefleisch

Schweinefleisch

Paprika-Reis-Pfanne

3 EL Butter
500 g Schweinehackfleisch
1 Zwiebel
2 rote und 2 grüne Paprikaschoten
250 g Langkornreis
2 EL Paprika, edelsüß
1 kleine Dose geschälte Tomaten
250 ml Rinder-Fond
Salz
schwarzer Pfeffer
200 ml Crème fraîche

Die Butter in einer Pfanne erhitzen und das Hackfleisch darin anbraten.

Die Zwiebel schälen und würfeln.

Die Paprikaschoten waschen, halbieren, entkernen und in Streifen schneiden, beides zum Hackfleisch geben.

Den Reis zugeben und mit dem Paprika würzen.

Die Tomaten mit der Flüssigkeit zugeben und mit dem Rinder-Fond aufgießen.

Zugedeckt 20 Minuten ziehen lassen.

Mit Salz und frischgemahlenem Pfeffer abschmecken.

Zum Schluß die Crème fraîche unterziehen und die Paprikapfanne servieren.

Tip: Die Pfanne läßt sich auch mit 200 g Nudeln abwandeln.

Schweinefleisch

Tomatenreis mit Hackfleisch

3 EL Butter
500 g Schweinehackfleisch
Salz
schwarzer Pfeffer
3 Zwiebeln
1 Stauden Sellerie
250 g Langkornreis
1 große Dose geschälte Tomaten
250 ml Rinder-Fond
Salz
schwarzer Pfeffer
1 Bund Basilikum

Die Butter in einer Pfanne erhitzen und das Hackfleisch darin anbraten.

Mit Salz und frischgemahlenem Pfeffer abschmecken.

Die Zwiebeln schälen und würfeln.

Den Stauden Sellerie putzen, waschen und in Streifen schneiden, beides zum Hackfleisch geben.

Den Reis und die Tomaten mit der Flüssigkeit zum Hackfleisch geben und mit dem Rinder-Fond aufgießen.

Zugedeckt 20 Minuten ziehen lassen.

Mit Salz, frischgemahlenem Pfeffer und dem gewaschenen, gehackten Basilikum abschmekken.

Den Tomatenreis heiß servieren.

Schweinefleisch

Sojasprossen-Auflauf

500 g frische Sojasprossen
2 Zwiebeln
4 EL Pflanzenöl
500 g Schweinehackfleisch
Salz
schwarzer Pfeffer
200 g Parboiled Reis
1 l Wasser
Salz
2 Bund Schnittlauch
6 Eier
250 ml süße Sahne
3 EL Butter
3 EL Semmelbrösel

Die Sojasprossen kurz im kochenden Wasser blanchieren, kalt abschrecken und abtropfen lassen.

Die Zwiebeln schälen und in Würfel schneiden.

Das Öl in einer Pfanne erhitzen und das Hackfleisch darin anbraten.

Die Zwiebeln zugeben und mit Salz und frischgemahlenem Pfeffer abschmecken.

Den Reis in Salzwasser 10 Minuten vorgaren.

Die Hackfleischmasse in eine Auflaufform geben.

Den Schnittlauch waschen und in Röllchen schneiden.

Den Reis mit dem Schnittlauch mischen und auf das Hackfleisch füllen.

Zum Schluß die Sojasprossen einfüllen, mit Salz und frischgemahlenem Pfeffer bestreuen.

Die Eier mit der Sahne verrühren und über den Auflauf gießen.

Im vorgeheizten Backofen bei 220 Grad ca. 30 Minuten backen.

10 Minuten vor Ende der Garzeit die Butter als Flöckchen auf den Auflauf setzen und die Semmelbrösel darüberstreuen.

Mit frischem grünen Salaten servieren.

Puszta-Gulyas mit Nocken

1 Zwiebel
60 g Schweineschmalz
750 g Schweineschulter
2 EL Paprika, edelsüß
Salz
schwarzer Pfeffer
1/2 TL gemahlener Kümmel
1 Karotte
2 1/2 l Wasser
750 g Kartoffeln
1 grüne Paprikaschote
1 EL Tomatenmark
1 Bund Petersilie

Für die Nocken:
200 g Mehl
2 Eier
Salz
evtl. Wasser

Die Zwiebel schälen und kleinhacken.

Das Schmalz in einem Topf erhitzen und die Zwiebeln darin glasig dünsten.

Das Fleisch waschen, trockentupfen und in ca. 3 cm große Würfel schneiden.

Das Fleisch zu den Zwiebeln geben, mit dem Paprika, Salz, frischgemahlenem Pfeffer und Kümmel abschmecken.

Die Karotte schälen, in Scheiben schneiden, zugeben, mit dem Wasser aufgießen und 90 Minuten leicht kochen lassen.

In der Zwischenzeit die Kartoffeln schälen und in Würfel schneiden.

Die Paprikaschote waschen, halbieren, entkernen und in Streifen schneiden.

Kartoffeln und Paprikaschote mit dem Tomatenmark 30 Minuten vor Ende der Garzeit zufügen und mitkochen lassen.

Die Petersilie waschen und kleinhacken.

Das Mehl mit Eiern und Salz zu einem dickflüssigen Teig verrühren, evtl. noch etwas Wasser zufügen, den Teig etwas stehen lassen.

Den Teig auf ein mit Wasser befeuchtetes Brett geben, etwas schräg über den Topf halten, so daß der Teig langsam über den Rand läuft und mit einem Messer kleine Nocken (Spätzle) in die kochende Suppe schaben.

Das Gulyas mit der Petersilie bestreut servieren.

Schweinefleisch

Schnippelbohnen-Eintopf

750 g Stangenbohnen
2 l Wasser
Salz
750 g Kartoffeln
500 g Kassler
3 große Zwiebeln
4 EL Butter
500 ml Rinder-Fond
schwarzer Pfeffer
1 TL Bohnenkraut
1 EL Essig
200 ml Crème fraîche

Die Stangenbohnen putzen, waschen und in schräge Stückchen schneiden.

Im kochenden Salzwasser 5 Minuten blanchieren, abschrecken und abtropfen lassen.

Die Kartoffeln schälen und in Würfel schneiden.

Das Kassler vom Knochen lösen und ebenfalls würfeln.

Die Zwiebeln schälen und würfeln.

Die Butter in einem Topf erhitzen und die Zwiebeln andünsten, die Bohnen, die Kartoffeln und das Kassler zugeben, dann mit dem Rinder-Fond aufgießen.

Mit frischgemahlenem Pfeffer und Bohnenkraut abschmecken. Zugedeckt 15 Minuten kochen lassen. Zum Schluß den Essig zufügen und die Crème fraîche unterheben.

Mit Bratkartoffeln oder Püree servieren.

Fleischbällchen

500 g Schweineschulter
3 EL Maisstärke
3 EL Wasser
3 EL Sojaöl

Das Fleisch waschen, trockentupfen, von Hand feinhacken und in eine Schüssel geben.

In einer Richtung rühren und das Wasser löffelweise zugeben, bis der Fleischteig glatt und gelatineartig ist.

Den Teig mit den Händen zu einem Ballen formen und 20 – 30 mal in die Schüssel werfen, dies gibt dem Teig die erforderliche Konsistenz.

Mit feuchten Händen kleine Fleischbällchen formen.

Die Maisstärke mit dem Wasser verrühren und die Fleischbällchen hineingeben.

Das Öl in einer Pfanne erhitzen und die Fleischbällchen braten.

Auf Haushaltspapier abtropfen lassen und beiseite stellen.

Chinakohl mit Fleischbällchen

500 g Chinakohl
Salz
2 EL dunkle Sojasauce
1 EL trockener Sherry
1 EL Zucker
1 EL Butter
250 ml Rinder-Fond

Den Chinakohl putzen, waschen und in 5 cm breite Streifen schneiden.

Nun die Fleischbällchen zubereiten.

Den Kohl in der Pfanne mit Salz, Sojasauce, Sherry und Zucker abschmecken, 5 Minuten dünsten.

Eine feuerfeste Form mit Butter einfetten und die Hälfte vom Kohl einlegen, die Fleischbällchen darauf legen und so lagenweise die Form füllen.

Den Fond aus der Pfanne und die Brühe darüber gießen.

Im vorgeheizten Backofen bei 200 Grad 45 Minuten backen.

Tip: Nach diesem Rezept kann man jede Kohlart zubereiten.

Schweinefleisch

Rindfleisch – gesund und kräftig

Kein Fleisch eignet sich so gut für Eintöpfe wie Rindfleisch. Mit verschiedenen Gemüsen der Jahreszeit kombiniert, hat fast jeder Landstrich hat seine speziellen Eintopf-Schöpfungen. Eintöpfe werden vor allem mit Koch- oder Suppenfleisch, das heißt mit preiswerten Teilstücken wie Nacken oder Hals, hohe Rippe, Brust, Beinscheibe, Querrippe gekocht.

Rindfleisch

Rindertopf mit Tomaten

600 g Rinderlende

Für die Marinade:
2 Knoblauchzehen
4 EL dunkle Sojasauce
2 EL trockener Sherry
1 EL Honig

Außerdem:
3 EL Pflanzenöl
500 g Gemüsetomaten
Salz
schwarzer Pfeffer

Zum Garnieren:
10 g Kerbel

Die Rinderlende unter fließendem Wasser kurz abwaschen und trockentupfen.

Mit einem scharfen Messer häuten und gegen die Faserrichtung in ca. 1 cm dicke Scheiben und dann in Streifen schneiden.

Für die Marinade die Knoblauchzehen schälen, kleinhakken, mit der Sojasauce, dem Sherry und dem Honig in eine Schüssel geben und zu einer Sauce verrühren.

Die Rinderstreifen in diese Marinade legen und zugedeckt 1 Stunde kaltstellen, hin und wieder wenden.

Das Öl in einer Pfanne erhitzen und das Fleisch ohne Marinade unter Rühren 2 Minuten scharf anbraten.

Die Tomaten kurz in kochendes Wasser legen, häuten, vierteln, entkernen und in kleine Stücke schneiden.

Die Tomaten mit der Marinade zum Fleisch geben und 10 Minuten dünsten.

Mit Salz und frischgemahlenem Pfeffer abschmecken.

Zum Schluß den Kerbel waschen, eventuell kleinhacken.

Das Gericht auf eine vorgewärmte Platte legen, mit den Kerbelblättchen bestreuen und mit Wildreis servieren.

Rindertopf mit Lauch

500 g Lauch

Die restlichen Zutaten und die Zubereitung wie »Rindertopf mit Tomaten«, nur statt der Tomaten den Lauch verwenden.

Den Lauch putzen, waschen und in Ringe schneiden.

Das fertige Gericht mit etwas gemahlenem Kümmel abschmecken.

Rindertopf mit grünen Bohnen

500 g grüne Bohnen
Bohnenkraut

Die restlichen Zutaten und die Zubereitung wie »Rindertopf mit Tomaten«, nur statt der Tomaten die Bohnen verwenden.

Die Bohnen putzen, waschen und eventuell halbieren.

Das fertige Gericht mit Bohnenkraut abschmecken.

Rindfleisch

Rindfleisch

Paprika-Rindfleisch-Topf

500 g Rindfleisch aus der Querrippe
1 Bund Suppengrün
1 l Wasser
Salz
250 g Zwiebeln
4 EL Butter
2 grüne und 2 rote Paprikaschoten
1 Gurke
1 Bund Kräuter der Provence
Salz
schwarzer Pfeffer
1 TL Paprika edelsüß
125 g Eiernudeln
250 g Gemüsetomaten
125 ml saure Sahne

Das Rindfleisch waschen und trockentupfen.

Das Wasser mit dem Salz zum Kochen bringen, das Fleisch einlegen und im geschlossenen Topf 90 Minuten kochen.

In der Zwischenzeit das Suppengrün putzen, waschen und nach der Hälfte der Garzeit zugeben.

Die Zwiebeln schälen und würfeln, anschließend die Butter in einem Topf erhitzen und die Zwiebeln glasig dünsten.

Die Paprikaschoten waschen, halbieren, entkernen und in Streifen schneiden.

Die Gurke schälen, entkernen und in Stücke schneiden.

Gurke und Paprikaschoten zu den Zwiebeln geben und kurz mitdünsten lassen.

Die Kräuter waschen und kleinschneiden.

Das Gemüse mit den Kräutern, Salz, dem frischgemahlenem Pfeffer und Paprika würzen.

10 Minuten vor Ende der Fleischgarzeit das Gemüse und die Nudeln zugeben und garen.

Die Tomaten kurz in kochendes Wasser tauchen, häuten, vierteln, entkernen, in Stücke schneiden und zum Eintopf geben.

Das Fleisch herausnehmen, in Würfel schneiden, wieder in den Topf geben und mit der sauren Sahne abschmecken.

Rindfleisch mit Weißkohl

500 g Rinder-Beinscheiben
4 EL Butter
250 g Zwiebeln
1 Spritzer Tabasco
Salz
schwarzer Pfeffer
500 ml Brühe
750 g Weißkohl
4 Karotten
500 ml Weißwein
250 g Kartoffeln
250 g Äpfel (Boskop)
1 Bund Kräuter der Provence
1 große Dose Tomaten

Das Rindfleisch waschen, trockentupfen und in Würfel schneiden.

Die Zwiebeln schälen und würfeln, dann die Butter in einem Topf erhitzen, die Zwiebeln glasig dünsten und das Rindfleisch anbraten.

Mit Tabasco, Salz und frischgemahlenem Pfeffer abschmecken.

Mit der Brühe aufgießen und im geschlossenen Topf 15 Minuten schmoren.

In der Zwischenzeit den Weißkohl putzen, halbieren, den Strunk entfernen und in Streifen schneiden.

Die Karotten putzen und in Scheiben schneiden.

Das Gemüse zum Fleisch geben, den Wein zugießen und 60 Minuten dünsten.

Die Kartoffeln schälen, würfeln und ebenfalls zum Eintopf geben.

Die Äpfel schälen, vierteln, das Kerngehäuse entfernen, in Stücke schneiden und noch 10 Minuten mitgaren.

Die Kräuter waschen und kleinschneiden.

Kräuter und Tomaten mit der Flüssigkeit zugeben und ca. 10 Minuten heiß werden lassen, eventuell abschmecken.

Rindfleisch mit Chinakohl

750 g Chinakohl

Die restlichen Zutaten und die Zubereitung wie »Paprika-Rindfleisch-Topf«, nur statt der Paprikaschoten den Chinakohl geputzt, gewaschen und in Streifen geschnitten verwenden.

Rindfleisch

Pichelsteiner-Topf

Für 8 Personen

200 g Rindfleisch aus der Schulter
200 g Schweinefleisch aus der Schulter
200 g Lammfleisch aus der Schulter
200 g Kalbfleisch aus der Schulter
200 g Zwiebeln
200 g Karotten
200 g Sellerieknolle
200 g Kartoffeln
200 g Lauch
200 g Wirsing
60 g Butter
Salz
schwarzer Pfeffer
1 Prise Muskatnuß
1/2 TL geriebener Majoran
1/2 TL Kümmel
1 Zweig Liebstöckel
500 ml Rinder-Fond
1 Bund Petersilie

Das Fleisch waschen, trockentupfen und in Würfel schneiden.

Die Zwiebeln schälen und kleinwürfeln.

Die Karotten, Sellerie und Kartoffeln schälen und in Würfel bzw. in Scheiben schneiden.

Den Lauch putzen, waschen und in Ringe schneiden.

Den Wirsing putzen, waschen, den Strunk entfernen und in Streifen schneiden.

Das Liebstöckel waschen und kleinhacken.

Die Butter in einem Topf erhitzen, das Fleisch und die Zwiebeln darin anbraten. Herausnehmen und mit dem Gemüse lagenweise wieder einschichten dazwischen immer wieder mit Salz, frischgemahlenem Pfeffer, Muskatnuß, Kümmel, Majoran und Liebstöckel würzen.

Zum Schluß mit dem Rinder-Fond aufgießen.

Im geschlossenen Topf bei schwacher Hitze 90 Minuten schmoren lassen.

Die Petersilie waschen, kleinhacken und über den in eine Terrine gefüllten Eintopf streuen. Dazu serviert man Bauernbrot und Bier.

Elsässer-Eintopf

250 g weiße Bohnen
750 g Rindfleisch aus der Hochrippe
3 EL Pflanzenöl
Salz
schwarzer Pfeffer
250 g Zwiebeln
250 g Räucherspeck
1 EL Majoran
1 Dose Tomatenmark
250 ml Rinder-Fond
schwarzer Pfeffer
1 Bund Schnittlauch

Die Bohnen über Nacht in 1 1/2 l Wasser einweichen.

Das Fleisch waschen, trockentupfen und in Würfel schneiden.

Das Öl im Schnellkochtopf erhitzen und das Fleisch rundum darin anbraten.

Mit Salz und frischgemahlenem Pfeffer abschmecken.

Die Zwiebeln schälen und in Würfel schneiden, zugeben und glasig dünsten.

Den Speck gewürfelt zugeben und mit Majoran bestreuen.

Die Bohnen mit dem Einweichwasser, Tomatenmark und dem Fond in den Topf gießen, umrühren und im geschlossenen Topf 30 Minuten kochen.

Mit frischgemahlenem Pfeffer abschmecken.

Den Schnittlauch waschen, in Röllchen schneiden und den Eintopf vor dem Servieren damit bestreuen.

Rindfleisch

Rindfleisch

Rindfleisch süß-sauer mit Gemüse

600 g Rindfleisch aus der Schulter
3 EL Pflanzenöl
2 Knoblauchzehen
2 Bund Frühlingszwiebeln
2 rote und 2 grüne Paprikaschoten
500 g Kartoffeln
500 ml Rinder-Fond
1 EL Essig
1 Dose Tomatenmark
1 EL brauner Zucker
Salz
schwarzer Pfeffer
1 Bund Petersilie
100 ml Crème fraîche

Das Rindfleisch kurz abwaschen, trockentupfen und in kleine Würfel schneiden. Die Knoblauchzehen schälen und feinhacken. Die Frühlingszwiebeln putzen, waschen und in 3 cm lange schräge Streifen schneiden. Die Paprikaschoten waschen, halbieren, entkernen und in Streifen schneiden. Das Öl in einen Topf geben und erhitzen. Knoblauch, Frühlingszwiebeln und die Paprikaschoten 5 Minuten andünsten. Anschließend das Fleisch zugeben und 5 Minuten unter Rühren anbraten. Die Kartoffeln schälen, würfeln und mit dem Fond zum Eintopf geben. Mit den Gewürzen abschmekken, dann nochmals 10 Minuten schmoren lassen. Die Petersilie kleinhacken und darüberstreuen. Crème fraîche in die Mitte gießen und heiß servieren.

Rindfleisch mit Teltower-Rübchen

Für 6 Personen

1,5 kg Ochsenbrust
4 EL Butter
1 EL Zucker
750 g Zwiebeln
750 g Teltower-Rübchen
750 g Kartoffeln
1 kg Äpfel (Boskop)
Salz
schwarzer Pfeffer
1/2 Bund Majoran
1 TL Kümmel

Das Fleisch waschen, trockentupfen und in Würfel schneiden.

Die Zwiebeln schälen und würfeln.

Nun die Butter in einem Topf erhitzen, den Zucker unter Rühren schmelzen lassen und die Zwiebeln glasig dünsten, dann das Fleisch anbraten.

Mit Salz und frischgemahlenem Pfeffer abschmecken.

Die Rübchen und Kartoffeln schälen, waschen und würfeln.

Die Äpfel schälen, vierteln, entkernen und in grobe Stücke schneiden.

Den Majoran waschen und grobhacken.

Das Gemüse und die Äpfel lagenweise zum Fleisch geben und zwischendurch immer wieder würzen. Zugedeckt bei mittlerer Hitze 120 – 150 Minuten leicht schmoren lassen, eventuell mit etwas Brühe aufgießen.

Rindfleisch

Rindfleisch mit Erbsenschoten

600 g Rindfleisch aus der Nuß

Für die Marinade:
1 Stückchen frische Ingwerwurzel
2 Knoblauchzehen
4 EL trockener Sherry
1 EL brauner Zucker

Außerdem:
3 EL Sesamöl
2 Schalotten
500 g Erbsenschoten
1 Prise Salz
schwarzer Pfeffer

Zum Garnieren:
1 Bund Petersilie

Das Rindfleisch unter fließendem Wasser kurz abwaschen und trockentupfen.

Mit einem scharfen Messer gegen die Faserrichtung in dünne Streifen schneiden.

Für die Marinade den Ingwer und die Knoblauchzehen schälen, kleinhacken, mit dem Sherry und dem Zucker in eine Schüssel geben und zu einer Sauce verrühren.

Die Rindfleischstreifen in diese Marinade legen und zugedeckt 1 Stunde kaltstellen, hin und wieder wenden.

Das Öl in einer Pfanne erhitzen und das Fleisch ohne Marinade unter Rühren 2 Minuten scharf anbraten.

Die Schalotten schälen und würfeln.

Die Erbsenschoten putzen, waschen und eventuell teilen.

Die Schalotten und die Schoten mit der Marinade zum Fleisch geben und 10 Minuten dünsten, eventuell mit Salz und frischgemahlenem Pfeffer abschmecken.

Die Petersilie waschen, kleinhacken und über das Rindfleisch streuen.

Das Gericht in eine Terrine füllen und mit Reis servieren.

Rindfleisch mit Broccoli

500 g Broccoli

Die restlichen Zutaten und die Zubereitung wie »Rindfleisch mit Erbsenschoten«, nur statt der Erbsenschoten Broccoli verwenden.

Rindfleisch

Pfefferpotthast

1 kg Rindfleisch aus der Hochrippe
4 EL Butter
1 kg Zwiebeln
Salz
schwarzer Pfeffer
1 l Rinder-Fond
1 TL Pfefferkörner
1 Lorbeerblatt
4 Gewürznelken
3 Wacholderbeeren
2 EL Semmelbrösel
1 TL Zitronensaft
1 EL Kapern

Das Rindfleisch waschen, trokkentupfen und in Würfel schneiden. Die Zwiebeln schälen und würfeln, anschließend die Butter in einem Topf erhitzen, die Zwiebeln glasig dünsten und das Rindfleisch anbraten.

Mit Salz und frischgemahlenem Pfeffer abschmecken.

Mit dem Rinder-Fond aufgießen und die Gewürze zufügen, dann im geschlossenen Topf 120 – 150 Minuten schmoren.

Die Semmelbrösel einrühren, mit Zitronensaft und Kapern abschmecken, nochmals 5 Minuten weitergaren lassen und dann heiß servieren.

Rindfleisch

Leipziger Suppentopf mit Klößchen

1 kg Suppenfleisch vom Rind
1 Bund Suppengrün
1 1/2 l Wasser
Salz
200 g Karotten
200 g Kohlrabi
200 g Brechbohnen
200 g Lauch
200 g Sellerieknolle
2 Tomaten

Außerdem:
4 Eier
1 Bund Petersilie

Das Fleisch waschen und mit dem geputzten, gewaschenen Suppengrün in das kochende Salzwasser einlegen.

120 – 150 Minuten garen lassen.

In der Zwischenzeit die Karotten und Kohlrabi schälen und in Scheiben bzw. in Streifen schneiden.

Die Bohnen waschen, putzen und brechen.

Den Lauch putzen, waschen und in Ringe schneiden.

Den Sellerie schälen und würfeln.

10 Minuten vor Ende der Garzeit das Gemüse zugeben und mitgaren. Die Tomaten kurz in kochendes Wasser tauchen, häuten, vierteln, entkernen, in grobe Stücke schneiden und 5 Minuten vor Ende der Garzeit in den Topf geben.

In der Zwischenzeit die Klößchen – Rezept s. rechts – zubereiten. Die Eier 10 Minuten hart kochen, abschrecken, schälen und kleinhacken.

Das Suppenfleisch herausnehmen und in Würfel schneiden, dann mit den Grießklößchen wieder in die Suppe geben.

Die Petersilie waschen und kleinschneiden und mit den gehackten Eiern über die Suppe streuen, heiß servieren.

Eier-Grießklößchen

1 l Milch
Salz
200 g Grieß
4 Eier
geriebene Muskatnuß
2 l Salzwasser

Die Milch mit dem Salz in einen Topf geben und zum Kochen bringen.

Den Grieß unter Rühren einlaufen lassen, den Topf vom Herd nehmen, quellen und abkühlen lassen.

Die Eier unterrühren und mit der Muskatnuß abschmecken.

Das Salzwasser zum Kochen bringen, mit zwei Teelöffeln kleine Klößchen formen und im leicht kochenden Wasser 5 Minuten gar ziehen lassen.

Rindfleisch

Rindfleischtopf mit Eiernudeln

Für die Suppe:
1,5 kg Rindfleisch
2 l Salzwasser
1 Lorbeerblatt
4 Nelken
4 Pfefferkörner
2 Zwiebeln
2 Karotten
1/2 Sellerieknolle
1/2 Wirsing
1 Stange Lauch
1 Blumenkohl
4 Tomaten
200 g Eiernudeln
Kerbelblättchen

Das Suppenfleisch kalt waschen, mit den Gewürzen in das kochende Salzwasser geben und 60 Minuten leise kochen lassen.

In der Zwischenzeit die Zwiebeln, Karotten und den Sellerie schälen, dann in Würfel bzw. Scheiben schneiden. Den Wirsing und den Lauch putzen, waschen und in Streifen schneiden. Den Blumenkohl waschen und in Röschen aufteilen.

Die Tomaten kurz in kochendes Wasser tauchen, häuten, vierteln, entkernen und in grobe Stücke teilen. Das Gemüse, außer den Tomaten, 20 Minuten vor Ende der Garzeit, die Nudeln 10 Minuten und die Tomaten 5 Minuten vorher zugeben und gemeinsam fertig garen lassen. Den Kerbel waschen, und über die Suppe streuen.

Rindfleisch

Grünkohl-Topf

1 kg Grünkohl
2 l Wasser
Salz
2 Zwiebeln
1 EL Schweineschmalz
500 g Rinderhackfleisch
2 EL Tomatenmark
2 EL Crème fraîche
1 TL Paprika edelsüß
schwarzer Pfeffer
500 g Kartoffeln
1 Speckschwarte
200 g durchwachsenen Speck
geriebene Muskatnuß
500 ml Rinder-Fond

Den Grünkohl waschen. Das Wasser mit dem Salz zum Kochen bringen und den Grünkohl portionsweise 5 Minuten blanchieren.

Aus ca. 10 Blättern die Innenrippen herausschneiden, die restlichen Blätter abziehen und grobhacken.

Die Zwiebeln schälen und in Würfel schneiden.

Das Schmalz in einem Topf erhitzen und die Zwiebeln glasig dünsten.

Das Hackfleisch zugeben und krümelig anbraten.

Tomatenmark mit Crème fraîche vermischen und mit dem Paprika dazurühren.

Mit Salz und frischgemahlenem Pfeffer abschmecken.

Die Kartoffeln schälen und würfeln.

In einem Topf die vom Speck abschnittene Speckschwarte, Fettschicht nach oben, einlegen.

Den Speck in dünne Scheiben schneiden.

Den Topf am Rand und Boden mit Speckscheiben und ganzen Kohlblättern auslegen.

Dann abwechselnd gehackten Kohl, Kartoffeln und Hackfleischmasse einschichten. Jede Lage mit Muskatnuß würzen.

Mit Kohlblätter und Speckscheiben abschließen. Mit dem Rinder-Fond aufgießen und zugedeckt bei mittlerer Hitze 45 Minuten garen lassen.

Weißkraut-Topf

1 kg Weißkraut
1 EL Kümmel
200 ml Crème fraîche

Zutaten und Zubereitung wie »Grünkohl-Topf«, statt des Grünkohls Weißkraut verwenden, die Muskatnuß durch Kümmel ersetzen. Zum Schluß 200 ml Crème fraîche darübergießen.

Wirsing-Topf

1 kg Wirsing

Zutaten und Zubereitung wie »Grünkohl-Topf«, statt des Grünkohls Wirsing verwenden.

Rindfleisch

181

Rindfleisch

Frühlingstopf

500 g Rinderknochen
600 g Rinder-Beinscheiben
1 l Wasser
Salz
1 Suppengrün
10 Pfefferkörner
1 Zwiebel
300 g Blattspinat
300 g zarte grüne Bohnen
300 g junge Karotten
2 EL Butter
2 EL Mehl
200 g tiefgefrorene Erbsen
100 ml Crème fraîche
schwarzer Pfeffer

Die Knochen und das Fleisch waschen und mit dem gesalzenen kalten Wasser zum Kochen bringen.

Das Suppengrün putzen, waschen, mit den Pfeffernkörnern und der geschälten, geviertelten Zwiebel zugeben. Das Fleisch zugedeckt 90 Minuten garen lassen.

In der Zwischenzeit den Spinat verlesen, waschen und in feine Streifen schneiden.

Die Bohnen putzen und waschen. Die Karotten schälen und in Scheiben schneiden.

Das Fleisch und die Knochen aus der Brühe nehmen, diese durch ein Sieb gießen und erneut zum Kochen bringen.

Die Butter mit dem Mehl verkneten und mit dem Gemüse und den Erbsen, aber ohne Spi-

Rindfleisch

nat, zur Brühe geben, 8 Minuten kochen lassen.

Das Fleisch in kleine Würfel schneiden und zum Eintopf geben. Die Crème fraîche zugeben und mit frischgemahlenem Pfeffer abschmecken.

Zum Schluß den Spinat zugeben und zusammenfallen lassen.

Mit deftigem Bauernbrot servieren.

Rindereintopf mit Buchweizen

200 g durchwachsener Speck
750 g Rindfleisch aus der Hüfte
1 Zwiebel
2 EL Pflanzenöl
3 Stangen Lauch
250 g junge Karotten
1/2 Sellerieknolle
1 kleiner Blumenkohl
1/2 Weißkrautkopf
500 ml Rinder-Fond
125 ml Weißwein
1 EL Tomatenmark
Salz
schwarzer Pfeffer
50 g Buchweizengrütze
Salz
schwarzer Pfeffer
Zum Garnieren:
1 Bund Petersilie

Den Speck in dünne Scheiben schneiden und in einem Topf auslassen.

Das Fleisch waschen, trockentupfen und in Würfel schneiden.

Die Zwiebel schälen und kleinwürfeln.

Das Öl in einem Topf erhitzen, die Zwiebeln und das Fleisch anbraten.

Den Lauch putzen, waschen und in Ringe schneiden.

Die Karotten und den Sellerie schälen und in Würfel schneiden.

Den Blumenkohl in Röschen aufteilen, waschen und abtropfen lassen.

Das Kraut putzen, halbieren, den Strunk entfernen und in feine Streifen hobeln.

Das Gemüse zum Fleisch geben, andünsten und mit der Brühe und dem Wein aufgießen.

Das Tomatenmark einrühren und mit Salz und frischgemahlenem Pfeffer abschmecken.

Zugedeckt 5 Minuten kochen lassen.

Die Buchweizengrütze dazugeben und den Eintopf 20 Minuten leicht kochend garen lassen.

Mit Salz und frischgemahlenem Pfeffer abschmecken.

Die Petersilie waschen, kleinschneiden und zum Schluß über das fertige Gericht streuen.

Rindfleisch

Rindfleisch

Kraut-Topf mit Klößchen

1 kg Weißkraut
200 g durchwachsener Speck
3 Zwiebeln
2 EL Paprika edelsüß
500 ml Rinder-Fond
1 EL Tomatenmark
100 ml Crème fraîche
Salz
500 g Kartoffeln

Das Kraut putzen und in feine Streifen hobeln.
Den Speck in feine Würfel schneiden.
Die Zwiebeln schälen und feinwürfeln.
Den Speck in einen Topf geben, auslassen und die Zwiebeln darin glasig dünsten.
Den Paprika einrühren und das Kraut zugeben, mit dem Rinder-Fond aufgießen.
Das Tomatenmark mit Crème fraîche verrühren, salzen und zum Kraut geben.
Zugedeckt 45 Minuten schmoren lassen.
Nach der Hälfte der Garzeit die Kartoffeln gewürfelt zugeben.
In der Zwischenzeit die Klößchen zubereiten, Rezept s. rechts.
Die Klößchen mit dem fertigen Kraut-Topf vermischen und heiß servieren.

Hackfleisch-Klößchen

1 altbackenes Brötchen
1 Zwiebel
400 g Rinderhackfleisch
1 Ei
Salz
1 TL Paprika edelsüß
schwarzer Pfeffer
3 EL Butter

Das Brötchen in lauwarmem Wasser einweichen.
Die Zwiebel schälen und feinwürfeln.
Das Hackfleisch mit Zwiebel, Ei und dem ausgedrückten Brötchen vermischen.
Mit Salz, Paprika und frischgemahlenem Pfeffer abschmecken.
Mit feuchten Händen kleine Klößchen formen.
Die Butter in einer Pfanne erhitzen und die Klößchen knusprig braun anbraten.

Sauerkraut-Gulasch

500 g Rindfleisch aus der Nuß
4 EL Butterschmalz
500 g Zwiebeln
1 Knoblauchzehe
100 g durchwachsener Speck
1 rote und 1 grüne Paprikaschote
1 EL Paprika Paste
1 TL Thymian
1 TL Kümmel
schwarzer Pfeffer
2 EL Tomatenmark
500 g Sauerkraut
500 ml Rinder-Fond
200 ml Crème fraîche
75 ml Weißwein
1 EL Zucker

Das Fleisch waschen und in Würfel schneiden. Das Schmalz erhitzen und das Fleisch von allen Seiten scharf anbraten. Zwiebeln und Knoblauchzehe schälen und würfeln. Den Speck in Streifen schneiden, mit Zwiebeln und Knoblauch in einem Topf anbraten. Die Paprikaschoten in Streifen schneiden, dann zum Speck geben und mitdünsten. Mit Paprika, Thymian, Kümmel, Pfeffer und Tomatenmark abschmecken. Sauerkraut und Fleischwürfel zugeben, mit Fond aufgießen und 60 Minuten schmoren lassen. 10 Minuten vor Ende der Garzeit Crème fraîche unterrühren, mit Wein und Zucker abschmecken.

Kalbfleisch – zart und fein

Köche und Feinschmecker schätzen Kalbfleisch, weil es ausgesprochen zart ist und ein sehr mildes, dezentes Aroma hat. Es bietet reichlich Spielraum für immer neue Geschmackskompositionen und ausgefallene Zubereitung. Kalbfleisch ist wunderbar geeignet für Ragouts und Geschnetzeltes, für wohlschmeckende Eintöpfe, die mit feinen Gemüsen verarbeitet und mit aromatischen Gewürzen abgerundet werden.

Kalbfleisch

Gemüse-Eintopf mit Kalbfleisch

500 g Kalbsschulter
1 Zwiebel
4 EL Sonnenblumenöl
2 Stangen Lauch
4 Kartoffeln
1 1/2 l Kalb-Fond oder Fleischbrühe
200 ml Crème fraîche
Salz
weißer Pfeffer
geriebene Muskatnuß
1 Bund Schnittlauch

Das Fleisch waschen, trockentupfen und in Würfel schneiden.

Die Zwiebel schälen und würfeln.

Den Lauch putzen, in Ringe schneiden und waschen.

Die Kartoffeln schälen und in Würfel schneiden.

Das Öl in einem Topf erhitzen, Fleisch, Zwiebeln, Lauch und Kartoffeln darin andünsten, mit dem Kalb-Fond aufgießen und 25 Minuten garen.

Den Eintopf mit der Crème fraîche verfeinern und mit Salz, frischgemahlenem Pfeffer und Muskatnuß abschmecken, nochmals erwärmen.

Den Schnittlauch waschen, in Röllchen schneiden und den Gemüse-Eintopf damit bestreuen.

Mit Petersilien-Kartoffeln servieren.

Kalbfleisch

Kohlrabi-Eintopf

| 500 g Kalbsschulter |
| 1 Zwiebel |
| 4 EL Sonnenblumenöl |
| 500 g Kohlrabi |
| 500 g Kartoffeln |
| 1 1/2 l Gemüse-Fond |
| 200 ml Crème fraîche |
| Salz |
| weißer Pfeffer |
| 1 Bund Petersilie |

Das Fleisch waschen, trockentupfen und in Streifen schneiden.

Die Zwiebel schälen und würfeln.

Die Kohlrabi und die Kartoffeln schälen und in Würfel schneiden.

Das Öl in einem Topf erhitzen, Fleisch und Zwiebeln darin anbraten.

Kohlrabi und Kartoffeln zugeben und andünsten, mit dem Gemüse-Fond aufgießen und 25 Minuten garen.

Den Eintopf mit der Crème fraîche verfeinern und mit Salz und frischgemahlenem Pfeffer abschmecken, nochmals erwärmen.

Die Petersilie waschen, feinhacken und den Gemüse-Eintopf damit bestreuen.

Mit Kartoffelpüree servieren.

Kalbfleisch

Kalbfleisch-Ragout

500 g Kalbsschnitzel
500 g Gemüsetomaten
1 Bund Frühlingszwiebeln
75 ml Sonnenblumenöl
1 Thymianzweig
2 Salbeiblätter
Salz
schwarzer Pfeffer
250 ml Kalb-Fond
500 g Zucchini
1 Knoblauchzehe
1 Bund Petersilie

Das Fleisch waschen, trockentupfen und in dünne Streifen schneiden.

Die Tomaten kurz in kochendes Wasser tauchen, häuten, vierteln, entkernen und in grobe Stücke teilen. Die Frühlingszwiebeln putzen, waschen und in Ringe schneiden. Das Öl in einer Pfanne erhitzen, Fleisch und Frühlingszwiebeln 5 Minuten darin anbraten, die Tomaten, den Thymian und die Salbeiblätter zugeben und mit Salz und Pfeffer abschmecken. Mit dem Kalb-Fond aufgießen.

Die Zucchini, waschen und in Scheiben schneiden. Den Knoblauch schälen, durch die Presse drücken und zu den Zucchini geben. Die Zucchini zum Fleisch und den Tomaten geben und zugedeckt 10 Minuten garen lassen.

Petersilie über das fertige Ragout streuen. Mit Wildreis als Beilage servieren.

Reiskasserole pikant

250 g Kalbsschnitzel
1 Knoblauchzehe
1 Karotte
2 EL Olivenöl
250 g Reis
500 ml Rinder-Fond
2 EL Rosinen
2 EL Pistazienkerne
Salz
1 TL gemahlener Zimt
1 Prise Cayennepfeffer
200 ml Sahne Joghurt
1 Knoblauchzehe
Salz
weißer Pfeffer
1 TL Zucker
1 TL Zitronensaft

Das Kalbfleisch waschen und in Streifen schneiden. Den Knoblauch schälen und durch die Presse drücken.

Die Karotte schälen und in Stifte schneiden.

Das Öl in einer Pfanne erhitzen, das Fleisch, den Knoblauch und die Karotten anbraten.

Den Reis zugeben, glasig andünsten und mit der Brühe aufgießen. Die Rosinen und die Pistazienkerne zugeben. Mit Salz, Zimt und Cayennepfeffer abschmecken, dann zugedeckt 20 Minuten quellen lassen. Aus dem Joghurt, der ausgepreßten Knoblauchzehe, Salz, frischgemahlenem weißen Pfeffer, Zucker und Zitronensaft eine Sauce rühren, kaltstellen. Die Sauce gut gekühlt zum Reis servieren.

Kalbfleisch

Champignon-Ragout

500 g Kalbfleisch
2 Bund Frühlingszwiebeln
1 Knoblauchzehe
500 g Champignon
75 ml Sonnenblumenöl
Salz
schwarzer Pfeffer
250 ml Kalb-Fond
200 ml Crème fraîche
1 Bund gemischte Kräuter

Das Fleisch waschen, trockentupfen und in Würfel schneiden.

Frühlingszwiebeln putzen, waschen und in Ringe schneiden.

Den Knoblauch schälen und durch die Presse drücken.

Die Champignons putzen, wenn nötig waschen und blättrig aufschneiden.

Das Öl in einer Pfanne erhitzen, das Fleisch, die Frühlingszwiebeln und den Knoblauch, kurz andünsten, die Champignons zugeben und mit Salz und frischgemahlenem Pfeffer abschmecken.

Mit dem Kalb-Fond aufgießen und 20 Minuten garen lassen.

Zum Schluß die Crème fraîche unterrühren und mit den gewaschenen, gehackten Kräutern bestreut servieren.

Dazu passen grüne Nudeln oder Vollkorn-Reis.

Kalbfleisch

Kalbfleisch

Kräuter-Kalbsgeschnetzeltes

1 Zwiebel
2 EL Butter
500 g Kalbskeule
1 TL Mehl
125 ml Kalb-Fond
125 ml Weißwein
150 g Champignons
Salz
weißer Pfeffer
1 Eigelb
125 ml süße Sahne
1 Bund gemischte Kräuter

Das Fleisch waschen, trockentupfen und in Würfel schneiden.

Die Zwiebel schälen und feinwürfeln.

Die Butter in einer Pfanne erhitzen und das Fleisch mit den Zwiebeln darin anbraten.

Das Mehl darüberstäuben, mit dem Kalb-Fond und Weißwein aufgießen, dann 10 Minuten garen lassen.

Die Champignons putzen, wenn nötig waschen, blättrig aufschneiden und zugeben, dann nochmals 5 Minuten mitgaren.

Mit Salz und frischgemahlenem Pfeffer abschmecken.

Das Eigelb mit der Sahne verrühren und untermischen.

Die Kräuter waschen, kleinschneiden und zum Schluß zugeben.

Mit neuen, in Butter geschwenkten Kartoffeln servieren.

Zitronen-Dill-Sauce

1 Eigelb
125 ml Pflanzenöl
1 EL Kräutersenf
Salz
weißer Pfeffer
1 EL Zitronensaft
1 Bund Dill
75 ml süße Sahne

Das Eigelb tropfenweise mit dem Öl verrühren, am besten mit einem Handrührgerät.

Den Senf, Salz, frischgemahlenen Pfeffer und den Zitronensaft unter Rühren zufügen, bis die Sauce sämig wird.

Den Dill waschen und feinschneiden.

Die Sahne steifschlagen und mit dem Dill unter die Sauce heben.

Okra-Auflauf

500 g Kalbfleisch
2 Zwiebeln
2 Knoblauchzehen
500 g Okra
250 ml Kalb-Fond
500 g Fleischtomaten
5 EL Sojaöl
1 EL Tomatenmark
Salz
weißer Pfeffer
1 EL Butter
100 g Schafskäse
2 Eier
250 ml süße Sahne

Das Fleisch waschen, trockentupfen und in feine Streifen schneiden. Die Zwiebeln und die Knoblauchzehen schälen und würfeln. Okra putzen und waschen.

Die Tomaten kurz in kochendes Wasser tauchen, häuten, vierteln, entkernen und in grobe Stücke teilen. Das Öl in einer Pfanne erhitzen, die Zwiebeln, den Knoblauch und das Fleisch anbraten, die Okras zugeben, mit dem Kalb-Fond aufgießen und dann alles 10 Minuten dünsten. Die Tomaten mit dem Mark zugeben und mit Salz und Pfeffer abschmecken. Eine feuerfeste Form mit Butter einfetten, das Fleisch mit dem Gemüse einfüllen und den Schafskäse darüberstreuen. Die Eier mit der Sahne verquirlen und über den Auflauf gießen. Im vorgeheizten Backofen bei 180 Grad 30 Minuten garen.

Kalbfleisch

Südlicher Eintopf

Für 6 Personen

| 1 kg Kalbfleisch |
| 1 Zwiebel |
| 2 Knoblauchzehen |
| 1 rote Paprikaschote |
| 250 g Broccoli |
| 250 g Staudensellerie |
| 250 g Zucchini |
| 4 EL Olivenöl |
| 500 ml Gemüse-Fond |
| 250 ml Weißwein |
| Salz |
| weißer Pfeffer |
| 1 Bund Basilikum |
| 2 Salbeiblätter |
| 1 Thymianzweig |
| 50 g Parmesan |

Das Fleisch waschen, trockentupfen und in Würfel schneiden. Die Zwiebel und die Knoblauchzehen schälen, feinwürfeln bzw. durch die Presse drücken. Die Paprikaschote waschen, halbieren, entkernen und in Streifen schneiden. Den Broccoli in Röschen zerteilen, waschen. Den Staudensellerie putzen, waschen und in Streifen schneiden. Die Zucchini waschen und in Ringe schneiden. Das Öl im Topf erhitzen, den Knoblauch und die Zwiebeln mit dem Fleisch anbraten. Das Gemüse zugeben, mit dem Gemüse-Fond und Wein aufgießen, dann 25 Minuten kochen lassen. Mit Salz und Pfeffer abschmecken. Auf jede Portion Kräuter und Parmesan streuen.

Kalbfleisch

Spargelpfanne mit Kalbfleisch

1 Bund Frühlingszwiebeln
2 EL Butter
500 g Kalbslende
1 TL Mehl
125 ml Kalb-Fond
125 ml Weißwein
500 g Spargel
250 g Champignons
Salz
weißer Pfeffer
1 Eigelb
200 ml Kräuter Crème fraîche
1 Bund gemischte Kräuter

Das Fleisch waschen, trockentupfen und in Streifen schneiden.

Die Frühlingszwiebeln putzen, waschen und in 3 cm große Stücke schneiden. Die Butter in einer Pfanne erhitzen und das Fleisch mit den Frühlingszwiebeln darin anbraten. Das Mehl darüberstäuben und danach mit dem Kalb-Fond und Weißwein aufgießen. Den Spargel schälen, die Enden abschneiden, in 3 cm große Stücke zerteilen, zum Fleisch geben und alles 25 Minuten garen.

Die Champignons putzen, blättrig aufschneiden und die letzten 5 Minuten mitgaren. Mit Salz und Pfeffer abschmecken.

Das Eigelb mit der Crème fraîche verrühren und untermischen. Die Kräuter waschen, kleinschneiden und zum Schluß zugeben. Mit Spinatnudeln servieren.

Lamm oder Wild – ländlich und deftig

Nicht nur auf die kalte Jahreszeit sind Lammragout, Terrinen, Gratins aus zartem Fleisch und feinen Gemüsen abgestimmt, sie schmecken kräftig-würzig und sind nahrhaft. Für einige klassische Eintöpfe, vor allem mit Kohl, sollte man Hammelfleisch verwenden. Viel Furore kann man auch mit den Hasen-Eintöpfen oder Wildragouts machen, die sich hervorragend vorkochen lassen.

Lamm und Wild

Lamm-Kasserolle

750 g Lammschulter
3 EL Butter
2 Zwiebeln
2 Knoblauchzehen
1 EL Curry
Salz
schwarzer Pfeffer
1/2 TL Paprika edelsüß
750 ml Lamm-Fond
250 g Kartoffeln
500 g Fleischtomaten
1 Bund Frühlingszwiebeln
250 g Cocktailtomaten

Das Fleisch waschen, trockentupfen und in kleine Würfel schneiden. Die Butter in einem Topf erhitzen, das Fleisch portionsweise darin anbraten. Die Zwiebeln und Knoblauchzehen schälen und würfeln. Beides zum Fleisch geben und andünsten. Mit den Gewürzen abschmecken und 5 Minuten dünsten. Mit dem Lamm-Fond aufgießen und 40 Minuten leicht kochen lassen. In der Zwischenzeit die Kartoffeln schälen. Die Tomaten kurz in kochendes Wasser tauchen, schälen, vierteln, entkernen und in grobe Stücke schneiden. Die Kartoffeln nach 20 Minuten, die Tomaten 10 Minuten vor Ende der Garzeit zugeben. Die Frühlingszwiebeln putzen, waschen, in Ringe schneiden und 5 Minuten vor Ende der Garzeit zugeben. Die Cocktailtomaten kurz vor dem Servieren unterheben.

Lamm-Wirsing-Topf süß-sauer

500 g Lammfleisch
2 EL Olivenöl
2 Zwiebeln
Salz
schwarzer Pfeffer
Curry
125 ml Wasser
1 kg Wirsing
250 g Karotten
500 ml Lamm-Fond
2 EL Essig-Essenz 25 %
1 EL Zucker

Das Fleisch waschen, trockentupfen und in Würfel schneiden.

Das Öl in einem Topf erhitzen und das Fleisch darin anbraten.

Die Zwiebeln schälen, würfeln und zum Fleisch geben.

Mit Salz, frischgemahlenem Pfeffer und Curry abschmecken.

Dann mit Wasser aufgießen und zugedeckt 20 Minuten garen.

In der Zwischenzeit den Wirsing und die Karotten putzen und waschen. Den Wirsing in Streifen und die Karotten in Scheiben schneiden.

Das Gemüse zum Fleisch geben und 5 Minuten andünsten.

Mit dem Lamm-Fond aufgießen und aufkochen.

Mit Essig und Zucker abschmecken und nochmals 20 Minuten garen.

Dazu passen Petersilienkartoffeln.

Lammpfanne mit Erbsen

100 g Frühstücksspeck
1 EL Olivenöl
500 g Lammfleisch
1 Zwiebel
1 Knoblauchzehe
1 Paprikaschote
1 l Lamm-Fond
250 g Langkornreis
1 großer Apfel
1 große Dose Erbsen
Salz
schwarzer Pfeffer
Majoran
4 Eigelb

Öl in einem Topf erhitzen und den in dünne Streifen geschnittenen Speck darin ausbraten. Das Fleisch waschen, trockentupfen und in Würfel schneiden. Die Zwiebel und den Knoblauch schälen und würfeln. Die Paprikaschote waschen, halbieren, entkernen und in Streifen schneiden. Fleisch, Zwiebeln, Knoblauch und Paprikastreifen in den Topf zum Speck geben und anbraten. Mit Salz, Pfeffer und Majoran abschmecken. Mit dem Lamm-Fond aufgießen, den Reis zugeben, aufkochen und 15 Minuten garen lassen. Den Apfel schälen, entkernen und in Stücke schneiden. Die Erbsen abtropfen lassen und mit dem Apfel zum Reis geben, 5 Minuten quellen lassen. Die Lammpfanne auf 4 Teller verteilen, auf jede Portion Eigelb eingeben.

Lamm und Wild

Exotischer Lamm-Topf

Salz
350 ml Wasser
175 g Reis
10 getrocknete, entsteinte Pflaumen
600 g Lammfleisch aus der Keule
2 EL Öl
2 Zwiebeln
125 ml Tomatensaft
Salz
schwarzer Pfeffer
1 TL gemahlener Ingwer
1/4 TL gemahlener Zimt
50 g Rosinen
1 TL Piment
3 TL Zitronensaft
50 g geschälte Mandeln
1 EL Butter

Das Wasser mit Salz und Reis aufkochen lassen und 20 Minuten zum Quellen stehen lassen. Die Pflaumen 1 Stunde einweichen. Das Fleisch waschen, trockentupfen und in Würfel schneiden. Das Öl in einem Bräter erhitzen und das Fleisch darin anbraten. Die Zwiebeln schälen, in Würfel schneiden und im Öl andünsten. Mit dem Tomatensaft aufgießen und mit Salz, Pfeffer, Ingwer und Zimt abschmecken. Den Eintopf 90 Minuten leicht schmoren lassen. Den Reis, die abgetropften Pflaumen, Rosinen, Piment und Zitronensaft zugeben, im Backofen bei 200 Grad 30 Minuten backen. In Butter geröstete Mandeln darüber streuen.

Lamm und Wild

Lamm-Terrine

750 g Lammfleisch
2 EL Olivenöl
1 1/2 l Lamm-Fond
250 g Karotten
250 g weiße Rüben
250 g Lauch
500 g Kartoffeln
80 g Graupen
100 g durchwachsener Speck
1 Zwiebel
1/2 Bund Petersilie

Das Fleisch waschen, trockentupfen und in Würfel schneiden.

Das Öl in einem Topf erhitzen und das Fleisch rundum anbraten.

Mit dem Lamm-Fond aufgießen und zugedeckt 45 Minuten leicht kochen lassen.

Die Karotten und die Rüben schälen und in Scheiben schneiden.

Den Lauch putzen, in Ringe schneiden und waschen.

Die Kartoffeln schälen und in Scheiben schneiden.

Das Gemüse mit den Graupen 30 Minuten vor Ende der Garzeit zum Fleisch geben.

Den Speck feinwürfeln und auslassen.

Die Zwiebel schälen und feinwürfeln, dann im ausgelassenen Speck andünsten. Die Petersilie waschen und kleinhacken. Die Lamm-Terrine vor dem Servieren mit der Speck-Zwiebelmischung begießen und mit Petersilie bestreuen.

Lamm und Wild

Lamm und Wild

Lammragout mit gratiniertem Broccoli

800 g mageres Lammfleisch
1 Zwiebel
1 Knoblauchzehe
2 EL Butterschmalz
schwarzer Pfeffer
1 Lorbeerblatt
125 ml Lamm-Fond
200 ml Kräuter Crème fraîche
1 Eigelb
Salz
schwarzer Pfeffer

Das Fleisch waschen, trockentupfen und in kleine Würfel schneiden.

Das Butterschmalz in einem breiten Topf erhitzen und das Fleisch portionsweise darin anbraten.

Die Zwiebel und die Knoblauchzehe schälen, würfeln bzw. durch die Presse drücken.

Beides zum Fleisch geben und andünsten.

Mit frischgemahlenem Pfeffer abschmecken, das Lorbeerblatt zugeben und 5 Minuten dünsten.

Mit dem Lamm-Fond aufgießen und 40 Minuten leicht kochen lassen.

In der Zwischenzeit den gratinierten Broccoli zubereiten, Rezept s. rechts.

Das Fleisch herausnehmen, warmstellen und die Sauce durch ein Sieb gießen.

Die Sauce in einem kleinen Topf erhitzen.

Die Crème fraîche mit dem Eigelb verrühren und unter die Sauce rühren, sie darf nun nicht mehr kochen.

Mit Salz und frischgemahlenem Pfeffer abschmecken und über das Fleisch gießen.

Gratinierter Broccoli

2 l Wasser
Salz
1 kg Broccoli
1 EL Butter
200 ml Crème fraîche
1 EL Milch
50 g Emmentaler
schwarzer Pfeffer

Den Broccoli in Röschen teilen, waschen und abtropfen lassen.

Salzwasser zum Kochen bringen und den Broccoli 10 Minuten blanchieren, kalt abschrecken und abtropfen lassen.

Eine feuerfeste Form mit Butter einfetten und die Broccoliröschen einsetzen.

Den Emmentaler reiben.

Die Crème fraîche mit der Milch verrühren und den Emmentaler zugeben, mit Salz und frischgemahlenem Pfeffer abschmecken. Die Masse über den Broccoli gießen und im vorgeheizten Backofen bei 200 Grad ca. 25 Minuten überbacken.

Das Lammragout mit Broccoli und Reis servieren.

Lamm und Wild

Lamm-Cassoulet mit Paprika

500 g Parboiled Reis
1 l Wasser
Salz
750 g Lammfleisch aus der Schulter
3 EL Olivenöl
2 EL Butter
2 Zwiebeln
2 Knoblauchzehen
1 EL Mehl
2 EL Paprika edelsüß
2 grüne und 2 rote Paprikaschoten
300 g grüne Bohnen
125 ml Lamm-Fond
125 ml Rotwein
1/2 TL Oregano
gemahlener Koriander
schwarzer Pfeffer
Salz
1 kleine Dose Mais
Paprika rosenscharf
100 ml Crème fraîche
1/2 Bund Petersilie

Das Wasser mit dem Salz aufsetzen, den Reis zugeben, sprudelnd aufkochen und zugedeckt 20 Minuten quellen lassen.

Das Fleisch waschen, trockentupfen und in Würfel schneiden.

Das Öl und die Butter in eine Kasserolle geben, erhitzen und das Fleisch kräftig darin anbraten.

Die Zwiebeln und den Knoblauch schälen, die Zwiebeln würfeln, den Knoblauch feinhacken und zum Fleisch geben, andünsten bis sie glasig sind.

Mit Mehl bestäuben und mit Paprika abschmecken.

Die Paprikaschoten waschen, halbieren, entkernen und in Streifen schneiden.

Die Bohnen putzen und waschen.

Beides zum Fleisch geben und andünsten.

Mit dem Lamm-Fond und dem Wein aufgießen und mit Oregano, Koriander, frischgemahlenem Pfeffer und Salz abschmecken.

Zugedeckt 45 Minuten sanft schmoren lassen.

Den Mais abtropfen lassen und 5 Minuten vor Ende der Garzeit zugeben.

Die Petersilie waschen, kleinhacken und unter den Reis mischen.

Das Lamm-Cassoulet mit scharfem Paprika und der Crème fraîche abschmecken.

Mit dem Petersilien-Reis servieren.

Lamm und Wild

Lamm-Frikassee

1 l Lamm- oder Gemüse-Fond
2 Knoblauchzehen
1 Stück Zitronenschale
1 EL weiße Pfefferkörner
1 Lorbeerblatt
750 g Lammfleisch
1 EL Mehl
1 EL Butter
600 g tiefgefrorene Erbsen
2 Eigelb
125 ml saure Sahne
1 EL Zitronensaft
Salz
weißer Pfeffer

Für den Sud den Gemüse-Fond mit den ungeschälten Knoblauchzehen, Zitronenschale, Pfefferkörnern und dem Lorbeerblatt aufkochen. Das Fleisch waschen und trockentupfen. In den Sud einlegen und im geschlossenen Topf 90 Minuten garen. Abkühlen lassen und in Würfel schneiden. Die Brühe durch ein Haarsieb gießen, in den Topf zurückgeben und auf die Hälfte reduzieren. Mehl und Butter miteinander verkneten, zum Fond geben und aufkochen. Die Erbsen und das Fleisch zugeben und 5 Minuten ziehen lassen. Fleisch und Gemüse in eine vorgewärmte Ragoutschüssel füllen. Das Eigelb mit der Sahne verquirlen und die Sauce legieren. Mit Zitronensaft, Salz und Pfeffer abschmecken. Die Sauce über das Fleisch geben und mit Butter-Reis servieren.

Lammgeschnetzeltes mit Zucchini

750 g Lammfleisch
5 EL Öl
Salz
schwarzer Pfeffer
1 Bund Frühlingszwiebeln
3 Knoblauchzehen
4 Zucchini
2 Auberginen
1 Bund Thymian
125 ml Lamm-Fond
200 ml Kräuter Crème fraîche

Das Fleisch waschen, trockentupfen und in Streifen schneiden.

Das Öl in einer Pfanne erhitzen und das Fleisch darin rundum anbraten. Mit Salz und frischgemahlenem Pfeffer abschmecken. Die Frühlingszwiebeln putzen, waschen und in Ringe schneiden. Die Knoblauchzehen schälen und durch die Presse drücken.

Beides zum Fleisch geben und glasig dünsten. Die Zucchini waschen und in Scheiben schneiden. Die Auberginen putzen, waschen und erst in Scheiben, dann in Würfel schneiden. Den Thymian waschen und kleinschneiden.

Das Gemüse zum Fleisch geben, andünsten und mit dem Thymian abschmecken. Mit dem Lamm-Fond aufgießen und im geschlossenen Topf 20 Minuten garen. Crème fraîche unterrühren und heiß mit frischem Stangenweißbrot servieren.

Hammel-Linsentopf

Für 8 Personen

500 g Linsen
2 l Wasser
2 Zwiebeln
1,5 kg Hammelfleisch
1 EL Schmalz
2 l Lamm-Fond
1 Speckschwarte
1 Stange Lauch
1 kleine Sellerieknolle
200 g Kartoffeln
4 Karotten
1 Lorbeerblatt
1/2 Bund Majoran
1 TL Salz
schwarzer Pfeffer
2 EL Kräuteressig

Die Linsen am Vorabend in Wasser einweichen. Die Zwiebeln schälen und in Würfel schneiden. Das Fleisch waschen, trockentupfen und in Würfel schneiden. Das Schmalz in einem Topf zerlassen, die Zwiebel- und Fleischwürfel zugeben und andünsten. Mit dem Lamm-Fond aufgießen, die Speckschwarte und die Linsen zugeben, aufkochen lassen. Den Lauch putzen, waschen und in Ringe schneiden. Den Sellerie, die Kartoffeln und Karotten schälen, dann in Streifen schneiden. Das Gemüse mit Lorbeerblatt, Majoran und Salz zur Fleischbrühe geben, dann bei schwacher Hitze 90 Minuten garen. Mit Pfeffer und dem Kräuteressig abschmecken.

Lamm und Wild

Hammel-Gemüse-Topf

Für 8 Personen

| 1,5 kg Hammelkeule |
| 125 ml Olivenöl |
| 500 g Weißkraut |
| 500 g Lauch |
| 500 g Kartoffeln |
| 2 EL Butter |
| 2 l Lamm-Fond oder Fleischbrühe |
| 1 Bund Thymian |
| 200 ml Crème fraîche |
| Salz |
| schwarzer Pfeffer |

Den Knochen aus der Hammelkeule lösen, das Fleisch waschen, trockentupfen und in Würfel schneiden. Das Öl in einer Pfanne erhitzen und das Fleisch darin anbraten.

Das Weißkraut putzen, waschen und in feine Streifen hobeln.

Den Lauch putzen, waschen und in feine Ringe schneiden.

Die Kartoffeln schälen und in dünne Scheiben schneiden.

Die Butter in einem Topf zerlassen, das Kraut, den Lauch und die Kartoffeln darin andünsten anschließend mit dem Fond aufgießen. Den Thymian waschen und kleinhacken. Das Fleisch und den Thymian zugeben, zum Kochen bringen und 45 Minuten leicht kochen lassen.

Kurz vor dem Servieren die Crème fraîche einrühren.

Mit Salz und frischgemahlenem Pfeffer abschmecken.

Lamm und Wild

Rustikaler Hammeltopf

750 g Hammelfleisch aus der Schulter
Salz
1 TL Ingwerpulver
schwarzer Pfeffer
4 EL Pflanzenöl
1 Zwiebel
1 Knoblauchzehe
1 1/2 l Lamm-Fond oder Fleischbrühe
500 g grüne Bohnen
500 g Fleischtomaten
150 g Langkornreis
Salz
1 Bund Petersilie

Das Fleisch waschen, trockentupfen und in Würfel schneiden, mit Salz, Ingwerpulver und frischgemahlenem Pfeffer würzen. Das Öl in einer Pfanne erhitzen und die Fleischwürfel anbraten. Die Zwiebel schälen und kleinwürfeln. Die Knoblauchzehe schälen und durch die Presse drücken. Beides zum Fleisch geben und andünsten. Mit dem Fond aufgießen und 75 Minuten garen lassen. Die Bohnen putzen, waschen, eventuell brechen. Die Tomaten kurz in kochendes Wasser tauchen, häuten, vierteln, entkernen und in grobe Stücke zerteilen. Die Bohnen und den Reis 20 Minuten vor Ende der Garzeit zugeben, mit Salz abschmecken. 10 Minuten vor Ende der Garzeit die Tomaten beifügen. Gehackte Petersilie darüber streuen.

Lamm und Wild

Scharfer-Hammeltopf

Für die Marinade:
4 Zwiebeln
2 Knoblauchzehen
1 Msp. Chilipulver
2 EL Curry-Paste oder Currypulver
200 ml Crème fraîche

Außerdem:
750 g Hammelfleisch
250 g gelbe Linsen
2 l Wasser
3 EL Butter
Salz
schwarzer Pfeffer
500 ml Lamm-Fond
1 Dose grüne Tomaten

Die Zwiebeln und die Knoblauchzehen schälen und feinhakken. Für die Marinade Zwiebeln, Knoblauch, Chilipulver, Curry-Paste und Crème fraîche mischen. Das Fleisch waschen, trockentupfen, in Würfel schneiden und 2 Stunden in der Marinade beizen. Die Linsen waschen, kochen, abgießen. Die Butter im Schnellkochtopf erhitzen, das Fleisch mit der Marinade hineingeben und bei schwacher Hitze 15 Minuten offen schmoren lassen. Hin und wieder umrühren, mit Salz und Pfeffer abschmecken.

Mit Lamm-Fond aufgießen und 8 Minuten im geschlossenen Topf garen. Die Tomaten in Streifen schneiden und unter den Topf mischen.

Hammelfleisch mit dicken Bohnen

500 g dicke Bohnen
2 l Wasser
750 g Hammelfleisch
4 EL Pflanzenöl
2 Zwiebeln
2 Kartoffeln
2 Karotten
2 Stangen Lauch
4 EL Butter
1 l Lamm-Fond
etwas Majoran
1/2 EL Essig
Salz
schwarzer Pfeffer

Die Bohnen über Nacht in Wasser einweichen, dann abgießen und beiseite stellen. Das Fleisch waschen, trockentupfen und in Würfel schneiden.

Das Öl in einer Pfanne erhitzen und die Fleischwürfel darin anbraten. Die Zwiebeln schälen und kleinwürfeln. Die Kartoffeln und Karotten schälen und würfeln. Den Lauch putzen, waschen und in Ringe schneiden.

Die Butter in den Schnellkochtopf geben und zerlaufen lassen, die Zwiebeln, Kartoffeln, Karotten, Lauch zugeben und darin andünsten.

Die Bohnen, das Fleisch und Majoran zufügen, mit dem Lamm-Fond aufgießen, den Topf verschließen und 20 Minuten kochen lassen.

Mit Essig, Salz und frischgemahlenem Pfeffer abschmecken.

Lamm und Wild

Kaninchen in Buttermilch

1,5 kg Kaninchen
500 g Schalotten
4 EL Olivenöl
1 Salbeizweig
Salz
schwarzer Pfeffer
3 EL Mehl
500 ml Buttermilch
2 EL Cognac

Das küchenfertige Kaninchen waschen, trockentupfen und in acht Teile zerlegen.

Die Schalotten schälen.

Das Olivenöl in einem Topf erhitzen, die Schalotten und den Salbei anbraten, dann herausnehmen.

Die Kaninchenteile im Öl rundum anbraten, mit Salz und frischgemahlenem Pfeffer abschmecken, dann mit Mehl bestäuben.

Die Schalotten, Salbei und die Buttermilch zugeben und im geschlossenem Topf 60 Minuten schmoren lassen.

Die Sauce mit Cognac abschmecken.

Das Kaninchen mit Eiernudeln servieren.

Hasentopf

Für 6 Personen
1 kg Hasen-Hinterschlegel
1 kg Kaninchen-Hinterschlegel
200 g durchwachsener Speck
Salz
schwarzer Pfeffer
250 g getrocknete, entsteinte Pflaumen
200 g Rosinen
3 Zwiebeln
2 Knoblauchzehen
1 Rosmarinzweig
2 Salbeizweige
1 Lavendelzweig
5 Wacholderbeeren
1 Nelke
1 Lorbeerblatt
2 Saucenlebkuchen
0,7 l Rotwein

Das Fleisch waschen, trockentupfen und in grobe Stücke zerteilen. Mit Salz und Pfeffer einreiben. Den Speck in dünne Scheiben schneiden und in einer Pfanne auslassen, herausnehmen.

Das Fleisch in dem Fett 10 Minuten rundum anbraten. Die Zwiebeln und die Knoblauchzehen schälen und würfeln. Die Kräuter waschen und kleinhakken.

In einem großen Topf nun die Speckscheiben, das Fleisch, die Zwiebel- und Knoblauchwürfel abwechselnd mit den Pflaumen, Rosinen und Gewürzen einschichten. Über jede Lage eine dünne Schicht vom Saucenlebkuchen reiben.

Die Flasche Rotwein seitlich hineinschütten und den Topf zum Kochen bringen.

Bei geringer Hitze 90 Minuten leicht simmern lassen.

Mit Bauernspätzle und Rotwein servieren.

Lamm-Kidney-Cassoulet

500 g Lammschulter
250 g Perlzwiebeln
1 Dose Kidney Bohnen
1 kleine Dose Tomaten
1 Zweig Lavendel
1 TL Cayennepfeffer
300 ml Lamm Fond
Salz
1 EL Speisestärke
2 EL Wasser

Das Fleisch waschen, trockentupfen, in Würfel schneiden und in einem gußeisernen Topf ohne Fettzugabe anbraten. Die Perlzwiebeln zugeben und 5 Minuten mitbraten. Die Bohnen abtropfen lassen und die Tomaten mit dem Saft zugeben. Mit dem Fond aufgießen, den Lavendelzweig zugeben, mit Cayennepfeffer und Salz abschmecken. Im geschlossenen Topf bei kleiner Hitze ca. 90 Minuten garen lassen. Kurz vor Ende der Garzeit die Speisestärke mit dem Wasser glattrühren und unter das Cassoulet rühren, nochmals aufkochen lassen und heiß mit Salzkartoffeln servieren.

Lamm und Wild

Wilderer-Topf

150 g durchwachsener Speck
1 kg Wildgulasch (Reh, Hase, Hirsch)
1 Zwiebel
2 Knoblauchzehen
2 Karotten
1/4 Sellerieknolle
1 Stange Lauch
2 Thymianzweige
1 Lavendelzweig
1 Lorbeerblatt
4 Wacholderbeeren
Salz
schwarzer Pfeffer
250 ml Rotwein
750 ml Wild Fond
150 g geschälte rote Linsen
4 cl Medium Sherry
1 EL Rotweinessig
1 TL Zucker
2 EL Tomatenmark
100 ml Crème fraîche

Den Speck in Streifen schneiden und in einem Topf auslassen.

Das Wildgulasch darin rundum anbraten. Die Zwiebel und die Knoblauchzehen schälen und in Scheiben schneiden, zum Fleisch geben und andünsten. Die Karotten und den Sellerie schälen und in Stifte schneiden. Den Lauch putzen, waschen und in Ringe schneiden. Das Gemüse zum Gulasch geben und 10 Minuten mitdünsten. Die Kräuter waschen und mit den Gewürzen zum Fleisch geben. Mit Rotwein und dem Wild-Fond aufgießen und 60 Minuten bei geringer Hitze schmoren.

Lamm und Wild

Die Linsen und die Spätzle zugeben, eventuell noch etwas Wild Fond dazutun und 20 Minuten weiterkochen lassen.

Mit Sherry, Essig, Zucker, Salz, frischgemahlenem Pfeffer und Tomatenmark abschmecken.

Zum Schluß die Crème fraîche unterrühren und den Wilderertopf heiß servieren.

Rehragout mit Pflaumen

150 g durchwachsener Speck
1 kg Rehgulasch
6 Schalotten
2 Knoblauchzehen
1 Karotte
1/4 Sellerieknolle
1 Stange Lauch
250 g getrocknete, entsteinte Pflaumen
2 Thymianzweige
1 Lavendelzweig
1 Lorbeerblatt
4 Wacholderbeeren
2 Nelken
Salz
schwarzer Pfeffer
500 ml Rotwein
250 ml Wild Fond
125 ml Rotweinessig
2 EL Mehl
3 EL Johannisbeergelee
1 EL Zucker
Salz
weißer Pfeffer
2 EL Tomatenmark
100 ml süße Sahne

Den Speck in Streifen schneiden und in einem Topf auslassen.

Das Wildgulasch darin rundum anbraten.

Die Schalotten und die Knoblauchzehen schälen und in Scheiben schneiden, danach zum Fleisch geben und andünsten.

Die Karotte und den Sellerie schälen, dann in Stifte schneiden.

Den Lauch putzen, waschen und in Ringe schneiden.

Das Gemüse und die Pflaumen zum Gulasch geben und 20 Minuten mitdünsten.

Die Kräuter waschen und mit den Gewürzen zum Fleisch geben.

Mit Rotwein, Wild Fond und Essig aufgießen und 70 Minuten bei geringer Hitze schmoren lassen.

Mit Mehl bestäuben und mit Johannisbeergelee, Zucker, Salz, frischgemahlenem Pfeffer und Tomatenmark abschmecken.

Zum Schluß die Sahne unterrühren und mit Spätzle oder Salzkartoffeln servieren.

Tip: Dieses Ragout schmeckt auch mit getrockneten Aprikosen, statt der Pflaumen.

Hasenragout

1 kg Hasenfleisch

Zutaten und Zubereitung wie »Rehragout mit Pflaumen«, statt des Rehfleisches Hasenfleisch verwenden.

Lamm und Wild

Rheinischer Hasenpfeffer

Für 6 Personen

2 kg Hasenfleisch
Für die Beize:
250 ml Rotwein
250 ml Rotweinessig
2 cl Cognac
4 Zitronenscheiben
6 Pfefferkörner
4 Wacholderbeeren
1 Lorbeerblatt

Außerdem:
200 g durchwachsener Speck
2 Zwiebeln
2 Knoblauchzehen
1 Karotte
1 Stange Lauch
250 ml Wild Fond
Salz
schwarzer Pfeffer

Für die Sauce:
2 Saucenlebkuchen
75 ml Beize
4 EL Johannisbeergelee

Das Fleisch waschen, trockentupfen und in nicht zu kleine Würfel schneiden, anschließend das Fleisch in einen Topf schichten. Rotwein, Essig, Cognac, Zitronenscheiben und die Gewürze zu einer Beize vermischen, dann über das Fleisch gießen, den Topf verschließen und am besten über Nacht ziehen lassen.

Die Zwiebeln und Knoblauchzehen schälen, dann in Scheiben schneiden.

Die Karotte schälen und in Stifte schneiden.

Den Lauch putzen, waschen und in Ringe schneiden.

Den Speck in Würfel schneiden und in einem großen Topf auslassen.

Das Fleisch aus der Beize nehmen, abtropfen lassen und trockentupfen.

Im Fett mit Zwiebeln und Knoblauch rundum anbraten, das Gemüse zugeben und mit dem Wild Fond aufgießen.

Mit Salz und frischgemahlenem Pfeffer abschmecken.

Im geschlossenen Topf 60 Minuten garen lassen.

Für die Sauce den Lebkuchen reiben und mit der Beize zum Hasenpfeffer geben, aufkochen bis die Sauce sämig wird.

Mit dem Gelee abschmecken und heiß mit Klößen oder Nudeln servieren.

Wildgulasch mit Pilz-Reis

500 g Wildgulasch
2 EL Pflanzenöl
2 Zwiebeln
250 ml Rotwein
2 Nelken
6 Wacholderbeeren
Salz
schwarzer Pfeffer
1 EL Zucker
100 ml Crème fraîche

Das Fleisch waschen, trockentupfen und in Würfel schneiden.

Das Öl in einer Pfanne erhitzen und das Fleisch rundum darin anbraten.

Die Zwiebeln schälen, kleinwürfeln, zugeben und andünsten.

Mit dem Rotwein ablöschen und mit Nelken, Wacholderbeeren, Salz, frischgemahlenem Pfeffer und Zucker abschmecken, dann im geschlossenen Topf 90 Minuten garen.

Zum Schluß die Crème fraîche unterziehen.

In der Zwischenzeit den Pilz-Reis zubereiten.

Den Reis zum Wildgulasch servieren.

Pilz-Reis

1 l Wild Fond
250 g Langkornreis
250 g Champignons
2 EL Butter
1 Bund Petersilie

Den Reis in dem Wild Fond aufkochen lassen, dann im geschlossenen Topf 20 Minuten zum Quellen stehen lassen.

Die Pilze putzen, wenn nötig waschen und kleinschneiden.

Die Pilze in der Butter 10 Minuten dünsten und zum Schluß unter den Reis mischen.

Die Petersilie waschen, kleinschneiden und den Reis damit bestreuen.

Geflügel – leicht und schmackhaft

Aus Geflügel kann man die leckersten Eintöpfe und Frikassees zubereiten, die, mit Wein abgeschmeckt, mit Kräutern, Gewürzen und Gemüsen variiert, jedesmal ein überraschend originelles Gericht ergeben. Geflügel ist leicht und bekömmlich, preiswert im Einkauf und einfach in der Zubereitung. Die Gerichte eignen sich besonders für ein Essen mit Freunden.

Geflügel

Geflügel

Hähnchen in Tomaten-Knoblauchsauce

1 Hähnchen 1,2 kg
Salz
weißer Pfeffer
4 EL Butter
3 EL Geflügel-Fond
4 Schalotten
8 Knoblauchzehen
500 g Cocktailtomaten
4 El Weißwein
400 ml Crème fraîche
1/2 Bund Basilikum
1 EL Zitronensaft

Das Hähnchen waschen, trockentupfen und portionieren, s. S. 25. Die Teile mit Salz und frischgemahlenem Pfeffer einreiben. Die Butter in einem Topf zerlassen und die Geflügelteile rundum anbraten. Den Geflügel-Fond zugeben und die Teile 25 Minuten zugedeckt bei mäßiger Hitze schmoren lassen. Die Schalotten und die Knoblauchzehen schälen und feinhacken. Die Tomaten kurz in kochendes Wasser tauchen, häuten und beiseite stellen. Schalotten, Knoblauch und Tomaten in den Topf geben und andünsten. Mit dem Weißwein aufgießen und 5 Minuten garen. Crème fraîche unterrühren und etwas einkochen lassen, bis die Sauce sämig wird.

Das Basilikum waschen, kleinschneiden und mit dem Zitronensaft untermischen.

Das Hähnchen in der Sauce mit Reis servieren.

Hühnchen in Rotwein

1 Hühnchen 1,2 kg
Salz
schwarzer Pfeffer
2 Zwiebeln
2 Karotten
2 Knoblauchzehen
75 g Butter
4 cl Weinbrand
1 Lorbeerblatt
1 Thymianzweig
700 ml Rotwein
3 EL Butter
3 EL Mehl

Das Hühnchen waschen, trockentupfen und portionieren, s. S. 25. Die Teile mit Salz und frischgemahlenem Pfeffer einreiben. Die Zwiebeln und Knoblauchzehen schälen und in Würfel hacken. Die Karotten schälen und in Scheiben schneiden.

Die Butter in einem Topf zerlassen und die Geflügelteile rundum anbraten, mit dem Weinbrand ablöschen und flambieren. Zwiebeln, Knoblauch und Karotten zugeben und 5 Minuten im geschlossenen Topf mitdünsten. Die Gewürze zugeben und mit dem Wein aufgießen, bei geringer Hitze zugedeckt 45 Minuten schmoren lassen. Die Butter mit dem Mehl verkneten und in die Sauce einrühren, nochmals aufkochen lassen. Den Thymian und das Lorbeerblatt entfernen. Heiß mit Salzkartoffeln servieren.

Wermut-Poularde

1 Poularde 1,2 kg
Salz
schwarzer Pfeffer
2 Zwiebeln
2 Knoblauchzehen
3 EL Butterschmalz
4 cl Cognac
1/2 Flasche weißen Wermut
1 große Dose Tomaten
250 ml süße Sahne
20 g Mehl
1 TL Zucker

Die Poularde waschen, trockentupfen und portionieren, s. S. 25.

Die Teile mit Salz und frischgemahlenem Pfeffer einreiben.

Die Zwiebeln und die Knoblauchzehen schälen und in Würfel hacken. Das Butterschmalz in einem Topf zerlassen und die Geflügelteile rundum anbraten, mit dem Cognac ablöschen und flambieren. Zwiebeln und Knoblauch zugeben und 5 Minuten im geschlossenen Topf mitdünsten.

Mit dem Wermut aufgießen, bei geringer Hitze zugedeckt 30 Minuten schmoren lassen.

Die Tomaten abtropfen lassen und 10 Minuten vor Garende etwas zerkleinert zugeben.

Die Sahne mit dem Mehl verquirlen und unter die Sauce rühren. Nochmals aufkochen lassen, bis die Sauce sämig wird.

Mit dem Zucker abschmecken. Die Poularde in der Sauce mit Stangenweißbrot oder Reis servieren.

Geflügel

Schnittlauch-Hähnchen

1 Hähnchen 1,2 kg
Salz
weißer Pfeffer
4 EL Butter
3 EL Geflügel-Fond
500 ml Crème double oder Crème fraîche
2 Bund Schnittlauch

Das Hähnchen waschen, trokkentupfen und portionieren, s. S. 25.

Die Teile mit Salz und frischgemahlenem Pfeffer einreiben.

Die Butter in einem Topf zerlassen und die Geflügelteile rundum anbraten.

Den Geflügel-Fond zugeben und die Teile 25 Minuten zugedeckt bei mäßiger Hitze schmoren lassen.

Die Crème double zugeben und einkochen lassen, bis eine sämige Sauce entsteht.

Den Schnittlauch waschen, in Röllchen schneiden und untermischen, nochmals kurz erhitzen, aber nicht mehr kochen lassen.

Das Hähnchen in der Sauce mit Naturreis anrichten.

Geflügel

Hähnchen in Estragonsauce

1 Hähnchen 1,2 kg
Salz
weißer Pfeffer
4 EL Butter
3 EL Geflügel-Fond
4 Schalotten
1 Knoblauchzehe
100 g Champignons
4 EL Cognac
4 El Weißwein
2 Eigelb
400 ml Crème fraîche
2 Bund Estragon
1 EL Zitronensaft

Das Hähnchen waschen, trokkentupfen und portionieren, s. S. 25. Die Teile mit Salz und Pfeffer einreiben.

Die Butter in einem Topf zerlassen und die Geflügelteile rundum anbraten. Den Geflügel-Fond zugeben und die Teile 25 Minuten zugedeckt bei mäßiger Hitze schmoren lassen. Die Schalotten und die Knoblauchzehe schälen und feinhacken. Die Champignons putzen und blättrig aufschneiden. Schalotten, Knoblauch und Champignons in den Topf geben und andünsten. Mit Cognac und Weißwein aufgießen und 5 Minuten garen.

Die Crème fraîche mit dem Eigelb verrühren, zugeben und leicht erwärmen, die Sauce darf nicht mehr kochen.

Den Estragon waschen, kleinschneiden und mit dem Zitronensaft untermischen, nochmals kurz erwärmen.

Kräuter-Hähnchen mit Calvados

4 EL Calvados
1 Rosmarinzweig
2 Majoranzweige

Zutaten und Zubereitung wie »Hähnchen in Estragonsauce«, statt Cognac, Calvados verwenden und den Estragon durch 1 Rosmarin- und 2 Majoranzweige ersetzen. Die Kräuter gewaschen, ganz zum Hähnchen geben und mitschmoren, vor dem Servieren entfernen.

Hähnchenbrust in Orangensauce

8 Hähnchenbrüste
Salz
weißer Pfeffer
1 EL Zitronensaft
4 EL Butter
250 ml Geflügel-Fond
4 EL Orangensaft
1 TL Zucker
2 Schalotten
2 Knoblauchzehen
500 g Zucchini
3 Orangen
125 ml Weißwein

Die Hähnchenbrüste waschen, trockentupfen und vom Knochen lösen, mit Salz, Pfeffer und Zitronensaft einreiben. Die Butter im Topf zerlassen und die Hähnchenbrüste rundum anbraten. Den Geflügel-Fond, Orangensaft und Zucker zugeben, dann 15 Minuten zugedeckt bei mäßiger Hitze schmoren lassen.

Die Schalotten und Knoblauchzehen schälen, dann feinhacken. Die Zucchini waschen und in Scheiben schneiden.

Schalotten, Knoblauch und Zucchini dazugeben und 10 Minuten mitdünsten. Die Orangen mit einem scharfen Messer bis aufs Fleisch schälen und in Scheiben schneiden. Die Orangen mit dem Weißwein zugeben und nochmals 5 Minuten garen. Die Hähnchenbrüste auf Orangen- und Zucchinischeiben anrichten und mit Wildreis servieren.

Hähnchen in Rieslingsauce

1 Hähnchen 1,2 kg
Salz
weißer Pfeffer
4 EL Butter
250 ml trockener Riesling
4 Schalotten
250 g Champignons
250 g weiße Weintrauben
1/2 Bund Estragon
Salz
weißer Pfeffer

Das Hähnchen waschen, trockentupfen und portionieren, s. S. 25. Die Teile mit Salz und frischgemahlenem Pfeffer einreiben.

Die Butter in einem Topf zerlassen und die Geflügelteile rundum anbraten. Den Riesling zugeben und die Teile 25 Minuten zugedeckt bei mäßiger Hitze schmoren lassen.

Die Schalotten schälen und feinhacken. Die Champignons putzen, wenn nötig waschen und blättrig aufschneiden. Die Trauben waschen, abtropfen lassen und von den Stielen zupfen. Schalotten, Champignons und Trauben in den Topf geben, dann andünsten und 5 Minuten schmoren lassen. Den Estragon waschen, kleinschneiden und untermischen, nochmals mit Salz und frischgemahlenem Pfeffer abschmecken. Mit gratinierten Kartoffeln servieren.

Hähnchen Lauch-Pilz-Topf

25 g getrocknete Steinpilze
1 Hähnchen 1,2 kg
Salz
weißer Pfeffer
4 EL Butter
250 ml trockener Riesling
4 Schalotten
250 g Lauch
1/2 Bund Majoran
Salz
weißer Pfeffer

Die Steinpilze 30 Minuten in lauwarmem Wasser einweichen, dann abtropfen lassen und eventuell klein schneiden.

Das Hähnchen waschen, trockentupfen und portionieren, s. S. 25. Die Teile mit Salz und frischgemahlenem Pfeffer einreiben. Die Butter in einem Topf zerlassen und die Geflügelteile rundum anbraten. Den Riesling zugeben und die Teile 25 Minuten zugedeckt bei mäßiger Hitze schmoren lassen.

Die Schalotten schälen und feinhacken. Den Lauch putzen, waschen und in Ringe schneiden.

Schalotten, Steinpilze und Lauch in den Topf geben, dann andünsten und 5 Minuten schmoren lassen. Den Majoran waschen, kleinschneiden und untermischen, nochmals mit Salz und frischgemahlenem Pfeffer abschmecken.

Das Hähnchen in der Sauce mit Kartoffelpüree servieren.

Geflügel

Tip: Noch delikater werden die Hähnchenteile, wenn man sie vor der Zubereitung enthäutet, sie sollten dann vorsichtig angebraten werden, damit sie nicht zerfallen.

Geflügel

Hühnertopf mit Tomaten

1 Poularde 1,2 kg

Für die Marinade:
2 Knoblauchzehen
4 EL dunkle Sojasauce
2 EL trockener Sherry
1 EL Honig

Außerdem:
3 EL Pflanzenöl
500 g Gemüsetomaten
Salz
schwarzer Pfeffer

Zum Garnieren:
10 g Kerbel

Die Poularde unter fließendem Wasser kurz abwaschen, trokkentupfen und portionieren, s. S. 25.

Für die Marinade die Knoblauchzehen schälen, kleinhakken, mit der Sojasauce, Sherry und Honig in eine Schüssel geben, dann zu einer Sauce verrühren.

Die Poulardenteile in diese Marinade legen und zugedeckt 1 Stunde kaltstellen, hin und wieder wenden.

Das Öl in einer Pfanne erhitzen und das Fleisch ohne Marinade unter Rühren 2 Minuten scharf anbraten.

Die Tomaten kurz in kochendes Wasser legen, häuten, vierteln, entkernen und in kleine Stücke schneiden.

Geflügel

Die Tomaten mit der Marinade zum Fleisch geben und 10 Minuten dünsten.

Mit Salz und frischgemahlenem Pfeffer abschmecken.

Zum Schluß den Kerbel waschen, eventuell kleinhacken.

Das Gericht auf eine vorgewärmte Platte legen, mit den Kerbelblättchen bestreuen.

Hühner-Eintopf mit Nudeln

1 Suppenhuhn
1 Bund Suppengrün
2 l Wasser
Salz
250 g Zwiebeln
4 EL Butter
2 grüne und 2 rote Paprikaschoten
4 Zucchini
1 Bund Kräuter der Provence
Salz
schwarzer Pfeffer
1 TL Paprika, edelsüß
125 g Eiernudeln
250 g Gemüsetomaten
100 ml Crème fraîche

Das Suppenhuhn waschen und trockentupfen.

Das Wasser mit Salz und Suppenhuhn zum Kochen bringen und im geschlossenen Topf 90 Minuten kochen.

In der Zwischenzeit das Suppengrün putzen, waschen und nach Hälfte der Garzeit zugeben.

Die Zwiebeln schälen, würfeln und die Butter in einem Topf erhitzen, die Zwiebeln glasig dünsten.

Die Paprikaschoten waschen, halbieren, entkernen und in Streifen schneiden.

Die Zucchini waschen und in Scheiben schneiden.

Zucchini und Paprikaschoten zu den Zwiebeln geben und kurz mitdünsten lassen.

Die Kräuter waschen und kleinschneiden.

Das Gemüse mit den Kräutern, Salz, dem frischgemahlenen Pfeffer und Paprika würzen.

10 Minuten vor Ende der Garzeit das Gemüse und die Nudeln zugeben und garen.

Die Tomaten kurz in kochendes Wasser tauchen, häuten, vierteln, entkernen, in Stücke schneiden und zum Eintopf geben.

Das Huhn herausnehmen, das Fleisch von den Knochen entfernen, in Würfel schneiden, zurückgeben und mit der Crème fraîche abschmecken.

Hühner-Reis-Topf

150 g Vollkornreis

Zutaten und Zubereitung wie »Hühnereintopf mit Nudeln«, statt der Nudeln 150 g Vollkornreis verwenden, diesen 20 Minuten vor Ende der Garzeit zugeben.

Geflügel

Geflügel

Bunter Hühnertopf

1 Poularde 1,2 kg
Wasser
Salz
1 Lorbeerblatt
4 Wacholderbeeren
250 g Karotten
500 g Kartoffeln
1/2 Sellerieknolle
3 Stangen Lauch
300 g Erbsen
300 g Schalotten
3 EL Butter
200 g Champignons
1 Bund Petersilie
1 Bund Schnittlauch
weißer Pfeffer

Die Poularde innen und außen gründlich waschen und trockentupfen.

In einem großen Topf mit Wasser, Salz und den Gewürzen aufsetzen, zum Kochen bringen und zugedeckt 60 Minuten kochen lassen.

In der Zwischenzeit die Karotten, Kartoffeln und den Sellerie schälen und in Scheiben bzw. in Stifte schneiden.

Den Lauch putzen, waschen und in Ringe schneiden.

Das Gemüse 20 Minuten, die Erbsen 10 Minuten vor Ende der Garzeit zur Poularde geben.

Die Schalotten schälen und halbieren.

Die Champignons putzen, wenn nötig waschen und halbieren.

Die Kräuter waschen und kleinschneiden.

Die Butter in einer Pfanne erhitzen und die Schalotten goldgelb anbraten, die Champignons dazugeben und kurz mitdünsten lassen.

Die Poularde aus der Brühe nehmen und vom Knochen lösen. Das Fleisch in nicht zu kleine Stücke schneiden.

Die Brühe durch ein Sieb gießen und wieder in den Topf zurückgeben.

Die Fleischstücke und das Gemüse wieder hineingeben.

Die Schalotten-Champignons zufügen, mit Salz und frischgemahlenem Pfeffer abschmecken. Mit den Kräutern bestreut servieren.

Hühner-Suppentopf

1 Suppenhuhn
1 Bund Suppengrün
1 1/2 l Wasser
Salz
200 g Karotten
200 g Kohlrabi
200 g Brechbohnen
200 g Lauch
200 g Sellerieknolle
2 Tomaten
weißer Pfeffer
1 Bund Petersilie

Das Suppenhuhn waschen und trockentupfen.

Das Wasser mit Salz und Suppenhuhn zum Kochen bringen und im geschlossenen Topf 90 Minuten kochen.

In der Zwischenzeit das Suppengrün putzen, waschen und nach der Hälfte der Garzeit zugeben.

Die Karotten und die Kohlrabi schälen, dann in Scheiben bzw. in Streifen schneiden.

Die Bohnen waschen, putzen und brechen.

Den Lauch putzen, waschen und in Ringe schneiden.

Den Sellerie schälen und würfeln.

20 Minuten vor Ende der Garzeit das Gemüse zugeben und mitgaren.

Die Tomaten kurz in kochendes Wasser tauchen, häuten, vierteln, entkernen, in grobe Stücke schneiden und 5 Minuten vor Ende der Garzeit in den Topf geben, mit frischgemahlenem Pfeffer abschmecken.

Die Petersilie waschen und kleinschneiden.

Die Suppe mit der Petersilie bestreuen und heiß mit Bauernbrot servieren.

Geflügel

Sellerie-Eintopf

1 Poularde 1,2 kg
4 EL Butter
Salz
Zitronenpfeffer
2 Staudensellerie
2 Stangen Lauch
3 Zwiebeln
1 Bund Petersilie
500 ml Gemüse-Fond
200 ml süße Sahne
4 Eigelb
2 EL saure Sahne

Die Poularde innen und außen gründlich waschen, trockentupfen und portionieren, s. S. 25.

Die Butter in einem Topf erhitzen und die Teile goldbraun anbraten.

Mit Salz und Zitronenpfeffer würzen.

Den Sellerie und den Lauch putzen, waschen und in Ringe schneiden.

Die Zwiebeln schälen und würfeln.

Die Petersilie waschen und kleinhacken.

Alles mit Fond und der Sahne zur Poularde geben, im geschlossenen Topf 30 Minuten leicht kochen lassen.

Eigelb mit der sauren Sahne und etwas von dem Gemüse Fond verrühren, dann den vom Herd genommenen Eintopf binden. Zum Schluß nochmals mit Salz und Zitronenpfeffer abschmecken, mit Brot servieren.

Chinakohl mit Putenbrust

600 g Putenschnitzel
1 Zwiebel
4 EL Butter
1 kg Chinakohl
500 g Kartoffeln
1 1/2 l Gemüse-Fond
200 ml Crème fraîche
Salz
weißer Pfeffer
1 Bund Petersilie

Das Fleisch waschen, trockentupfen und in Streifen schneiden.

Die Zwiebel schälen und würfeln.

Den Chinakohl putzen, waschen und in Streifen schneiden.

Die Kartoffeln schälen und in Würfel schneiden.

Die Butter in einem Topf erhitzen, Fleisch und Zwiebeln anbraten.

Die Kartoffeln zugeben und andünsten, mit dem Gemüse-Fond aufgießen und 25 Minuten garen.

10 Minuten vor Garende den Chinakohl zugeben und den Eintopf mit der Crème fraîche verfeinern.

Mit Salz und frischgemahlenem Pfeffer abschmecken, nochmals erwärmen.

Die Petersilie waschen, feinhacken und den Eintopf damit bestreuen.

Mit Kartoffelpüree servieren.

Geflügel

Sommerlicher Mangold-Eintopf

1 Poularde 1,2 kg
100 g durchwachsener Speck
2 EL Pflanzenöl
1 Knoblauchzehe
500 g Mangold
2 gelbe Paprikaschoten
1 große Dose Tomaten
Salz
weißer Pfeffer
Cayennepfeffer
2 EL Essig-Essenz 25 %
Zucker
4 EL Weißwein

Die Poularde innen und außen gründlich waschen, trockentupfen und portionieren, s. S. 25.

Den Speck würfeln, das Öl in einem großen Topf erhitzen und den Speck auslassen. Die Poulardenteile von allen Seiten anbraten. Die Knoblauchzehe schälen, durch die Presse drücken und zugeben. Den Mangold putzen, waschen und in Streifen schneiden. Die Paprikaschoten waschen, halbieren, entkernen und in Stücke schneiden. Das Gemüse zum Fleisch geben und 3 Minuten mitdünsten.

Die Tomaten abtropfen lassen und beiseite stellen. Die Tomatenbrühe zum Eintopf geben, mit den Gewürzen scharfsauer abschmecken. Zugedeckt 20 Minuten schmoren lassen. Zum Schluß die Tomaten zugeben, erhitzen und mit dem Wein abschmecken.

Geflügel

Geflügel

Putenfleisch-Ragout

| 600 g Putenfilet |
| 500 g Gemüsetomaten |
| 1 Bund Frühlingszwiebeln |
| 50 ml Sonnenblumenöl |
| 2 Salbeiblätter |
| Salz |
| schwarzer Pfeffer |
| 250 ml Geflügel-Fond |
| 500 g Zucchini |
| 1 Knoblauchzehe |
| 1 Bund Petersilie |

Das Fleisch waschen, trockentupfen und in dünne Streifen schneiden.

Die Tomaten kurz in kochendes Wasser tauchen, häuten, vierteln, entkernen und in grobe Stücke teilen.

Die Frühlingszwiebeln putzen, waschen und in Ringe schneiden. Das Öl in einer Pfanne erhitzen, das Fleisch und die Frühlingszwiebeln 5 Minuten anbraten, die Tomaten, die Salbeiblätter zugeben, mit Salz und frischgemahlenem Pfeffer abschmecken. Mit dem Fond aufgießen.

Die Zucchini waschen und in Scheiben schneiden. Den Knoblauch schälen, durch die Presse drücken und zu den Zucchini geben. Die Zucchini zum Fleisch und Tomaten geben, dann zugedeckt 10 Minuten garen lassen.

Die Petersilie waschen, kleinhacken und über das fertige Ragout streuen. Das Ragout mit Reis als Beilage servieren.

Puten-Champignon-Ragout

| 600 g Putenbrust |
| 2 Bund Frühlingszwiebeln |
| 1 Knoblauchzehe |
| 500 g Champignons |
| 50 ml Sonnenblumenöl |
| Salz |
| schwarzer Pfeffer |
| 250 ml Gemüse-Fond |
| 200 ml Crème fraîche |
| 1 Bund gemischte Kräuter |

Die Putenbrust waschen, trokkentupfen und in Würfel schneiden.

Die Frühlingszwiebeln putzen, waschen und in Ringe schneiden.

Den Knoblauch schälen und durch die Presse drücken.

Die Champignons putzen, wenn nötig waschen und blättrig aufschneiden.

Das Öl in einer Pfanne erhitzen, die Putenbrust, Frühlingszwiebeln und den Knoblauch kurz andünsten, die Champignons zugeben, mit Salz und frischgemahlenem Pfeffer abschmecken. Mit dem Fond aufgießen und 20 Minuten garen lassen.

Zum Schluß die Crème fraîche unterrühren und mit den gewaschenen, gehackten Kräutern bestreut servieren.

Dazu passen grüne Nudeln oder Vollkorn Reis.

Geflügel

Kräuter-Geschnetzeltes

1 Bund Frühlingszwiebeln
2 EL Butter
600 g Hühnchenbrust
1 TL Mehl
125 ml Geflügel-Fond
125 ml Weißwein
150 g Champignons
Salz
weißer Pfeffer
1 Eigelb
200 ml süße Sahne
1 Bund gemischte Kräuter

Die Hühnchenbrust waschen, trockentupfen und in Würfel schneiden.

Die Frühlingszwiebeln putzen, waschen und in Ringe schneiden.

Die Butter in einer Pfanne erhitzen und das Fleisch mit den Frühlingszwiebeln darin anbraten.

Das Mehl darüber stäuben, mit Fond und Weißwein aufgießen, dann 10 Minuten garen.

Die Champignons putzen, wenn nötig waschen, blättrig aufschneiden und zugeben, dann nochmals 5 Minuten mitgaren.

Mit Salz und frischgemahlenem Pfeffer abschmecken.

Das Eigelb mit der Sahne verrühren und untermischen.

Die Kräuter waschen, kleinschneiden und zum Schluß zugeben.

Mit Butter-Reis servieren.

Geflügel

Enteneintopf mit weißen Bohnen

250 g weiße Bohnen
2 l Wasser
1 Zwiebel
4 Entenbrüste
2 Zwiebeln
2 Knoblauchzehen
500 g Gemüsetomaten
2 EL Schweineschmalz
2 EL Mehl
500 ml Geflügel-Fond
500 ml Weißwein
1 Sträußchen Kräuter der Provence
Salz
schwarzer Pfeffer

Die Bohnen waschen, mit der geschälten und geviertelten Zwiebel in 2 l Wasser ca. 80 Minuten kochen, dann abgießen und beiseite stellen.

Die Entenbrust waschen, trockentupfen und in mundgerechte Stücke schneiden. Die Zwiebeln und den Knoblauch schälen und würfeln. Die Tomaten kurz in kochendes Wasser tauchen, schälen, entkernen und in Stücke schneiden.

Das Schmalz in einem Topf zerlassen, das Fleisch, die Zwiebeln und den Knoblauch zugeben und 10 Minuten dünsten.

Die Bohnen und die Tomaten zugeben, mit Mehl bestäuben. Dann mit Fond und Wein aufgießen, aufkochen lassen.

Die Kräuter waschen, kleinschneiden und zugeben. Mit Salz und Pfeffer abschmecken.

Geflügel

Hühnerleber mit Frühlingszwiebeln

600 g Hühnerleber

Für die Marinade:
1 Prise Salz
1 EL Zucker
2 EL helle Sojasauce
2 EL Worcestersauce
1 EL trockener Sherry

Außerdem:
2 Bund Frühlingszwiebeln
6 EL Sesamöl

Für die Sauce:
125 ml Gemüse-Fond
2 EL Speisestärke
2 EL helle Sojasauce
1 EL trockener Sherry
1 Prise Salz
schwarzer Pfeffer

Die Leber unter fließendem Wasser kurz abwaschen und trockentupfen.

Mit einem scharfen Messer häuten und in Stücke schneiden.

Für die Marinade das Salz, den Zucker, die Soja- und die Worcestersauce mit dem Sherry in eine Schüssel geben, zu einer Marinade verrühren.

Die Leber einlegen und zugedeckt 1 Stunde kaltstellen, hin und wieder wenden.

Die Frühlingszwiebeln putzen, waschen und in schräge 5 cm lange Stücke teilen.

Das Öl in einer Pfanne erhitzen und die Frühlingszwiebeln

unter Rühren 2 Minuten anbraten, die Leber ohne Marinade zugeben und 5 Minuten dünsten.

Den Fond und die Marinade zugeben und aufkochen lassen.

Die Speisestärke mit Sojasauce und Sherry verrühren, dann zur Leber geben, unter Rühren aufkochen lassen, bis die Sauce sämig wird.

Mit Salz und frischgemahlenem Pfeffer abschmecken.

Das Gericht auf einer vorgewärmten, tiefen Platte anrichten und mit Kartoffelpüree servieren.

Gratiniertes Hähnchen

1 fertig gegrilltes Hähnchen
1 EL Butter
150 g tiefgefrorene Erbsen
1 Kräuter Frischkäse
2 Eier
100 ml Crème fraîche

Das Hähnchen häuten, entbeinen und in kleine Stücke schneiden.

Eine feuerfeste Form mit der Butter einfetten und die Hähnchenstücke mit den Erbsen einfüllen. Den Kräuterkäse mit den Eiern und der Crème fraîche verrühren, über das Gratin gießen und im vorgeheizten Backofen bei 220 Grad ca. 20 Minuten überbacken.

Dazu paßt Weißbrot und ein Tomatensalat.

Madras-Hühnerfrikassee

1 Hähnchen 1,2 kg
Salz
Pfeffer
500 ml Geflügel-Fond
2 Staudensellerie
1 Zwiebel
3 EL Butter
30 g Mehl
2 EL Madras Curry
1/2 TL gemahlener Kreuzkümmel
50 g gehackte Mandeln
50 g Rosinen
100 ml Crème fraîche

Das Hähnchen waschen, trockentupfen und portionieren, s. S. 25. Mit Salz und Pfeffer einreiben und im geschlossenen Topf mit dem Geflügel-Fond 30 Minuten garen. Aus dem Topf nehmen, häuten, entbeinen und in mundgerechte Stücke teilen.

Die Brühe durch ein Sieb gießen, beiseite stellen. Den Staudensellerie putzen, waschen und in Ringe schneiden. Die Zwiebel schälen und würfeln. Die Butter in einem Topf erhitzen, die Zwiebeln anbraten, den Sellerie zugeben und 5 Minuten dünsten. Mit dem Fond aufgießen und das Fleisch zugeben. Etwas Fond entnehmen, das Mehl darin anrühren, die Gewürze zum Frikassee in den Topf geben und aufkochen, Mandeln und Rosinen zugeben.

Zum Schluß die Crème fraîche unterrühren.

Putenleber mit Basilikum

1 kg Putenleber
2 EL Mehl
1 EL Butter
2 Zwiebeln
125 ml Weißwein
250 ml Geflügel-Fond
250 ml Crème fraîche
Salz
weißer Pfeffer
1 TL Zitronensaft
1 TL Zucker
1 Bund Basilikum

Die Leber kalt waschen, trockentupfen, in mundgerechte Stücke schneiden, im Mehl wenden. Die Butter in einer Pfanne erhitzen und die Leber von beiden Seiten anbraten.

Zugedeckt 10 Minuten dünsten, herausheben und warmstellen. Die Zwiebeln schälen, in Ringe schneiden und im Bratfett glasig dünsten.

Mit Wein und Fond aufgießen, dann bei mittlerer Hitze einkochen lassen.

Die Crème fraîche einrühren, mit Salz, frischgemahlenem Pfeffer, Zitronensaft und Zucker abschmecken, nochmals einen Teil Flüssigkeit verkochen lassen. Die Leber in die Sauce zurücklegen.

Das Basilikum waschen, in einzelne Blättchen zupfen und einen Teil unter die Leber rühren, den Rest darüberstreuen.

Geflügel

Putenragout süß-sauer mit Früchten

600 g Putenschnitzel

Für die Marinade:
3 EL dunkle Sojasauce
1 EL trockener Sherry
1 TL gemahlener Ingwer
2 TL braunen Zucker
1 Prise Salz

Außerdem:
4 EL Sesamöl
1 Knoblauchzehe
2 Schalotten
150 g Chinakohl
100 g Mandarinen aus der Dose
100 g Mango aus der Dose
50 g Lychees frisch oder aus der Dose
2 EL helle Sojasauce
125 ml Geflügel-Fond
2 EL Tomatenmark
75 ml Essig
1 EL braunen Zucker
2 EL Speisestärke
4 EL Wasser
Salz
Pfeffer

Die Putenschnitzel gründlich unter fließendem Wasser waschen, mit Küchenpapier trockentupfen.

Die Zutaten für die Marinade, Sojasauce, Sherry, gemahlenen Ingwer, Zucker und Salz in einer Schüssel verrühren, dann die Putenstreifen darin 1 Stunde marinieren.

Knoblauch schälen und in feine Scheiben schneiden.

Geflügel

Das Öl in einer Pfanne erhitzen und zuerst den Knoblauch, dann das Putenfleisch mit der Marinade hineingeben und ca. 2 Minuten dünsten, bis das Fleisch hell wird, herausnehmen und warmstellen. Das Öl in der Pfanne lassen.

Die Schalotten schälen und würfeln.

Den Chinakohl putzen, waschen und in Streifen schneiden.

Die Schalotten und den Chinakohl in der Pfanne 2 Minuten andünsten.

Die Mandarinen und die Mangos abtropfen lassen, die Mangos in Würfel schneiden.

Die Mandarinen, die Mangowürfel und die Lychees zum Gemüse geben und unter Rühren aufkochen lassen, dann mit der Sojasauce und dem Geflügel Fond aufgießen.

Das Tomatenmark, den Essig, den Zucker und die in etwas Wasser angerührte Speisestärke dazugeben, aufkochen lassen bis die Sauce dick wird.

Mit Salz und frischgemahlenem Pfeffer abschmecken.

Die Putenstreifen dazugeben, nochmals unter Rühren erhitzen und sofort heiß mit Reis servieren.

Tip: Die Mandarinen und die Mangos lassen sich durch 200 g Ananasstücke aus der Dose ersetzen.

Sauce Béchamel

40 g Butter
40 g Mehl
200 ml Milch
200 ml Sahne
3 Eigelb
Salz
weißer Pfeffer
geriebene Muskatnuß
2 EL Butter

Die Butter in einen Topf geben und zerlaufen lassen, das Mehl zugeben und unter Rühren eine helle Mehlschwitze kochen. Wenn die Schwitze kraus aussieht, die Milch langsam unter Rühren einlaufen lassen. Die Sahne mit dem Eigelb verquirlen, unter die Sauce rühren, mit Salz, frischgemahlenem Pfeffer und Muskatnuß abschmecken und die restliche Butter unterziehen. Die Sauce darf nun nicht mehr kochen, da sie sonst gerinnt.

Zu »Nudelpudding mit Sauce Béchamel« und »Nudelpudding mit Schinken«, s. S. 78/79, servieren.

Fische und Meeresfrüchte

Süß- und Seewasserfische, Muscheln und Shrimps werden mit feinen Gemüsen, Kräutern und Gewürzen zu fantasievollen Rezepten verarbeitet wie z. B. Ragouts, Soufflés, Fischpudding, Terrinen, Gratins und Frikassees.
Fisch und Meeresfrüchte sollten nach Möglichkeit immer ganz frisch oder, wenn dies nicht möglich ist, tiefgefroren eingekauft werden.

Fische und Meeresfrüchte

Lachsforellen-Terrine

1 Blumenkohl
1 l Wasser
Salz
1 EL Zitronensaft
7 EL süße Sahne
3 EL Crème fraîche
1 Ei
1 Eigelb
Salz
weißer Pfeffer
geriebene Muskatnuß
1 EL Butter
1 Lachsforelle

Zum Garnieren:
8 Salatblätter

Für die Vinaigrette:
3 EL Aceto Balsamico (Essig)
Salz
weißer Pfeffer
3 EL Olivenöl

Den Blumenkohl waschen und in Röschen teilen.

Wasser, Salz und Zitronensaft in einen Topf geben und die Blumenkohlröschen 5 Minuten kochen lassen, abschrecken und beiseite stellen. Aus Sahne, Crème fraîche, Ei und Eigelb eine Sauce rühren, mit Salz, frischgemahlenem Pfeffer und Muskatnuß abschmecken.

Die Lachsforelle filetieren und in Würfel schneiden. Eine feuerfeste Form mit Butter einfetten, die Blumenkohlröschen und die Fischwürfel einlegen, die Ei-Sahnemischung darübergießen. Die Bratenpfanne vom Backofen ca. 2 cm hoch mit Wasser füllen, die Form hineinstellen. Den Ofen auf 180 Grad vorheizen und den Auflauf 45 Minuten im Wasserbad garen.

Das Gericht in Scheiben aufschneiden, auf jeden Teller ein Salatblatt legen und die Lachsforellen-Scheiben daraufgeben.

Aus Aceto Balsamico, Salz, frischgemahlenem Pfeffer und Öl eine Vinaigrette rühren und über die Salatblätter träufeln, dazu ein französisches Weißbrot servieren.

Gestürzter Fisch-Pudding

Für 6 Personen

1 kg Schellfisch oder Kabeljau
1 EL Zitronensaft
Salz
weißer Pfeffer
2 EL Pflanzenöl
750 g Tomaten
2 EL Butter
2 Eier
3 EL Zitronensaft
3 EL Semmelbrösel
Salz
weißer Pfeffer

Für die Form:
1 EL Butter

Den ganzen Fisch waschen, trockentupfen, mit Zitronensaft, Salz, frischgemahlenem Pfeffer und dem Öl einreiben, dann in die Bratpfanne vom Backofen legen.

Bei 200 Grad ca. 15 Minuten garen.

Abkühlen lassen und mit einer Gabel die Haut abziehen und das Fischfleisch von den Gräten lösen.

Die Tomaten kurz in kochendes Wasser tauchen, häuten, vierteln und entkernen.

Die Butter in einer Pfanne erhitzen und die Tomaten andünsten, bis die Flüssigkeit verdampft ist.

Die Tomaten mit dem Fisch verrühren und im Mixer pürieren.

Das Eigelb und die Semmelbrösel zugeben, mit Zitronensaft, Salz und frischgemahlenem Pfeffer abschmecken.

Das Eiweiß steifschlagen und unterheben.

Eine hohe Puddingform mit der Butter einfetten und die Fischmasse einfüllen, sie darf aber nur zu Dreiviertel gefüllt sein, da der Pudding sich noch ausdehnt, dann den Deckel aufsetzen.

Die Bratenpfanne vom Backofen 2 cm hoch mit Wasser füllen und die Puddingform hineinstellen. Den Pudding im vorgeheizten Backofen bei 180 Grad ca. 60 Minuten im Wasserbad garen.

Nach dem Garen vorsichtig auf eine Platte stürzen und sofort mit einer Zitronen-Dill-Sauce, Rezept s. S. 193, servieren.

Fische und Meeresfrüchte

Karpfenragout mit Muscadet

1 Karpfen 2 kg
150 magerer Speck
200 g Champignons
200 g Perlzwiebeln
Salz
Zucker
400 g Kartoffeln
3 Schalotten
2 Zwiebeln
150 g Butter
2 EL Mehl
2 Knoblauchzehen
1 Bund Suppengrün
1 Flasche Muscadet
Salz
weißer Pfeffer
2 EL Butter

Den Karpfen filetieren, und in mundgerechte Stücke schneiden.

Den Speck in Streifen schneiden.

Die Champignons putzen, wenn nötig waschen und blättrig aufschneiden.

Die Perlzwiebeln und die Kartoffeln schälen, dann beiseite stellen.

Die Schalotten und die Zwiebeln schälen und in Würfel schneiden.

Die Hälfte der Butter in einer Pfanne erhitzen und die Schalotten und Zwiebeln andünsten.

Die Karpfenstücke dazugeben und unter Wenden anbraten.

Das Mehl darüberstäuben, vorsichtig untermischen und 5 Minuten leicht köcheln lassen.

Die Knoblauchzehen schälen und durch die Presse drücken.

Das Suppengrün putzen, waschen und kleinschneiden, beides zum Fisch geben.

Mit dem Muscadet auffüllen, bis der Karpfen bedeckt ist.

Mit Salz und frischgemahlenem Pfeffer abschmecken und 5 Minuten leicht kochen lassen.

Die Kartoffeln in Salzwasser aufsetzen und zum Kochen bringen, 30 Minuten kochen.

Die Speckstreifen in einer Pfanne ausbraten, die Champignons zugeben und 3 Minuten dünsten lassen.

Die Perlzwiebeln in Wasser aufkochen, Salz und Zucker zugeben, 5 Minuten kochen lassen, abtropfen lassen, zu den Champignons geben, die Butter zufügen, leicht anbräunen lassen und beiseite stellen.

Die Karpfenstücke aus dem Topf nehmen, die Sauce einkochen lassen und durch ein Sieb passieren.

Die restliche Butter unterrühren, die abgetropften Perlzwiebeln und Champignons zum Karpfen geben, nochmals kurz erwärmen und sofort mit den Kartoffeln servieren.

Fisch-Curry

500 g Seelachsfilet
1 Zitrone
Salz
weißer Pfeffer
500 g Spinat
1 Zwiebel
1 Knoblauchzehe
3 EL Butter
200 ml Crème fraîche
3 EL Curry Paste
Salz

Für die Form:
1 EL Butter

Das Seelachsfilet waschen, trockentupfen und in Würfel schneiden.

Mit Zitronensaft beträufeln, mit Salz und frischgemahlenem Pfeffer bestreuen.

Den Spinat verlesen, waschen und abtropfen lassen.

Die Zwiebel und die Knoblauchzehe schälen und feinhakken.

Die Butter in einer Pfanne erhitzen, den Spinat, die Zwiebeln und den Knoblauch darin andünsten. Die Crème fraîche, Curry Paste und Salz miteinander vermischen.

Eine feuerfeste Form mit Butter einfetten, den Spinat mit Zwiebeln und Knoblauch einfüllen, die Fischwürfel darauf legen und mit der Crème fraîche Curry-Mischung begießen.

Im vorgeheizten Backofen bei 200 Grad 25 Minuten garen und mit Reis servieren.

Fische und Meeresfrüchte

Fische und Meeresfrüchte

Fisch-Cassoulet

3 Schalotten
400 g Spinat
200 g Champignons
3 EL Butter
8 Seezungenfilets
1 EL Zitronensaft
Salz
8 gekochte Hummerkrabben
250 ml Weißwein
100 ml Sherry
100 g kalte Butter
Zum Garnieren:
10 g Kerbel

Die Schalotten schälen und kleinwürfeln.

Den Spinat verlesen, waschen und abtropfen lassen.

Die Champignons putzen, wenn nötig waschen und blättrig aufschneiden.

Einen Teil der Butter in eine große Pfanne geben, die Schalotten andünsten, Champignons und Spinat zugeben und 2 Minuten weiterköcheln lassen.

Die Seezungenfilets waschen, trockentupfen, in 3 cm große Stücke schneiden, mit der Zitrone und dem Salz einreiben.

Für den Fisch Den Rest der Butter in einem Topf erhitzen, den Fisch und die Krabben darin anbraten, mit Wein aufgießen, dann 5 Minuten dünsten lassen.

Den Fisch und die Krabben herausnehmen und warmstellen.

Die Sauce mit Salz, frischgemahlenem Pfeffer und dem

Fische und Meeresfrüchte

Sherry abschmecken, dann die kalte Butter in Flöckchen zugeben und aufschlagen.

Den Kerbel verlesen und waschen.

Den Spinat mit den Champignons auf 4 Teller verteilen, den Fisch und die Krabben darauf legen.

Die Sauce darüber gießen, mit Kerbel bestreuen und sofort servieren.

Grüne Lachs-Bandnudeln

200 g Schalotten
1 TL Korianderkörner
50 g Petersilienwurzel
200 g Lauch
2 l Wasser
Salz
Bund Dill
4 Zitronenscheiben
4 Scheiben Lachs 800 g
3 l Wasser
Salz
Öl
500 g grüne Bandnudeln
150 g kalte Butter
250 ml Fisch-Fond
250 ml süße Sahne
2 EL trockener Sherry

Die Schalotten schälen und würfeln. Den Koriander zerstoßen.

Die Petersilienwurzel schälen und in Stücke schneiden.

Den Lauch putzen, waschen und in Ringe schneiden.

Den Dill waschen und hacken.

2 l Wasser mit den Korianderkörnern, Petersilienwurzel, Lauch, Dill, Salz und Zitronenscheiben zum Kochen bringen, den Lachs vorsichtig einlegen und 8 Minuten ziehen lassen.

Die Nudeln ins kochende Salzwasser geben, Öl zufügen und 10 Minuten »al dente« kochen, abgießen und warmstellen.

50 g Butter in einer Pfanne erhitzen und die Schalotten glasig dünsten.

Mit Fisch-Fond und Sahne aufgießen und einkochen lassen, bis die Sauce leicht sämig wird.

Den Lachs von Haut und Gräten befreien und in grobe Stücke zerpflücken.

Die restliche Butter in Flöckchen mit einem Schneebesen unter die Sauce schlagen und mit dem Sherry abschmecken.

Die Nudeln auf 4 Teller anrichten, den Lachs darauflegen und die Sauce darüberlöffeln.

Fisch-Frikassee

8 kleine Schollenfilets
1 EL Zitronensaft
Salz
125 g Lachsschinken
1 säuerlicher Apfel
500 ml Fisch-Fond
50 g Butter
3 EL Mehl
100 ml süße Sahne
1 EL Kapern
1 EL geriebener Emmentaler
1 kleine Dose Spargelstücke
1 EL Zitronensaft
Zucker
Salz
weißer Pfeffer
1 Bund Dill

Die Schollenfilets waschen, trockentupfen, in mundgerechte Stücke teilen, mit Zitronensaft und Salz einreiben. Den Schinken in feine Streifen schneiden. Den Apfel schälen, vierteln, Kerngehäuse entfernen und in Stücke schneiden. Die Butter im Topf erhitzen, den Schinken auslassen, die Apfelstücke zugeben und 2 Minuten dünsten. Mit dem Fisch-Fond aufgießen. Das Mehl mit der Sahne verrühren und in den Fisch-Fond einrühren, aufkochen lassen, bis die Sauce sämig wird. Fisch, Kapern, Käse und den abgetropften Spargel zugeben und 5 Minuten leicht kochen lassen, mit Zitronensaft, Zucker, Salz und Pfeffer abschmecken. Dill darüberstreuen, mit Reis servieren.

Fische und Meeresfrüchte

Paprika-Fischpfanne

500 g Rotbarschfilet
1 EL Zitronensaft
Salz
2 Zwiebeln
2 Knoblauchzehen
5 EL Olivenöl
2 grüne und 2 rote Paprikaschoten
500 g Tomaten
Salz
weißer Pfeffer
1 kleine Dose Mais
2 EL Tomatenketchup
75 ml Fisch-Fond
1 Bund Petersilie

Den Fisch waschen, trockentupfen und in ca. 3 cm große Stücke schneiden.

Mit Zitronensaft beträufeln und mit Salz bestreuen.

Die Zwiebeln und Knoblauchzehen schälen und kleinhacken.

Das Öl in einer Pfanne erhitzen, die Zwiebeln und den Knoblauch darin andünsten.

Die Paprikaschoten, waschen, halbieren, entkernen und in Streifen schneiden. Die Tomaten kurz in kochendes Wasser tauchen. häuten, vierteln, entkernen und in grobe Stücke teilen. In eine gläserne Auflaufform die Paprikaschoten, mit Zwiebeln, Fisch und Tomaten abwechselnd einschichten, jede Lage mit etwas Salz und frischgemahlenem Pfeffer würzen.

Die Maiskörner abtropfen lassen und als letzte Schicht auf

246

Fische und Meeresfrüchte

den Eintopf geben. Die Petersilie waschen und kleinhacken und zum Schluß darüberstreuen. Den Fisch-Fond mit den Ketchup verrühren und über den Eintopf gießen. Mit geschlossenem Deckel auf dem Herd ca. 35 Minuten leicht köcheln lassen.

Feiner Muscheltopf

1 kg Miesmuscheln
1 Zwiebel
2 Knoblauchzehen
2 EL Butter
500 ml Fisch-Fond
250 ml Weißwein
1 Lorbeerblatt
1/2 TL weißer Pfeffer
4 Karotten
1 Stange Lauch
1 Fenchelknolle
500 g Kabeljau
200 ml süße Sahne
2 Eigelb
Salz
weißer Pfeffer

Die Muscheln unter kaltem fließenden Wasser waschen, den Bart entfernen und geöffnete wegwerfen.

Die Zwiebel und die Knoblauchzehen schälen und würfeln, bzw. hacken. Die Butter in einem Topf erhitzen und die Zwiebeln mit dem Knoblauch andünsten. Mit Fisch-Fond und Weißwein aufgießen, Lorbeerblatt und Pfeffer zufügen, dann zum Kochen bringen.

Die Muscheln zugeben und 15 Minuten kochen, bis alle Schalen geöffnet sind, mit einem Schaumlöffel herausheben, geschlossene aussortieren und wegwerfen.

Die Karotten schälen und in Scheiben schneiden.

Den Lauch putzen, waschen und in Ringe schneiden.

Den Fenchel putzen, waschen und in Streifen schneiden.

Den Fisch waschen, trockentupfen und in 4 cm große Stücke schneiden.

Das Gemüse in die Fischbrühe geben und 10 Minuten leicht kochen, nach 5 Minuten den Fisch zugeben und garziehen lassen.

Die Sahne mit dem Eigelb verrühren und den Fischtopf vom Herd nehmen, vorsichtig die Sahne-Ei-Mischung einrühren, die Muscheln zufügen, nochmals erhitzen, der Eintopf darf nun nicht mehr kochen, dann mit Salz und frischgemahlenem Pfeffer abschmecken.

Mit Weißbrot servieren.

Fische und Meeresfrüchte

Fische und Meeresfrüchte

Fischsuppe Marseiller-Art

Für 8 Personen

Für den Fischsud:
2 l Wasser
1 TL Salz
1 Bund Suppengrün
2 Lorbeerblätter
1 TL Thymian
1 TL schwarze Pfefferkörner
1 kg Fischabfälle wie Köpfe, Gräten, Schwänze
1 kg Miesmuscheln

Für den Gemüsefond:
1 Stange Lauch
2 Karotten
2 Zwiebeln
1 rote und 1 grüne Paprikaschote
3 Tomaten
125 ml Olivenöl
250 ml Weißwein
1 Dose Safranfäden
Salz
weißer Pfeffer

Für die Suppe:
500 g Seefisch wie z. B. Schellfisch, Rotbarbe, Merlan usw.
500 g Garnelen
500 g Tintenfische
2 EL helle Sojasauce
125 ml Weißwein
2 EL Zitronensaft
Salz
weißer Pfeffer

Für den Fischsud das Wasser mit dem Salz zum Kochen aufstellen und die Gewürze zugeben.

In der Zwischenzeit die Fischabfälle, die Garnelenköpfe und die Miesmuscheln unter kaltem Wasser waschen, bei den Muscheln die Bärte entfernen und geöffnete aussortieren, wegwerfen. Das Suppengrün putzen, waschen, mit den Fischabfällen und den Garnelenköpfen ins kochende Wasser geben, 60 Minuten sieden lassen. Die letzten 15 Minuten die Miesmuscheln zugeben, dann herausnehmen und beiseite stellen, die geschlossenen Muscheln wegwerfen. Für den Gemüsefond den Lauch putzen, waschen und in Ringe schneiden. Die Karotten und die Zwiebeln schälen, die Karotten in Scheiben schneiden und die Zwiebeln würfeln. Die Paprikaschoten waschen, halbieren, entkernen und in Streifen schneiden. Die Tomaten kurz in kochendes Wasser tauchen, häuten, vierteln, entkernen und in grobe Stücke teilen. Das Olivenöl in einem großen Topf erhitzen, die Gemüse, außer den Tomaten, darin andünsten, mit dem Wein aufgießen und mit Salz und frischgemahlenem Pfeffer abschmecken.

Den Fond 5 Minuten kochen lassen. Den Fisch, die Garnelen und die Tintenfische waschen, trockentupfen, den Fisch in nicht zu kleine Stücke und den Tintenfisch in Ringe scheiden.

Für die Fischsuppe den Sud durch ein Sieb in einen großen Topf gießen, den Gemüsefond zugeben und aufkochen lassen.

Die Tintenfischringe und die Garnelenschwänze in die Brühe geben, dann 10 Minuten kochen lassen. Nun die Miesmuscheln, die Fischstücke, die Tomaten und den Safran zugeben, 10 Minuten leicht köcheln lassen. Mit Sojasauce, Wein, Zitronensaft, Salz und frischgemahlenem Pfeffer abschmecken. In eine vorgewärmte Terrine umfüllen, die Garnelenschwänze, Muscheln, Fisch und Gemüse hübsch arrangieren und heiß mit Stangenweißbrot und Knoblauchsauce servieren.

Knoblauch-Sauce (Aioli)

4 Eigelb
6 Knoblauchzehen oder Knoblauch Paste
75 ml Olivenöl
1 TL Zitronensaft
Salz
Cayennepfeffer

Das Eigelb mit dem Handrührgerät gut aufschlagen.

Die Knoblauchzehen schälen und durch die Presse drücken; zum Eigelb geben und das Öl erst tropfenweise, dann mit dünnem Strahl einrühren, bis eine sämige Sauce entsteht.

Mit Zitronensaft, Salz und Cayennepfeffer abschmecken und nochmals aufschlagen.

Soufflé – apart und raffiniert

Das französische Pendant des Auflaufs ist das Soufflé. Hier eine Reihe von luftig-duftigen Rezepten, mit Spinat, Broccoli, Käse, Lachs oder Forelle. Serviert mit Saucen stellen sie eine Köstlichkeit dar.
Die Scheu vor der Zubereitung von Soufflés ist unbegründet, sie sind nicht so schwierig zuzubereiten. Der Versuch lohnt sich.

Soufflés

Spinat-Soufflé mit Schinken

500 g Blattspinat
2 l Wasser
Salz
100 g durchwachsener Schinkenspeck
50 g Semmelbrösel
200 ml süße Sahne
weißer Pfeffer
Zucker
gemahlene Muskatnuß
4 Eigelb
100 g geriebener Emmentaler
6 Eiweiß

Für die Form:
1 EL Butter

Den Spinat verlesen, waschen und in kochendem Salzwasser 1 Minute blanchieren, kalt abschrecken, abtropfen lassen und feinpürieren.

Den Schinkenspeck in kleine Würfel schneiden und in einem Topf auslassen.

Den Spinat mit den Semmelbrösel und der Sahne zugeben und aufkochen.

Mit frischgemahlenem Pfeffer, Zucker und einer Prise Muskatnuß abschmecken.

Die Masse vom Herd nehmen und etwas abkühlen lassen.

Das Eigelb mit dem Käse verquirlen und unter die Masse rühren.

Das Eiweiß zu steifem Schnee schlagen und unter die Spinatmasse heben.

Eine feuerfeste Soufflé-Form oder Schüssel mit der Butter, bis 1 cm unter dem Rand einfetten und die Masse einfüllen.

In die Bratenpfanne vom Backofen 2 cm Wasser einfüllen und den Backofen auf 220 Grad vorheizen, die Form hineinstellen, den Ofen auf 180 Grad zurückschalten und das Soufflé 25 Minuten im Wasserbad garen.

Den Auflauf danach noch etwas im ausgeschalteten Backofen stehen lassen, damit sich das Eiweiß verfestigt.

Das Soufflé sofort mit kurzgebratenem Fleisch servieren.

Tip: Man kann es auch in Portionsförmchen füllen, dann beträgt die Garzeit nur 10 Minuten.

Chicorée-Soufflé

500 g Chicorée
100 g gekochten Schinken
2 EL Butter
50 g Mehl
1/2 Bund Petersilie
200 ml Crème fraîche
Salz
weißer Pfeffer
4 Eigelb
100 g geriebener Emmentaler
6 Eiweiß

Für die Form:
1 El Butter

Den Chicorée putzen, waschen und in Streifen schneiden.

Die Butter in einem Topf erhitzen.

Den Chicorée zugeben, andünsten, Mehl und Crème fraîche zugeben, dann aufkochen und pürieren.

Den Schinken in feine Würfel schneiden und in einer Pfanne anbraten.

Den Chicorée mit Salz und frischgemahlenem Pfeffer abschmecken.

Die Petersilie waschen, kleinhacken und mit den Schinkenwürfeln zum Chicorée geben.

Die Masse vom Herd nehmen und etwas abkühlen lassen.

Das Eigelb mit dem Käse verquirlen und unter die Masse rühren.

Das Eiweiß zu steifem Schnee schlagen und unter die Masse heben.

Eine feuerfeste Soufflé-Form oder Schüssel mit der Butter, bis 1 cm unter dem Rand einfetten und die Masse einfüllen.

In die Bratenpfanne vom Backofen 2 cm Wasser einfüllen und den Backofen auf 220 Grad vorheizen, die Form hineinstellen, den Ofen auf 180 Grad zurückschalten und das Soufflé 25 Minuten im Wasserbad garen.

Den Auflauf danach noch etwas im ausgeschalteten Backofen stehen lassen, damit sich das Eiweiß verfestigt.

Das Soufflé sofort mit kurz gebratenem Fleisch oder Fisch und Salat servieren.

Soufflés

Kräuter-Soufflé

500 g Kartoffeln
geriebene Muskatnuß
100 g gekochten Schinken
2 EL Butter
50 g Mehl
1 Bund gemischte Kräuter
200 ml süße Sahne
Salz
weißer Pfeffer
4 Eigelb
100 g geriebener Emmentaler
6 Eiweiß

Die Kartoffeln schälen, in Stücke schneiden, im Salzwasser 20 Minuten kochen und abgießen.

Mit der Butter, Salz, Pfeffer, Muskatnuß, Mehl und der Sahne pürieren. Den Schinken in feine Würfel schneiden und in einer Pfanne anbraten. Die Kräuter waschen, kleinhacken und mit den Schinkenwürfeln zum Kartoffelpüree geben. Das Eigelb mit dem Käse verquirlen und unter die Masse rühren. Das Eiweiß zu steifem Schnee schlagen und unter die Kartoffel-Masse heben. Eine feuerfeste Soufflé-Form oder Schüssel mit Butter, bis 1 cm unter dem Rand einfetten und die Masse hineingeben. In die Bratenpfanne des Backofens 2 cm Wasser einfüllen und den Backofen auf 220 Grad vorheizen, die Form hineinstellen, den Ofen auf 180 Grad zurückschalten und das Soufflé 25 Minuten im Wasserbad garen. Das Soufflé sofort servieren.

Tomaten-Soufflé

500 g Tomaten
100 g durchwachsener Schinkenspeck
50 g Semmelbrösel
200 ml süße Sahne
Salz
weißer Pfeffer
Zucker
1 Bund Basilikum
4 Eigelb
100 g geriebener Emmentaler
6 Eiweiß
1 El Butter

Die Tomaten kurz in kochendes Wasser tauchen, häuten, vierteln, entkernen und feinpürieren. Den Schinkenspeck in Würfel schneiden und in einer Pfanne auslassen. Das Tomatenpüree mit den Semmelbröseln und der Sahne zugeben und aufkochen. Mit Salz, Pfeffer und Zucker abschmecken. Die Masse vom Herd nehmen und etwas abkühlen lassen. Das Basilikum waschen und kleinschneiden. Das Eigelb mit dem Käse verquirlen und das Basilikum zugeben, das Eiweiß zu steifem Schnee schlagen und alles unter die Tomaten-Masse heben. Eine feuerfeste Soufflé-Form oder Schüssel mit Butter, einfetten und die Masse hineingeben. In die Bratenpfanne 2 cm Wasser einfüllen und den Backofen auf 220 Grad vorheizen, die Form hineinstellen, auf 180 Grad zurückschalten und das Soufflé 25 Minuten im Wasserbad garen.

Soufflés

Käse-Soufflé

400 g geriebener Gouda
400 ml süße Sahne
80 g Mehl
weißer Pfeffer
1/2 Bund Petersilie
4 Eigelb
6 Eiweiß

Für die Form:
1 El Butter

Den Käse reiben, mit Sahne und Mehl verrühren, dann mit frischgemahlenem Pfeffer abschmecken.

Die Petersilie waschen und kleinschneiden.

Das Eigelb verquirlen und mit der Petersilie unter die Masse rühren.

Das Eiweiß zu steifem Schnee schlagen und unter die Käse-Masse heben.

Eine feuerfeste Soufflé-Form oder Schüssel mit der Butter, bis 1 cm unter dem Rand einfetten und die Masse hineingeben.

In die Bratenpfanne vom Backofen 2 cm Wasser einfüllen und den Backofen auf 220 Grad vorheizen, hineinstellen, den Ofen auf 180 Grad zurückschalten und das Soufflé 25 Minuten im Wasserbad garen.

Den Auflauf danach noch etwas im ausgeschalteten Backofen stehen lassen, damit sich das Eiweiß verfestigt.

Das Soufflé sofort servieren.

Soufflés

Lachs-Timbale

| 2 Schalotten |
| 1 EL Butter |
| 500 g Lachsfilet |
| 1/2 TL Salz |
| weißer Pfeffer |
| 1 Msp. Muskatnuß |
| 70 g Semmelbrösel |
| 2 Eiweiß |
| 400 ml süße Sahne |
| 1/2 Bund Dill |

| Für die Form: |
| 1 EL Butter |

Die Schalotten schälen und feinwürfeln.

Die Butter in einer Pfanne erhitzen und die Schalotten glasig dünsten, zum Auskühlen in den Kühlschrank stellen.

Den Fisch waschen, entgräten, trockentupfen und in Würfel schneiden. Die Semmelbrösel durchsieben, so daß sie ganz fein sind.

Das Eiweiß zu steifem Schnee schlagen. Den Fisch mit den Schalotten fein pürieren, mit Salz, frischgemahlenem Pfeffer und Muskatnuß abschmecken, dann die Semmelbrösel einarbeiten.

Das Eiweiß vorsichtig unterheben. Die Sahne steifschlagen und unter die Fischfarce heben.

Den Dill waschen, feinschneiden und ebenfalls unter die Farce geben. Eine feuerfeste Soufflé-Form oder Schüssel mit der Butter, bis 1 cm unter dem Rand einfetten und die Masse hineingeben.

In die Bratenpfanne 2 cm Wasser einfüllen und den Backofen auf 220 Grad vorheizen, die Timbale hineingeben, den Ofen auf 180 Grad zurückschalten und das Gericht 15 Minuten im Wasserbad garen.

Danach noch etwas im abgestellten Backofen stehen lassen, damit sich das Eiweiß verfestigt.

Mit französichem Weißbrot und Wein-Sauce servieren.

Wein-Sauce

| 4 Schalotten |
| 2 EL Butter |
| 4 cl trockener Wermut |
| 100 ml trockener Weißwein |
| 250 ml Fisch-Fond |
| 200 ml Crème double |
| 100 ml süße Sahne |

Die Schalotten schälen und feinhacken.

Die Butter in einer Pfanne erhitzen und die Schalotten glasig dünsten.

Mit dem Wermut ablöschen und 5 Minuten dünsten lassen, die Flüssigkeit fast verkochen lassen, dann mit dem Wein aufgießen. Mit dem Fisch-Fond auffüllen und auf ein Drittel der Flüssigkeit einkochen lassen.

Anschließend die Crème double einrühren und 5 Minuten leicht köcheln lassen.

Die Sauce durch ein Haarsieb gießen.

Die Sahne steifschlagen und unter die Sauce heben.

Soufflés

Forellen-Timbale

2 Schalotten
1 EL Butter
500 g geräucherte Forellenfilets
1/2 TL Salz
weißer Pfeffer
70 g Semmelbrösel
2 Eiweiß
400 ml süße Sahne
1/2 Bund Estragon
1 EL Butter

Die Schalotten schälen und feinwürfeln. Butter in einer Pfanne erhitzen, und die Schalotten darin glasig dünsten, zum Auskühlen in den Kühlschrank stellen. Das Forellenfilet in Stücke zerteilen. Die Semmelbrösel durchsieben. Das Eiweiß zu steifem Schnee schlagen. Den Fisch mit den Schalotten fein pürieren, mit Salz und frischgemahlenem Pfeffer abschmecken, dann die Semmelbrösel einarbeiten. Das Eiweiß vorsichtig unterheben. Die Sahne steifschlagen und unter die Fischfarce heben.

Den Estragon waschen, feinschneiden und zugeben. Eine feuerfeste Soufflé-Form oder Schüssel mit der Butter bis 1 cm unter dem Rand einfetten und die Masse einfüllen. In die Bratenpfanne 2 cm Wasser einfüllen und den Herd auf 220 Grad vorheizen lassen, die Form hineingeben, auf 180 Grad zurückschalten und das Gericht 15 Minuten im Wasserbad garen. Mit Kräuter-Reis und Wein-Sauce servieren.

Soufflés

Broccoli-Soufflé

500 g Broccoli
2 EL Butter
250 ml Gemüse-Fond
20 g Mehl
200 ml Crème fraîche
Salz
weißer Pfeffer
4 Eigelb
100 g geriebener Emmentaler
6 Eiweiß
1 EL Butter

Den Broccoli putzen, waschen und in Röschen teilen. Die Butter in einem Topf erhitzen. Den Gemüse-Fond zugeben und den Broccoli 15 Minuten weichdünsten, Mehl und Crème fraîche zugeben, dann aufkochen und pürieren. Den Broccoli mit Salz und frischgemahlenem Pfeffer abschmecken. Die Masse vom Herd nehmen und etwas abkühlen lassen. Das Eigelb mit dem Käse verquirlen und unter die Masse rühren. Das Eiweiß zu steifem Schnee schlagen und ebenfalls unterheben. Eine feuerfeste Soufflé-Form oder Schüssel mit der Butter, bis 1 cm unter dem Rand einfetten und die Masse einfüllen. In die Bratenpfanne 2 cm Wasser einfüllen und den Herd auf 220 Grad vorheizen, die Form hineingeben, auf 180 Grad zurückschalten und das Soufflé 25 Minuten backen. Im ausgeschalteten Backofen ruhen lassen, dann sofort servieren.

Lauch-Soufflé

500 g Lauch
2 EL Butter
250 ml Gemüse-Fond
20 g Mehl
200 ml Crème fraîche
Salz
weißer Pfeffer
1 TL Kümmel
4 Eigelb
100 g geriebener Emmentaler
6 Eiweiß
1 El Butter

Den Lauch putzen, waschen und in Ringe schneiden.

Die Butter in einem Topf erhitzen. Den Gemüse-Fond zugeben und den Lauch 15 Minuten weichdünsten, Mehl und Crème fraîche zugeben, dann aufkochen und pürieren. Mit Salz, Pfeffer und Kümmel abschmecken, vom Herd nehmen und abkühlen lassen. Das Eigelb mit dem Käse verquirlen und unter die Masse rühren. Das Eiweiß zu steifem Schnee schlagen und unter die Masse heben. Eine feuerfeste Soufflé-Form oder Schüssel mit der Butter, bis 1 cm unter dem Rand einfetten und die Masse einfüllen. In die Bratenpfanne 2 cm Wasser einfüllen und den Backofen auf 220 Grad vorheizen, die Form hineingeben, den Ofen auf 180 Grad zurückschalten und das Soufflé 25 Minuten im Wasserbad garen. Im abgestellten Backofen ruhen lassen, sofort servieren.

Karotten-Soufflé

500 g Karotten
2 EL Butter
250 ml Gemüse-Fond
20 g Mehl
200 ml Crème fraîche
Salz
weißer Pfeffer
1 Bund Petersilie
4 Eigelb
100 g geriebener Emmentaler
6 Eiweiß
1 El Butter

Die Karotten putzen und in Scheiben schneiden. Die Butter in einem Topf erhitzen. Den Gemüse-Fond zugeben und die Karotten 15 Minuten weichdünsten. Mehl und Crème fraîche zugeben, dann aufkochen und pürieren. Die Petersilie waschen und kleinschneiden. Die Karotten mit Salz, Pfeffer und Petersilie abschmecken. Die Masse vom Herd nehmen und etwas abkühlen lassen. Das Eigelb mit dem Käse verquirlen und unter die Karotten rühren. Das Eiweiß zu steifem Schnee schlagen und ebenfalls unterheben. Eine feuerfeste Soufflé-Form oder Schüssel mit der Butter, bis 1 cm unter dem Rand einfetten und die Masse einfüllen.

Garen wie »Lauch-Soufflé«.

Danach im ausgeschalteten Backofen ruhen lassen, damit sich das Eiweiß verfestigt. Sofort mit kurz gebratenem Fleisch und Salat servieren.

Soufflés

Internationale Eintöpfe und Aufläufe

In der schönsten Zeit des Jahres, im Urlaub, bekommt man neue internationale Gerichte serviert, die man auch gerne zu Hause einmal nachkochen möchte. Exotische Lebensmittel und Gewürze gibt es inzwischen auch bei uns zu kaufen, so daß es nicht schwierig ist, kulinarische Köstlichkeiten eines Urlaubslandes auszuprobieren. Hier internationale Spezialitäten von lukullisch bis exotisch.

International

International

Paella-Valenciana

Für 6 Personen

| 400 g Garnelen |
| 500 g Miesmuscheln |
| 250 g Venusmuscheln |
| 75 ml Olivenöl |
| 1 große Zwiebel |
| 2 Knoblauchzehen |
| 4 Knoblauchwürste |
| 1/2 fertiggegartes Hähnchen |
| 300 g Tintenfisch |
| 1 rote und 1 grüne Paprikaschote |
| 250 g Cocktailtomaten |
| 500 ml Geflügel-Fond |
| 125 ml Weißwein |
| 250 g Rundkornreis |
| 1/2 TL Salz |
| weißer Pfeffer |
| 1 Döschen Safranfäden |
| 150 g ausgepalte Erbsen |

Die Garnelen, Mies- und Venusmuscheln unter fließendem Wasser waschen, bei den Muscheln den Bart entfernen, die Köpfe der Garnelen abdrehen und den Darm herausziehen, beiseite stellen.

Das Olivenöl in einer Paella-Pfanne erhitzen.

Die Zwiebel und die Knoblauchzehen schälen und kleinhacken.

Die Knoblauchwürste in Scheiben schneiden, mit Zwiebel und Knoblauchzehen im Öl anbraten.

Das Hähnchen entbeinen und in mundgerechte Stücke schneiden.

Den Tintenfisch waschen und in Ringe schneiden.

Die Paprikaschoten waschen, halbieren, entkernen und in Streifen schneiden.

Die Tomaten kurz in kochendes Wasser tauchen und häuten.

Das Fleisch, Tintenfisch und Parikaschoten zu den Wurstscheiben geben, dann rundum anbraten.

Mit Fond und Wein aufgießen, 5 Minuten garen lassen.

Nun den Reis untermischen, mit Salz, frischgemahlenem Pfeffer und Safran würzen, 10 Minuten dünsten lassen.

Die vorbereiteten Garnelen und Muscheln unterheben, die Erbsen zugeben und die Paella im Backofen bei 180 Grad ca. 25 Minuten garen.

10 Minuten vor Ende der Garzeit die kleinen Tomaten auf die Paella setzen.

Falls nötig etwas Brühe nachgießen.

Mit einem spanischen Rotwein servieren.

Tip: Die Paella läßt sich auch mit Schweinefleisch, frischem Fisch, Krabben, Hummerkrabbenschwänze oder Bratenresten zubereiten.

Bulgarisches Pilaw

| 2 EL Butter |
| 300 g Langkornreis |
| 500 ml Kalb-Fond |
| 1 Bund Frühlingszwiebeln |
| 2 EL Butter |
| 400 g Kalbsleber |
| 1 EL Cumberlandsauce |
| 4 Tomaten |
| Salz |
| weißer Pfeffer |
| 50 g Mandelblättchen |

Die Butter in einem Topf schmelzen lassen, den Reis zugeben und glasig andünsten, mit dem Fond aufgießen, aufkochen und zugedeckt 20 Minuten quellen lassen.

In der Zwischenzeit die Frühlingszwiebeln putzen, waschen und in 3 cm große Stücke schneiden. Die Butter in einem Topf erhitzen und die Zwiebeln darin anbraten. Die Leber in gulaschgroße Würfel schneiden, zu den Frühlingszwiebeln geben und kurz anbraten. Die Tomaten in kochendes Wasser tauchen, häuten, vierteln, entkernen, in Stücke schneiden und zur Leber geben, 5 Minuten mitdünsten.

Die Leber mit dem Gemüse unter den fertigen Reis mischen, mit Cumberlandsauce, Salz und frischgemahlenem Pfeffer abschmecken. Die Mandelblättchen in einer beschichteten Pfanne anrösten und über das Pilaw streuen.

Mit buntem Salat servieren.

International

Moussaka

1 kg Auberginen
Salz
125 ml Sojaöl
4 EL Mehl
2 Zwiebeln
2 Knoblauchzehen
500 g Lammhackfleisch
Salz
schwarzer Pfeffer
1/2 Bund Oregano
500 g Fleischtomaten
4 EL Parmesan
1 EL Butter

Die Auberginen waschen, putzen und in dicke Scheiben schneiden. Auf Küchenpapier legen, mit Salz bestreuen, ca. 30 Minuten ziehen lassen. Dann abspülen, trockentupfen und mit Mehl bestäuben. Das Öl erhitzen und die Scheiben nacheinander auf jeder Seite anbraten, herausnehmen. Die Zwiebeln und die Knoblauchzehen schälen, feinhacken und in dem Öl andünsten. Das Lammhack zufügen und unter Rühren anbraten. Mit Salz und Pfeffer abschmecken. Den Oregano waschen, feinschneiden und unter das Lammhack geben. Die Tomaten kurz in kochendes Wasser tauchen, häuten und in Scheiben schneiden. Den Parmesan reiben. Eine feuerfeste Form mit der Butter einfetten, mit der Hälfte der Auberginen auslegen und etwas vom Parmesan darüberstreuen. Darauf dann die Hälfte der Hack-

International

masse schichten und den Vorgang wiederholen. Zum Schluß die Tomaten darauflegen und mit der Weißen Sahne-Sauce, s. S. 265, übergießen.

Im vorgeheizten Backofen bei 180 Grad ca. 60 Minuten backen.

Exotischer Reis

250 g Lammschulter
1 Knoblauchzehe
1 Karotte
2 EL Olivenöl
250 g Vollwertreis
500 ml Rinder-Fond
2 EL Rosinen
2 EL Pistazienkerne
Salz
1 TL gemahlener Zimt
1 Prise Cayennepfeffer
200 ml Sahnejoghurt
1 Knoblauchzehe
Salz
weißer Pfeffer
1 TL Zucker
1 TL Zitronensaft

Das Lammfleisch waschen, trokkentupfen und in Streifen schneiden. Den Knoblauch schälen und durch die Presse drücken. Die Karotte schälen und in Stifte schneiden. Das Öl in einer Pfanne erhitzen, das Fleisch, den Knoblauch und die Karotten anbraten.

Den Reis zugeben, glasig andünsten und mit der Brühe aufgießen. Die Rosinen und die Pistazienkerne zugeben. Mit Salz, Zimt und Cayennepfeffer abschmecken, dann zugedeckt 20 Minuten quellen lassen. Aus dem Joghurt, der ausgepreßten Knoblauchzehe, Salz, frischgemahlenem weißen Pfeffer, Zucker und Zitronensaft eine Sauce rühren, kaltstellen. Die Sauce gut gekühlt dazu servieren.

Italienische Minestrone

Für 8 Personen

2 Staudensellerie
250 g Karotten
250 g Kartoffeln
250 g Zucchini
2 Bund Frühlingszwiebeln
1/2 Kopf Weißkraut
250 g frische weiße Bohnen
250 g Erbsenschoten
250 g grüne Bohnen
1 kleinen Blumenkohl
1 Fenchelknolle
250 g Fleischtomaten
2 Knoblauchzehen
250 g durchwachsener Speck
125 ml Olivenöl
2 l Rinder-Fond
1 Bund Petersilie
1/2 Bund Oregano
1 Zweig Liebstöckel
2 Salbeizweige
200 g Hörnchennudeln
Salz
weißer Pfeffer
100 g geriebener Parmesan

Das Gemüse putzen, waschen, schälen, abtropfen lassen und in Ringe, Scheiben oder Streifen schneiden. Kartoffel schälen und würfeln.

Die Tomaten kurz in kochendes Wasser tauchen, häuten, vierteln und entkernen. Knoblauchzehen und Zwiebeln schälen, den Knoblauch durch die Presse drücken, die Zwiebeln würfeln. Den Speck in Streifen schneiden und in einer Pfanne auslassen.

Das Öl in einem Topf erhitzen, die Knoblauchzehen und Zwiebeln darin andünsten.

Die Kräuter waschen, die Petersilie, Oregano und Liebstöckel kleinhacken, die Salbeiblätter von den Stielen zupfen.

Das Gemüse, außer den Tomaten, grünen Bohnen und den Erbsenschoten, in den Topf geben und andünsten.

Mit dem Fond aufgießen und die Kräuter zugeben.

Zugedeckt 20 Minuten leicht kochen lassen, dann erst den Rest des Gemüses und die Nudeln zugeben, nochmals 10 Minuten garen.

Mit Salz und frischgemahlenem Pfeffer abschmecken.

Die heiße Minestrone in eine Suppenterrine füllen, nach Belieben mit Parmesan bestreuen und mit Brot servieren.

Pesto-Suppe

500 g Kartoffeln
500 g Brechbohnen
500 g Fleischtomaten
1 Lorbeerblatt
1 Bohnenkrautzweig
1 Thymianzweig
Salz
schwarzer Pfeffer
2 l Wasser
Salz
1 EL Öl
200 g Makkaroni
1 EL Basilikum-Pesto
100 g geriebener Parmesan

Die Kartoffeln schälen und würfeln. Die Bohnen putzen, waschen und in Stücke schneiden.

Die Tomaten kurz in kochendes Wasser tauchen, häuten, vierteln, entkernen und in grobe Stücke teilen.

Die Kartoffeln mit den Bohnen und den gewaschenen Kräutern im Wasser aufsetzen, dann 20 Minuten kochen lassen.

Die in kurze Stücke gebrochenen Makkaroni, Öl und die Tomaten zugeben, nochmals erhitzen und 15 Minuten leicht kochen lassen.

Die Kräuter entfernen, mit Salz und Pfeffer abschmecken.

Beim Servieren je einen Teelöffel von der Basilikum-Paste in den Teller geben und die Suppe mit Parmesan bestreuen.

Mit Brot servieren.

Basilikum-Pesto

3 Bund Basilikum
4 Knoblauchzehen
1 Prise Salz
2 EL Pinienkerne
6 EL Parmesan
125 ml Olivenöl

Das Basilikum waschen, abtropfen lassen und die Blätter von den Stengeln zupfen. Die Knoblauchzehen schälen und mit den Basilikumblättern, Salz und Pinienkernen in einem Mörser zu einer Paste zerreiben. Nach und nach den frischgeriebenen Parmesan und das Öl zugeben, bis

International

Amerikanischer Farmer-Auflauf

200 g Champignons
125 g durchwachsener Speck
2 EL Sojaöl
2 Scheiben Toastbrot
200 g Tiefseekrabben
1 Dose Maiskörner
2 EL Butter
1 EL Mehl
125 ml Milch
Salz
weißer Pfeffer
1/2 TL Senf
50 g mittelalter Gouda

Für die Form:
1 EL Butter

Zum Garnieren:
1 Bund Petersilie

Die Champignons putzen, wenn nötig waschen und blättrig aufschneiden.

Den Speck würfeln und in einer Pfanne knusprig braun anbraten, herausnehmen und beiseite stellen.

Die Champignons im heißen Speckfett ca. 5 Minuten dünsten.

Das Toastbrot in Würfel schneiden.

Das Sojaöl in einer Pfanne erhitzen und die Toastbrotwürfel goldbraun rösten. Die Speckwürfel mit den Champignons, Toastbrotwürfel und den Tiefseekrabben mischen. Die abgetropften Maiskörner zufügen und unterheben.

Eine feuerfeste Form mit der Butter einfetten und die Masse hineingeben.

Die Butter mit dem Mehl in einen Topf geben und unter Rühren anschwitzen lassen. Mit der Milch aufgießen und unter Rühren aufkochen lassen.

Die Sauce mit Salz, frischgemahlenem Pfeffer und Senf pikant abschmecken, dann über den Auflauf gießen.

Den Gouda reiben und darüber streuen.

Den Auflauf im vorgeheizten Backofen bei 200 Grad ca. 20 Minuten backen.

Die Petersilie waschen, kleinhacken und über den fertigen Auflauf streuen.

Pot-au-feu

Für 6 Personen

1 kg mageres Suppenfleisch
500 g Markknochen
2 Bund Suppengrün
2 l Wasser
Salz
2 Lorbeerblätter
4 Gewürznelken
2 Zwiebeln
2 Knoblauchzehen
2 Stangen Lauch
4 Karotten
2 Staudensellerie
1 kleines Weißkraut
1/2 Sellerieknolle
2 Bund Petersilie
2 Thymianzweige
schwarzer Pfeffer

Das Fleisch und die Knochen waschen, trockentupfen.

Das Suppengrün putzen und waschen.

Das Fleisch und das Suppengrün in einen großen Topf geben und das Wasser zugeben, das Fleisch muß bedeckt sein.

Salz und Gewürze zugeben, aufkochen und im geschlossenen Topf 45 Minuten sieden lassen.

In der Zwischenzeit die Zwiebeln und die Knoblauchzehen schälen und feinwürfeln.

Den Lauch putzen, waschen und in Ringe schneiden.

Die Karotten schälen und in Scheiben schneiden. Den Staudensellerie putzen, waschen und in Streifen schneiden. Das Weißkraut putzen, vierteln, den Strunk entfernen, waschen und ebenfalls in Streifen schneiden. Die Sellerieknolle schälen und würfeln. Die Petersilie und den Thymian waschen und ein Bund Petersilie mit dem Thymian zum Fleisch geben. Den zweiten Bund Petersilie kleinschneiden.

Das Gemüse zum Fleisch geben, mit frischgemahlenem Pfeffer würzen und nochmals 15 Minuten kochen lassen.

Die Brühe durch ein Sieb gießen und das Fleisch in grobe Stücke schneiden.

Die Brühe in den Topf zurückgeben, das Fleisch und das Gemüse zugeben, nochmals erhitzen und mit der gehackten Petersilie bestreut zu Salzkartoffeln servieren.

International

Nordische Fischsuppe

Für den Fischsud:
2 l Wasser
1 TL Salz
2 Bund Suppengrün
1 Zwiebel
1 Lorbeerblatt
4 Gewürznelken
1 TL schwarze Pfefferkörner
1 kg Fischabfälle wie Köpfe, Gräten, Schwänze
2 küchenfertige Makrelen

Außerdem:
1 Stange Lauch
2 Karotten
1 Zwiebel
1 rote und 1 grüne Paprikaschote
100 ml Creme fraîche
2 Eigelb
Salz
weißer Pfeffer
125 ml Weißwein

Für den Fischsud das Wasser mit dem Salz zum Kochen bringen und die Gewürze zugeben.

In der Zwischenzeit die Fischabfälle und die Makrelen unter fließendem kalten Wasser waschen, abtropfen lassen.

Von den Makrelen die Flossen und den Kopf abschneiden.

Das Suppengrün putzen, waschen, mit den Fischabfällen ins kochende Wasser geben, 60 Minuten sieden lassen.

Die Makrelen für 30 Sekunden zugeben, dann herausnehmen, häuten, filetieren und beiseite stellen.

Den Lauch putzen, waschen und in Ringe schneiden.

Die Karotten und die Zwiebel schälen, die Karotten in Scheiben schneiden und die Zwiebel würfeln.

Die Paprikaschoten waschen, halbieren, entkernen und in Streifen schneiden.

Den Fischsud durch ein Haarsieb gießen und in einem flachen breiten Topf auf die Hälfte reduzieren.

Das Gemüse zugeben und die Makrelenfilets einlegen, 10 Minuten ziehen lassen, herausheben und in Stücke zerteilen.

Crème fraîche und Eigelb verquirlen, dann die Suppe damit legieren, mit Salz, frischgemahlenem Pfeffer und dem Wein abschmecken.

Die Fischstücke wieder zufügen und mit Reis heiß servieren.

International

Katalanischer-Fischtopf

350 g Rotbarsch
350 g Tintenfisch
200 g Scampi
350 g Miesmuscheln
75 ml Olivenöl
2 Zwiebeln
2 Knoblauchzehen
250 ml Fisch-Fond
1 Bund Petersilie
10 Cocktailtomaten
Salz
weißer Pfeffer
125 ml Weißwein
1 EL Weinbrand
Saft 1/2 Zitrone

Fisch und Muscheln unter kalten Wasser abspülen, trockentupfen, den Rotbarsch in Würfel und den Tintenfisch in Ringe schneiden, bei den Muscheln den Bart entfernen. Die Zwiebeln und den Knoblauch schälen und würfeln, Öl in einem Topf erhitzen und beides anbraten. Den Tintenfisch, die Scampi und Muscheln zufügen, den Fond zugeben und 10 Minuten dünsten, bis die Muscheln sich geöffnet haben, geschlossene aussortieren. Die Petersilie waschen und kleinschneiden. Die Tomaten häuten. Petersilie und die Tomaten zugeben, mit Salz und Pfeffer würzen. Mit Wein aufgießen, Fischwürfel und Weinbrand zufügen, im geschlossenen Topf 10 Minuten leicht kochen lassen. Mit Zitronensaft beträufeln.

International

Szegediner Gulasch

500 g Schweinefleisch
4 EL Butterschmalz
500 g Zwiebeln
1 Knoblauchzehe
100 g durchwachsener Speck
1 rote und 1 grüne Paprikaschote
1 EL Paprika Paste
1 TL Thymian
1 TL Kümmel
Salz
schwarzer Pfeffer
2 EL Tomatenmark
500 g Sauerkraut
500 ml Rinder-Fond
75 ml Weißwein
1 EL Zucker
100 ml saure Sahne

Das Fleisch waschen und trokkentupfen, dann in Würfel schneiden. Das Schmalz in einer Pfanne erhitzen und das Fleisch von allen Seiten anbraten. Die Zwiebeln und die Knoblauchzehe schälen und würfeln. Den Speck in Streifen schneiden, mit den Zwiebeln und dem Knoblauch in einem Topf anbraten. Die Paprikaschoten waschen, halbieren, entkernen, in Streifen schneiden, dann zum Speck geben und mitdünsten. Mit den Gewürzen und Tomatenmark abschmecken. Das Sauerkraut und die Fleischwürfel zugeben, mit dem Fond aufgießen und zugedeckt 60 Minuten schmoren lassen. 10 Minuten vor Ende der Garzeit die saure Sahne unterrühren, mit Wein und Zucker abschmecken.

International

Russische Bortschsch

2 Bund Suppengrün
1 l Wasser
Salz
1/2 TL Kümmel
4 Wacholderbeeren
6 schwarze Pfefferkörner
1 Lorbeerblatt
500 g Suppenfleisch
750 g rote Beete
500 g Kartoffeln
2 Zwiebeln
1/2 Wirsingkopf
6 EL Sonnenblumenöl
Salz
schwarzer Pfeffer
Zucker
1 Bund Petersilie
200 ml Crème fraîche

Das Suppengrün putzen, waschen und grob zerkleinern.

Das Wasser mit Salz in einen Topf geben, das Suppengrün mit den Gewürzen hineingeben und aufkochen. Das Fleisch waschen, trockentupfen und dazugeben, im geschlossenen Topf 90 Minuten garen. In der Zwischenzeit die rote Beete schälen und in Stifte schneiden. Die Kartoffeln und die Zwiebeln schälen und würfeln.

Den Wirsing putzen, waschen, den Strunk entfernen und in Streifen schneiden.

Das Öl in einer Pfanne erhitzen und das Gemüse nacheinander darin andünsten, dann in einen großen Topf geben.

Das Fleisch aus der Brühe nehmen und in Würfel schneiden. Die Brühe durch ein Haarsieb gießen und mit dem Gemüse, im geschlossenen Topf 20 Minuten sieden lassen. Die Fleischwürfel 5 Minuten vor Ende der Garzeit zugeben.

Die Petersilie waschen und kleinschneiden. Mit Salz, frischgemahlenem Pfeffer, Zucker und Petersilie abschmecken.

Je einen Löffel Crème fraîche in die Mitte einer Portion geben.

Irish Stew

750 g Hammelfleisch
6 EL Butterschmalz
1 kg Weißkraut
750 g Kartoffeln
2 Zwiebeln
750 ml Lamm-Fond
Salz
schwarzer Pfeffer
1 TL Kümmel

Das Fleisch waschen, trockentupfen und in Würfel schneiden.

Das Butterschmalz in einem Topf erhitzen und die Hammelwürfel scharf von allen Seiten anbraten. Das Kraut putzen, waschen, vierteln, den Strunk entfernen und grob raffeln. Die Kartoffeln und die Zwiebeln schälen, würfeln.

Beides zum Fleisch geben, mit Salz, frischgemahlenem Pfeffer und Kümmel abschmecken, mit dem Fond aufgießen und zugedeckt 60 Minuten garen lassen.

International

Jambalaya-Karibischer Eintopf

| 250 g Hummerkrabbenschwänze |
| 4 Stone Crabs Scheren |
| 2 Langustenschwänze |
| 1 Zwiebel |
| 1 Knoblauchzehe |
| 100 g durchwachsener Speck |
| 1 rote und 1 grüne Paprikaschote |
| 200 g Parboiled Reis |
| 1/2 TL Salz |
| 1 Thymianzweig |
| 1/2 Bund Zitronenmelisse |
| 1 rote frische Chilischote |
| 1 EL Zitronensaft |
| 100 g gekochten Schinken |
| 4 Fleischtomaten |
| 500 ml Geflügel-Fond |
| 1 EL Hummer-Basis |

Die Hummerkrabben, Langustenschwänze und Stone Crabs waschen, Därme herausziehen. Den Stone Crabs Scheren mit einem großen Messer den Gewichtstein abbrechen, damit sie gleichmäßiger garen, danach beiseite stellen.

Die Zwiebel und die Knoblauchzehe schälen und würfeln. Den Speck in Streifen schneiden, mit den Zwiebeln und dem Knoblauch in einem Topf anbraten. Die Paprikaschoten waschen, halbieren, entkernen, in Streifen schneiden, dann zum Speck geben und 5 Minuten mitdünsten.

Den Reis zugeben und unter Rühren glasig dünsten.

Die Kräuter und die Chilischote waschen. Kräuter kleinschneiden, die Chilischote entkernen und hacken.

Mit Salz, den Kräutern, der Chilischote und dem Zitronensaft abschmecken.

Den Schinken in Würfel schneiden. Die Tomaten kurz in kochendes Wasser tauchen, häuten, vierteln, entkernen und in grobe Stücke teilen. Den Schinken und die Tomaten zugeben, dann mit dem Geflügel-Fond aufgießen und 5 Minuten kochen lassen. Mit der Hummer-Basis abschmecken.

Die Meeresfrüchte zugeben und den Topf im vorgeheizten Backofen bei 180 Grad 20 Minuten garen lassen.

Kreolischer Seafood-Gumbo

| 250 g Shrimps |
| 1 Langustenschwanz |
| 500 g Miesmuscheln |
| 600 g Okraschoten |
| 1 1/2 l Wasser |
| Salz |
| 1 Karotte |
| 1 Staudensellerie |
| 1 Bund Frühlingszwiebeln |
| 250 g Cocktailtomaten |
| 3 Chilischoten |
| 2 Knoblauchzehen |
| 4 EL Pflanzenöl |
| Saft von 1 Zitrone |
| 500 ml Geflügel-Fond |
| 1 EL Hummer-Basis |
| 2 EL gehackte gemischte Kräuter |

Die Shrimps, den Langustenschwanz und die Muscheln unter fließendem kalten Wasser waschen, die Därme herausziehen und bei den Muscheln den Bart entfernen.

Die Okras putzen, waschen, im Salzwasser 5 Minuten garen, abgießen und beiseite stellen.

Die Karotte schälen und in Scheiben schneiden. Den Staudensellerie und die Frühlingszwiebeln putzen, waschen und in Ringe schneiden.

Die Tomaten kurz in kochendes Wasser tauchen und häuten.

Die Chilischoten waschen, entkernen und kleinwürfeln.

Die Knoblauchzehen schälen und kleinwürfeln.

Das Öl in einem großen Topf erhitzen, die Chilischoten und die Knoblauchzehen darin anbraten. Die Karotten, Staudensellerie und Frühlingszwiebeln zugeben und 5 Minuten andünsten. Mit Zitronensaft und Geflügel-Fond aufgießen.

Die Tomaten und die Okraschoten zugeben und 5 Minuten garen.

Die ganzen Shrimps, den in Stücke geschnittenen Langustenschwanz und die Miesmuscheln zufügen und im geschlossenen Topf 15 Minuten, mehr ziehen als kochen lassen.

Mit der Hummer-Basis und den gehackten Kräutern abschmecken.

Mit körnig gekochtem Butter-Reis servieren.

International

International

Chili con carne

| 350 g rote Bohnen |
| 1 Zwiebel |
| 600 g Rindfleisch |
| 2 Zwiebeln |
| 4 Knoblauchzehen |
| 2 grüne Paprikaschoten |
| 2 EL Olivenöl |
| 1 rote Chilischote |
| 500 g Fleischtomaten |
| 1 EL Rindfleisch-Basis |
| 1/2 TL Thymian |
| 1 EL Paprika edelsüß |
| Salz |

Die Bohnen über Nacht in Wasser einweichen, dann das Wasser abgießen. Bohnen mit der geviertelten Zwiebel in 1 l Wasser ca. 20 Minuten kochen, abgießen und beiseite stellen. Das Fleisch waschen und in feine Streifen schneiden. Die Zwiebeln und die Knoblauchzehen schälen und in Würfel schneiden. Die Paprikaschoten waschen, entkernen und in Streifen schneiden. Das Öl in einem Topf zerlassen, Fleisch, Zwiebeln, Knoblauchzehen und Paprikastreifen zugeben und 10 Minuten dünsten. Die Chilischote waschen, entkernen und feinhacken. Die Tomaten in kochendes Wasser tauchen, häuten, vierteln, entkernen und in grobe Stücke teilen. Tomaten und Chilischoten zugeben, ebenso die Bohnen mit dem Kochwasser. Mit Rindfleisch-Basis, Thymian und Paprika würzen, zugedeckt 30 Minuten köcheln lassen.

International

Süditalienischer Bohnentopf

300 g weiße Bohnen
300 g rote Bohnen
3 l Wasser
100 g durchwachsener Speck
1 Knoblauchzehe
500 g Zwiebeln
500 g Tomaten
1 l Rinder-Fond
Salz
1/2 TL getrockneter Thymian
1/2 TL getrockneter Oregano

Die weißen und die roten Bohnen über Nacht in Wasser einweichen, dann abgießen und beiseite stellen. Den Speck in Würfel schneiden. Den Knoblauch schälen und kleinhacken. Die Speckwürfel in einen Schnellkochtopf geben und anbraten. Den Knoblauch zugeben und glasig dünsten.

Die Bohnen mit dem Fond dazugeben, mit Salz und Thymian würzen, dann im geschlossenen Topf 10 Minuten garen.

In der Zwischenzeit die Zwiebeln schälen und vierteln.

Die Tomaten in kochendes Wasser tauchen, häuten, vierteln, entkernen und in grobe Stücke teilen.

Den Oregano mit den Zwiebeln und den Tomaten zugeben und im geschlossenen Topf noch weitere 2 Minuten garen.

Im normalen Topf beträgt die Garzeit ca. 60 Minuten.

Indischer Curry-Topf

600 g Lammfleisch
2 Zwiebeln
1 Knoblauchzehe
4 EL Butterschmalz
500 g feste Gemüsetomaten
250 g Langkornreis
250 ml Rinder-Fond
250 ml Weißwein
1 kleine Dose Ananasstücke
2 EL Curry-Paste
200 ml Crème double
1 TL Zucker
Salz
schwarzer Pfeffer

Das Fleisch waschen und in Würfel schneiden.

Die Zwiebeln und den Knoblauch schälen und würfeln.

Das Schmalz in einem Topf zerlassen, das Fleisch, die Zwiebeln und den Knoblauch zugeben und 10 Minuten dünsten.

Die Tomaten kurz in kochendes Wasser tauchen, schälen, entkernen und in Stücke schneiden.

Den Reis zum Fleisch geben, mit Fond und Wein aufgießen, aufkochen und 20 Minuten ziehen lassen.

Die Tomaten und die Ananasstücke die letzten 5 Minuten zugeben, mit der Curry-Paste, Crème double, Zucker, Salz und frischgemahlenem Pfeffer abschmecken.

Chop Suey

500 g mageres Schnitzelfleisch
50 g Glasnudeln
3 getrocknete chinesische Pilze
1 Stückchen frische Ingwerwurzel
2 Knoblauchzehen
3 EL helle Sojasauce
2 EL trockener Sherry
1 EL brauner Zucker
6 EL Sesamöl
2 Zwiebeln
1 Karotte
2 Frühlingszwiebeln
100 g Staudensellerie
50 g Bambussprossen aus der Dose
50 g Sojasprossen aus dem Glas
125 g Champignons
3 EL Sesamöl
75 ml Geflügel-Fond
3 EL helle Sojasauce
1 TL brauner Zucker
1 EL Speisestärke
4 cl trockener Sherry
Salz
schwarzer Pfeffer

Das Schnitzelfleisch abwaschen und trockentupfen. Gegen die Faserrichtung in dünne Streifen schneiden. Glasnudeln und die Pilze getrennt ca. 30 Minuten in kaltem Wasser einweichen, dann die Glasnudeln herausnehmen und mit einer Küchenschere etwas zerkleinern. Die Pilze ausdrücken und in Streifen schneiden. Für die Marinade den Ingwer und die Knoblauchzehen schälen und kleinhacken, mit der Sojasauce, Sherry und dem Zucker in einer Schüssel zu einer Marinade verrühren. Die Fleischstreifen in diese Marinade legen und zugedeckt eine Stunde kaltstellen, hin und wieder wenden. Nun das Öl in den Wok geben, erhitzen und das Fleisch, ohne Marinade, unter Rühren 2 Minuten scharf anbraten, dann die Marinade unterrühren, das Fleisch herausnehmen und warmstellen. Die Zwiebeln schälen und kleinwürfeln. Die Karotte schälen und in dünne Scheibchen schneiden. Die Frühlingszwiebeln putzen, waschen und in schräge Stücke schneiden. Den Staudensellerie putzen, waschen und in Streifen schneiden. Die Bambussprossen abtropfen lassen und ebenfalls in Streifen schneiden. Die Sojasprossen unter fließendem Wasser waschen, auslesen und abtropfen lassen. Die Champignons putzen, eventuell waschen und blättrig schneiden. Das Öl im Wok sehr heiß werden lassen, Zwiebeln, Karotten, Frühlingszwiebeln, Staudensellerie, Bambus- und Sojasprossen, Champignons und die Pilze hineingeben und 2 Minuten pfannenrühren. Mit dem Fond aufgießen, die Glasnudeln zusetzen, 2 Minuten pfannenrühren. Das Fleisch zugeben und unter Rühren erhitzen. Die Sojasauce, den Zucker und die in Sherry angerührte Speisestärke zufügen und unter Rühren aufkochen lassen, bis die Sauce sämig ist.

Spanisches Fricco

750 g Rindfleisch aus der Nuß
75 ml Olivenöl
2 Zwiebeln
1 kg Kartoffeln
2 Stangen Lauch
200 ml Crème fraîche
Salz
schwarzer Pfeffer
250 ml Rinder-Fond

Für die Form:
1 EL Butter

Das Fleisch waschen, trockentupfen und in Würfel schneiden.

Das Öl in einem Topf erhitzen und die Fleischwürfel darin von allen Seiten anbraten, beiseite stellen. Die Zwiebeln schälen und vierteln. Die Kartoffeln schälen und in Scheiben schneiden.

Den Lauch putzen, waschen und in Ringe schneiden.

Die Zwiebeln, Kartoffeln und den Lauch nacheinander im Öl andünsten. Eine Auflaufform mit der Butter einfetten, das Gemüse mit dem Fleisch und einem Teil der Crème fraîche lagenweise einschichten.

Jede Lage mit Salz und frischgemahlenem Pfeffer würzen.

Den Fond darübergießen und die Form mit Alufolie abdecken.

Im vorgeheizten Backofen bei 200 Grad ca. 90 Minuten garen, nach 60 Minuten die Folie abnehmen und die restliche Crème fraîche darübergießen.

Süße Nachspeisen und Hauptgerichte

Diese süßen Köstlichkeiten schmecken Groß und Klein. Man kann sie als Dessert oder als Hauptgericht, mit Kompott oder raffinierten Saucen servieren, heiß oder kalt, ganz nach Geschmack. Deftige Aufläufe wie Scheiterhaufen oder Kaiserschmarrn und himmlisch zarte Soufflés wie Salzburger Nockerln, für jeden Geschmack ist etwas dabei.

Nachspeisen

Nachspeisen

Kaiserschmarrn

4 Eier
75 g Butter
4 El Zucker
1 Vanillinzucker
Schale von 1/2 unbehandelten Zitrone
4 EL Mehl
2 EL Rosinen
1 EL Rum

Für die Form:
1 EL Butter

Zum Garnieren:
50 g gehackte Mandeln
1 EL Puderzucker

Die Eier trennen; Eigelb, Butter, Zucker, Vanillinzucker und geriebene Zitronenschale mit einem Handrührgerät schaumig rühren, bis die Masse dick und weißlich wird. Der Zucker muß sich vollständig auflösen.

Das Mehl, Rosinen und Rum zufügen.

Das Eiweiß zu steifem Schnee schlagen und unter die Eiermasse heben.

Eine Auflaufform mit der Butter einfetten und die Masse hineingeben, im vorgeheizten Backofen bei 220 Grad goldgelb backen, mit einer Gabel in Stücke zerreißen mit Mandeln und Puderzucker bestreut servieren.

Topfenschmarrn

2 Eier
4 EL Zucker
1 Vanillinzucker
250 g Quark
125 ml saure Sahne
Saft von 1 Zitrone
Schale von 1/2 unbehandelten Zitrone
4 EL Mehl
2 EL Rosinen
1 EL Rum

Für die Form:
1 EL Butter

Zum Garnieren:
1 EL Puderzucker

Die Eier trennen; Zucker, Vanillinzucker, Quark, saure Sahne, Zitronensaft und geriebene Zitronenschale mit einem Handrührgerät schaumig rühren. Der Zucker muß sich vollständig auflösen.

Rum, Mehl und die Rosinen zufügen.

Das Eiweiß zu steifem Schnee schlagen und unter die Quarkmasse heben.

Eine Auflaufform mit der Butter einfetten und die Masse hineingeben, im vorgeheizten Backofen bei 220 Grad goldgelb backen, mit einer Gabel in Stücke zerreißen, mit Puderzucker bestreut und Apfelmus servieren.

Salzburger Nockerln

3 Eier
50 g Butter
4 EL Zucker
1 Prise Salz
1 Päckchen Vanillinzucker
7 EL Milch
1 EL Mehl
1 EL Puderzucker

Den Backofen auf 220 Grad vorheizen.

Die Eier trennen.

Aus Eigelb, Butter und Zucker mit einem Handrührgerät eine dickliche weiße Creme schlagen.

Das Eiweiß mit Vanillinzucker und Salz sehr steifschlagen.

Die Milch in eine Auflaufform geben und auf dem Herd zum Kochen bringen.

Den Eischnee vorsichtig unter die Eimasse heben, dabei das Mehl durch ein Sieb einstreuen.

Mit einem großen Löffel drei große Nocken aus der Masse stechen und auf die Milch setzen.

Die Auflaufform in den Backofen setzen und 10 Minuten goldgelb backen.

Beim Herausnehmen darauf achten, daß die Nockerln keine Zugluft bekommen.

Mit Puderzucker bestreut sofort servieren.

Nachspeisen

Scheiterhaufen

10 altbackene Brötchen
750 ml Milch
1 Prise Salz
50 g Zucker
3 Eier
750 g Äpfel
1 EL Zitronensaft
2 EL Butter
50 g Rosinen
Zimt
100 ml saure Sahne
100 g Quark

Die Brötchen in dünne Scheiben schneiden. Die Milch mit Salz, Zucker und den Eiern verrühren, ein Drittel zurückbehalten, den Rest über die Brötchen gießen und ziehen lassen.

Die Äpfel schälen, vierteln, das Kerngehäuse entfernen und in Stücke schneiden, mit dem Zitronensaft beträufeln.

Eine feuerfeste Auflaufform mit der Butter einfetten, die eingeweichten Brötchen abwechselnd mit den Äpfeln und Rosinen in die Form schichten, auf jede Lage etwas Zimt streuen.

Mit den Brötchen als oberste Schicht abschließen.

Die saure Sahne mit Quark und der Eiermilch verrühren, dann über den Scheiterhaufen gießen. Die Butter in Flöckchen darauf setzen und im vorgeheizten Backofen bei 200 Grad ca. 30 Minuten backen.

Mit Weinschaum- oder Vanille-Sauce, s. S. 290, servieren.

Nachspeisen

Scheiterhaufen mit Zwetschgen

750 g Zwetschgen

Zutaten und Zubereitung wie »Scheiterhaufen«, statt der Äpfel 750 g entsteinte Zwetschgen verwenden.

Weinschaum-Sauce

3 Eigelb
1 EL heißes Wasser
125 g Puderzucker
125 ml Weißwein
2 EL Rum

Das Eigelb mit dem heißen Wasser verrühren und den Puderzucker untermischen. Im Wasserbad solange rühren bis eine dickliche Masse entstanden ist.

Den Weißwein langsam unter ständigem Rühren, dann den Rum eßlöffelweise zugeben, bis die Sauce locker ist.

Englischer Zitronenauflauf

100 g Butter
120 g Semmelbrösel
4 EL Zucker
4 Eier
Saft von 2 Zitronen

Für die Form
1 EL Butter

Die Butter in einem Topf zerlassen, die Semmelbrösel und den Zucker zugeben, bei geringer Hitze unter Rühren erwärmen, abkühlen lassen.

Die Eier trennen, das Eigelb und den Zitronensaft unter die Masse rühren.

Das Eiweiß zu steifem Schnee schlagen und unter die Masse heben.

Eine hohe Auflaufform mit der Butter einfetten und die Masse einfüllen.

Im vorgeheizten Backofen bei 180 Grad 45 Minuten goldgelb backen.

Mit der Sherry Creme servieren.

Sherry-Creme

4 Eigelb
100 g Puderzucker
100 ml Cream Sherry
200 ml süße Sahne

Das Eigelb mit dem Puderzucker verrühren und im Wasserbad solange schlagen, bis eine dickliche Masse entstanden ist.

Den Sherry langsam, unter ständigem Rühren zugeben, bis die Sauce cremig ist.

Die Schlagsahne steifschlagen.

Die Sherrycreme in Eiswasser stellen und solange rühren, bis sie kalt ist.

Die Sahne unter die Sherry-Creme heben.

Rotwein-Sauce

50 g Rosinen
Wasser
400 ml Rotwein
120 g Zucker
1/2 Zimtstange
etwas Zitronenschale
1 Gewürznelke
1 EL Speisestärke

Die Rosinen in Wasser einweichen.

Den Rotwein mit Zucker, Zimt, geriebener Zitronenschale, Rosinen und Gewürznelke aufkochen.

Die Speisestärke mit etwas Wasser anrühren und die Sauce damit binden.

Frankfurter Pudding

60 g Butter
1 TL Zimt
Schale von 1 Zitrone
60 g Zucker
1 Ei
1 Eigelb
40 ml Rotwein
1 EL Kirschwasser
75 g Semmelbrösel
50 g geriebene Haselnüsse
2 Eiweiß

Für die Form:
1 EL Butter
2 EL Semmelbrösel

Die Butter mit dem Zimt, geriebener Zitronenschale und Zucker verrühren. Das Ei und Eigelb zugeben und die Masse schaumig schlagen.

Rotwein, Kirschwasser, Semmelbrösel und Nüsse unterrühren.

Das Eiweiß steifschlagen und unter die Masse heben.

Die Form mit der Butter einfetten und mit den Semmelbrösel ausstreuen.

Die Masse in die Auflaufform einfüllen.

In die Bratenpfanne vom Backofen 2 cm Wasser einfüllen und den Backofen auf 220 Grad vorheizen, die Form hineingeben, den Ofen auf 180 Grad zurückschalten und den Auflauf 35 Minuten garen.

Sehr gut mit Rotwein-Sauce.

Nachspeisen

Nachspeisen

Quarkauflauf mit Äpfeln

80 g Butter
80 g Zucker
1 Msp. Zimt
4 Eigelb
1 Msp. Backpulver
80 g Grieß
500 g Quark
50 g Rosinen
4 Eiweiß
4 Äpfel
2 EL Butter

Aus Butter, Zucker, Zimt und Eigelb eine Schaummasse schlagen.

Das Backpulver mit dem Grieß mischen und unter die Schaummasse rühren.

Den Quark und die Rosinen unter die Masse rühren.

Das Eiweiß zu steifen Schnee schlagen und unter die Quarkmasse heben.

Den süßen Römertopf mit der Butter einfetten und die Quarkmasse einfüllen.

Die Äpfel schälen, das Kernhaus ausstechen und die Äpfel in Ringe schneiden, diese in die Quarkmasse drücken.

Den Auflauf mit Butterflöckchen belegen.

Den Deckel kurz unter fließendes Wasser halten und die Form verschließen.

Den Auflauf in den kalten Backofen geben, auf 220 Grad einstellen und ca. 50 – 60 Minuten backen.

Nachspeisen

Rhabarberauflauf

600 g Rhabarber
100 g Butter
125 g Zucker
3 Eier
1 Päckchen Vanillinzucker
125 g Mehl
40 Speisestärke
1 TL Backpulver
100 g Mandelblättchen

Für die Form:
1 EL Butter

Zum Garnieren:
2 EL Puderzucker

Den Rhabarber putzen, waschen und in Stücke schneiden.

Die Butter mit Zucker, Eigelb und Vanillinzucker schaumig rühren.

Das Mehl sieben, mit Speisestärke und Backpulver vermischen, dann unter die Eiermasse rühren.

Das Eiweiß zu steifem Schnee schlagen und unterheben.

Eine feuerfeste Form mit der Butter einfetten und mit den Rhabarberstücken auslegen, die Mandelblättchen darüberstreuen.

Die Eiermasse darüberstreichen und im vorgeheizten Backofen bei 180 Grad ca. 45 Minuten backen.

Den Auflauf mit Puderzucker bestreuen und mit Vanille-Sauce, s. S. 290, servieren.

Reisauflauf mit Kirschen

500 g Quark
2 Eier
150 g Zucker
60 g Butter
500 ml süße Sahne
150 g Milchreis
Schale von 1 Zitrone
250 g Kirschen
125 ml Rum

Für die Form:
1 EL Butter
50 g Mandelblättchen

Den Quark mit den Eiern, Zucker und Butter verrühren, die Sahne und den Reis zugeben, mit der geriebenen Zitronenschale und dem Rum abschmecken.

Die Kirschen waschen und entsteinen.

Eine Auflaufform mit der Butter einfetten, die Masse einfüllen und die Kirschen daraufsetzen.

Im vorgeheizten Backofen bei 200 Grad ca. 45 Minuten garen.

In der Zwischenzeit die Mandeln in einer beschichteten Pfanne ohne Fett anrösten und über den fertigen Auflauf streuen.

Nachspeisen

Vanille-Sauce

125 g Puderzucker
3 Eigelb
1 Stange Vanille
250 ml süße Sahne

Den Puderzucker mit dem Eigelb solange schlagen, bis die Masse dick vom Löffel läuft.

Die Vanille Stange der Länge nach aufritzen und das Mark heraustreifen.

Die Sahne mit Mark und der Schote zum Kochen bringen, dann die Schote wieder entfernen.

Die Vanille-Sahne langsam, unter Rühren zur Eiermasse geben und im Wasserbad solange schlagen, bis sie schaumig dick ist. Sofort servieren.

Nachspeisen

Waldbeeren-Auflauf

200 g Brombeeren
200 g Himbeeren
200 g Heidelbeeren
100 g Butter
125 g Zucker
3 Eier
1 Päckchen Vanillinzucker
125 g Mehl
40 g Speisestärke
1 TL Backpulver
100 g Mandelblättchen

Für die Form:
1 EL Butter

Zum Garnieren:
2 EL Puderzucker

Die Beeren putzen, waschen und abtropfen lassen.

Die Butter mit Zucker, Eigelb und Vanillinzucker schaumig rühren.

Das Mehl sieben, mit Speisestärke und Backpulver vermischen, dann unter die Eiermasse rühren.

Das Eiweiß zu steifem Schnee schlagen und unterheben.

Eine feuerfeste Form mit der Butter einfetten und mit den Beeren auslegen, die Mandelblättchen darüberstreuen.

Die Eiermasse darüberstreichen und im vorgeheizten Backofen bei 180 Grad ca. 45 Minuten backen.

Den Auflauf mit Puderzucker bestreuen und mit der Vanille-Sauce servieren.

Schlesische Mohnklöße

500 ml Milch
75 g Zucker
4 EL Rum
250 g gemahlener Mohn
50 g Rosinen
50 g gehackte Mandeln
12 Stück Zwieback

Die Hälfte der Milch in einen Topf geben und zum Kochen bringen.

Den Zucker und den Rum zugeben und über den Mohn gießen.

Die Rosinen und die Mandeln unterrühren.

Die restliche Milch erhitzen und über den zerkleinerten Zwieback gießen.

Eine Glasschüssel mit Zwieback und der Mohnmasse abwechselnd einfüllen, mit Mohn abschließen.

Den Auflauf im Kühlschrank abkühlen lassen.

Rezepte nach Kapiteln

Gemüse – bunt, leicht und deftig

Bunter Bohnen-Eintopf 37
Weiße Bohnen mit Tomaten 37
Puffbohnen Cassoulet 38
Löffelerbsen mit Speck 38
Gelber Erbsen-Eintopf 38
Lauch-Topf 40
Kichererbsen-Eintopf 40
Karotten-Kasserolle 40
Rheinischer Erbsentopf 42
Fränkischer Linsentopf 43
Lauch-Kartoffel-Topf 45
Kräuterrahm-Suppe 45
Kohlrabi-Eintopf 189
Kohlrabi-Topf 45
Kerbel-Suppe 46
Bärlauch-Suppe 47
Sauerampfer-Suppe 47
Brunnenkresse-Suppe 47
Broccoli-Creme-Suppe 49
Tomaten-Basilikum-Suppe 51
Morchel-Rahm-Suppe 51
Bunte Gemüsesuppe mit Klößchen 51
Kräuter-Knoblauch-Sauce 51
Zuckererbsen-Topf 52
Chicorée-Topf 52
Westfälischer Speckrüben-Eintopf 54
Altdeutscher Wirsing-Eintopf 54
Grünkohl-Kasserolle 55
Tomaten Spinat-Gratin 57
Zucchini-Gratin 57
Fenchel-Gratin 57
Bunte Gemüsepfanne 58
Kartoffel-Pfanne 59
Spargel-Schinken-Gratin 59
Überbackener Kohlrabi 60
Broccoli-Auflauf 60
Überbackener Lauch 60
Rosenkohl-Auflauf 60
Pikanter Gemüse-Flan 62
Blumenkohl-Auflauf 63
Sauerkraut-Auflauf mit Quark 65
Deftiger Sauerkraut-Auflauf 65

Nudeln – köstlich und ideenreich

Paprika-Nudeltopf 68
Hörnchen-Gemüsetopf 68
Quark-Nudelauflauf 70
Bunte Nudeln 71
Gemüsespaghetti mit Sahne 71
Nudel-Tomaten-Auflauf 73
Vierkäse-Sauce-Auflauf 73
Sahne-Tortellini 74
Grüne Nudeln mit Champignons 74
Nudel-Auflauf mit Spinat 74
Nudeln selbstgemacht 77
Grüne Nudeln 77
Rote Nudeln 77
Nudeln aus Roggenmehl 77
Nudeln „al dente" kochen 77
Nudelpudding mit Sauce Béchamel 78
Nudelpudding mit Schinken 78

Kartoffeln – nahrhaft und sättigend

Kartoffel-Gratin 82
Gratin-Provenzale 82
Frühlings-Gratin 82
Majoran-Gratin 82
Kartoffel-Auflauf mit Lauch 84
Kartoffel-Blutwurst-Auflauf 84
Kartoffelpfanne mit Mozarella 87
Kartoffel-Bauern-Pfanne 87
Kartoffel-Zucchini-Pfanne 87
Bayerisches Kartoffel Gulasch 88
Altdeutsche Kartoffel-Suppe 88
Pikante Kartoffel-Suppe 88
Kartoffel Kürbis-Suppe 90
Kartoffeleintopf mit Hühnchen 90
Überbackene Kartoffel-Gnocchi 92
Spinat-Gnocchi 92
Kartoffel Quark-Auflauf 93

Reis – schnell und appetitlich

Okra-Reis 96
Grüner-Reis 96
Chili-Reis 98
Pochierte Eier 98
Frühlings-Reis mit pochierten Eiern 98
Bunte Reispfanne 100
Kräuterreis mit Klößchen 100
Kalbsbrät-Klößchen 101
Reis-Lauch-Gratin 102
Reis-Zucchini-Gratin 103
Reispfanne mit Chinakohl 103
Hühnchen-Reistopf 105
Reisfleisch mit Curry 105
Knoblauch-Walnuß-Mayonnaise 105

Rezepte nach Kapiteln

Vollwertkost – gesund und bekömmlich

Pilzragout 108
Vollkorn-Gemüseauflauf 109
Auberginen-Gratin 111
Käse-Brotauflauf 111
Weißkohl mit Grünkernklößen 112
Grünkernklöße 112
Crème fraîche Sauce mit Kresse 112
Tomaten-Erbsen-Nudeln 114
Gemüsepfanne mit Körnern 115
Petersilien-Sauce 115
Grüner Spargel-Auflauf 116
Weiße Sahne-Sauce 117
Hirsepudding mit Limonen-Sauce 118
Limonen-Sauce 118
Vollkornspaghetti mit Kressebutter 119

Vegetarische Kost – gut und kalorienarm

Gemüseplatte mit Pinienpaste 122
Walnuß-Paste 122
Feinschmecker-Spinatauflauf 124
Basilikum-Tomaten-Auflauf 124
Lauchgratin 125
Maistopf süß-sauer 127
Gourmet-Sauerkraut-Gemüsetopf 127
Lauchcreme-Eintopf mit Kartoffeln 127
Naturreis-Risotto 128
Vollkornnudel-Auflauf 128
Auberginen-Ragout 130
Gemüse-Ragout 130
Geflämmter Sellerie 131

Wursteintöpfe – pikant und preiswert

Vierländer-Linsentopf 134
Dicke Bohnen mit Cabanossi 135
Deftiger Bauern-Topf 135
Bohnen-Eintopf 136
Weiße Bohnen mit Paprikaschoten 137
Wurstgulasch 138
Deftige Sauerkraut-Pfanne 138
Grüne Erbsen mit Cabanossi 140
Roter Linseneintopf mit Würstchen 141
Spitzkohl mit Mettwurst 143
Bunte Gemüsepfanne 143
Kichererbsen mit Knoblauchwurst 144
Kartoffel-Lauchtopf mit Würstchen 145
Kohl-Wurst-Eintopf 146
Ländliche Krautpfanne 146

Schweinefleisch – herzhaft und würzig

Grün-weiße Bohnen mit Paprika 151
Altdeutscher-Sauerkraut-Topf 151
Roter Bohnentopf 152
Kartoffeltopf mit Hackfleisch 153
Karottentopf mit Schweinehalsgrat 154

Rosenkohl-Topf 155
Winter-Eintopf 156
Rotkraut-Eintopf 157
Zwiebel-Rotwein-Gratin 158
Gratiniertes Sauerkraut mit Eisbein 158
Paprika-Reis-Pfanne 160
Tomatenreis mit Hackfleisch 161
Sojasprossen-Auflauf 163
Puszta-Gulyas mit Nocken 163
Schnippelbohnen-Eintopf 164
Fleischbällchen 164
Chinakohl mit Fleischbällchen 164

Rindfleisch – kräftig und gesund

Rindertopf mit Tomaten 168
Rindertopf mit Lauch 168
Rindertopf mit grünen Bohnen 168
Paprika-Rindfleisch-Topf 171
Rindfleisch mit Weißkohl 171
Rindfleisch mit Chinakohl 171
Pichelsteiner-Topf 172
Elsässer-Topf 172
Rindfleisch süß-sauer mit Gemüse 174
Rindfleisch mit Teltower Rübchen 175
Rindfleisch mit Erbsenschoten 176
Rindfleisch mit Broccoli 176
Pfefferpotthast 177
Leipziger Suppentopf mit Klößchen 178
Eier-Grießklößchen 178
Rindfleisch mit Eiernudeln 179
Grünkohl-Topf 180
Weißkraut-Topf 180

Rezepte nach Kapiteln

Wirsing-Topf 180
Frühlingstopf 182
Rindereintopf mit Buchweizen 183
Kraut-Topf mit Klößchen 185
Hackfleisch-Klößchen 185
Sauerkraut-Gulasch 185

Kalbfleisch – zart und fein

Gemüse-Eintopf mit Kalbfleisch 188
Kohlrabi-Eintopf 189
Kalbfleisch-Ragout 190
Reiskasserolle pikant 190
Champignon-Ragout 191
Kräuter-Kalbsgeschnetzeltes 193
Zitronen-Dill-Sauce 193
Okra-Auflauf 193
Südlicher Eintopf 194
Spargelpfanne mit Kalbfleisch 195

Lamm oder Wild – ländlich und deftig

Lamm-Kasserolle 199
Lamm-Wirsing-Topf süß-sauer 199
Lammpfanne mit Erbsen 199
Exotischer Lammtopf 200
Lamm-Terrine 201
Lammragout mit Broccoli 203
Gratinierter Broccoli 203
Lamm-Cassoulet mit Paprika 204
Lamm-Frikassee 205
Lammgeschnetzeltes mit Zucchini 206
Hammel-Linseneintopf 206

Hammel-Gemüse-Topf 207
Rustikaler Hammeltopf 208
Scharfer Hammeltopf 209
Hammelfleisch mit dicken Bohnen 209
Kaninchen in Buttermilch 211
Hasentopf 211
Lamm-Kidney Cassoulet 211
Wilderer Topf 212
Rehragout mit Pflaumen 213
Hasenragout 213
Rheinischer Hasenpfeffer 215
Wildgulasch mit Pilz-Reis 215
Pilz-Reis 215

Geflügel – leicht und schmackhaft

Hähnchen in Tomaten-Knoblauchsauce 219
Hühnchen in Rotwein 219
Wermut-Poularde 219
Schnittlauch-Hähnchen 220
Hähnchen in Estragonsauce 221
Kräuter-Hähnchen mit Calvados 221
Hähnchenbrust in Orangensauce 222
Hähnchen in Rieslingsauce 222
Hähnchen-Lauch-Pilz Topf 222
Hühnertopf mit Tomaten 224
Hühner-Eintopf mit Nudeln 225
Hühner-Reis-Topf 225
Bunter Hühnertopf 227
Hühner-Suppentopf 227
Sellerie-Eintopf 228
Chinakohl mit Putenbrust 228
Sommerlicher Mangold-Eintopf 229

Putenfleisch-Ragout 231
Puten-Champignon-Ragout 231
Kräuter-Geschnetzeltes 232
Enteneintopf mit weißen Bohnen 233
Hühnerleber mit Frühlingszwiebeln 234
Gratiniertes Hähnchen 235
Madras-Hühnerfrikassee 235
Putenleber mit Basilikum 235
Putenragout süß-sauer mit Früchten 236
Sauce Béchamel 236

Fische und Meeresfrüchte

Lachsforellen-Terrine 240
Gestürzter Fisch-Pudding 240
Karpfenragout mit Muscadet 242
Fisch-Curry 242
Fisch-Cassoulet 244
Grüne Lachs-Bandnudeln 245
Fisch-Frikassee 245
Paprika-Fischpfanne 246
Feiner Muscheltopf 247
Fischsuppe Marseiller-Art 249
Knoblauch-Sauce (Aioli) 249

Rezepte nach Kapiteln

Soufflé – apart und raffiniert

Spinat-Soufflé mit Schinken 253
Chicorée-Soufflé 253
Kartoffel-Kräuter-Soufflé 254
Tomaten-Soufflé 254
Käse-Soufflé 255
Lachs-Timbale 256
Wein-Sauce 256
Forellen-Timbale 257
Broccoli Soufflé 258
Lauch-Soufflé 258
Karotten-Soufflé 258

Internationale Eintöpfe und Aufläufe

Paella Valenciana 263
Bulgarischer Pilaw 263
Moussaka 264
Exotischer Reis 265
Italienische Minestrone 267
Pesto-Suppe 267
Basilikum-Pesto 267
Amerikanischer Farmer-Auflauf 269
Pot-au-feu 269
Nordische Fischsuppe 270
Katalanischer Fischtopf 271
Szegediner Gulasch 272
Russische Borschtsch 273
Irish Stew 273
Jambalaya-Karibischer Eintopf 274
Kreolischer Seafood-Gumbo 274
Chili con carne 276
Süditalienischer Bohnentopf 277
Indischer Curry-Topf 277
Chop Suey 279
Indonesische Hühnchenbrust 279

Süße Nachspeisen – fruchtige Desserts

Kaiserschmarrn 283
Topfenschmarrn 283
Salzburger Nockerln 283
Scheiterhaufen 284
Weinschaum-Sauce 285
Scheiterhaufen mit Zwetschgen 285
Englischer Zitronenauflauf 286
Sherry-Creme 286
Rotwein-Sauce 286
Frankfurter Pudding 286
Quarkauflauf mit Äpfeln 288
Rhabarberauflauf 289
Reisauflauf mit Kirschen 289
Vanille-Sauce 290
Waldbeeren-Auflauf 291
Schlesische Mohnklöße 291

Register

A

Altdeutsche Kartoffel-Suppe 88
Altdeutscher Sauerkraut-Topf 151
Altdeutscher Wirsing-Eintopf 54
Amerikanischer Farmer-Auflauf 269
Auberginen-Gratin 111
Auberginen-Ragout 130

B

Bärlauch-Suppe 47
Basilikum-Pesto 267
Basilikum-Tomaten-Auflauf 124
Bayerisches Kartoffel-Gulasch 88
Blumenkohl-Auflauf 63
Bohnen-Eintopf 136
Broccoli-Auflauf 60
Broccoli-Creme-Suppe 49
Broccoli-Soufflé 258
Brunnenkresse-Suppe 47
Bulgarischer Pilaw 263
Bunte Gemüsepfanne 58
Bunte Gemüsesuppe mit Klößchen 51
Bunte Nudeln 71
Bunte Reispfanne 100
Bunter Bohnen-Eintopf 37
Bunte Gemüsepfanne 143
Bunter Hühnertopf 227

C

Champignon-Ragout 191
Chicorée-Soufflé 253
Chicorée-Topf 52

Chili-Reis 98
Chili con carne 276
Chinakohl mit Fleischbällchen 164
Chinakohl mit Putenbrust 228
Chop Suey 279
Crème fraîche Sauce mit Kresse 112

D

Deftiger Bauern-Topf 135
Deftige Sauerkraut-Pfanne 138
Deftiger Sauerkraut-Auflauf 65
Dicke Bohnen mit Cabanossi 135

E

Eier-Grießklößchen 178
Elsässer-Topf 172
Englischer Zitronenauflauf 286
Enteneintopf mit weißen Bohnen 233
Exotischer Lammtopf 200
Exotischer Reis 265

F

Feiner Muscheleintopf 247
Feinschmecker Spinatauflauf 124
Fenchel-Gratin 57
Fisch-Cassoulet 244
Fisch-Curry 242
Fisch-Frikassee 245
Fischsuppe Marseiller-Art 249
Fleischbällchen 164
Forellen-Timbale 257
Frankfurter Pudding 286

Fränkischer Linseneintopf 43
Frühlings-Gratin 82
Frühlings-Reis mit pochierten Eiern 98
Frühlingstopf 182

G

Geflämmter Sellerie 131
Gelber Erbsen-Eintopf 38
Gemüse-Eintopf mit Kalbfleisch 188
Gemüse-Ragout 130
Gemüsepfanne mit Körnern 115
Gemüseplatte mit Pinienpaste 122
Gemüsespaghetti mit Sahne 71
Gestürzter Fisch-Pudding 240
Gourmet-Sauerkraut-Gemüsetopf 127
Gratin-Provenzale 82
Gratinierter Broccoli 203
Gratiniertes Hähnchen 235
Gratiniertes Sauerkraut mit Eisbein 158
Grün-weiße Bohnen mit Paprika 151
Grüne Erbsen mit Cabanossi 140
Grüne Lachs-Bandnudeln 245
Grüne Nudeln 77
Grüne Nudeln mit Champignons 74
Grüner Reis 96
Grüner Spargel-Auflauf 116
Grünkernklöße 112
Grünkohl-Kasserolle 55
Grünkohl-Topf 180

Register

H

Hackfleisch-Klößchen 185
Hähnchen in Estragonsauce 221
Hähnchen in Rieslingsauce 222
Hähnchen in Tomaten-Knoblauchsauce 219
Hähnchen-Lauch-Pilz-Topf 222
Hähnchenbrust in Orangensauce 222
Hammel-Gemüse-Topf 207
Hammel-Linsentopf 206
Hammelfleisch mit dicken Bohnen 209
Hasenragout 213
Hasentopf 211
Hirsepudding mit Limonen-Sauce 118
Hörnchen-Gemüsetopf 68
Hühnchen in Rotwein 219
Hühnchen-Reistopf 105
Hühnerbrühe 32
Hühner-Eintopf mit Nudeln 225
Hühner-Reis-Topf 225
Hühner-Suppentopf 227
Hühnerleber mit Frühlingszwiebeln 234
Hühnertopf mit Tomaten 224

I

Indischer Curry-Topf 277
Indonesische Hühnchenbrust 279
Irish Stew 273
Italienische Minestrone 267

J

Jambalaya-Karibischer-Eintopf 274

K

Kaiserschmarrn 283
Kalbfleisch-Ragout 190
Kalbsbrät-Klößchen 101
Kaninchen in Buttermilch 211
Karotten-Kasserolle 40
Karotten-Soufflé 258
Karottentopf mit Schweinehalsgrat 154
Karpfenragout mit Muscadet 242
Kartoffel-Auflauf mit Lauch 84
Kartoffel-Bauern-Pfanne 87
Kartoffel-Blutwurst-Auflauf 84
Kartoffeleintopf mit Hühnchen 90
Kartoffel-Gratin 82
Kartoffel-Kräuter-Soufflé 254
Kartoffel-Lauchtopf mit Würstchen 145
Kartoffel-Pfanne 59
Kartoffel-Zucchini-Pfanne 87
Kartoffel-Kürbis-Suppe 90
Kartoffel-Quark-Auflauf 93
Kartoffelpfanne mit Mozarella 87
Kartoffeltopf mit Hackfleisch 153
Käse-Brotauflauf 111
Käse-Soufflé 255
Katalanischer Fischtopf 271
Kerbel-Suppe 46
Kichererbsen-Eintopf 40
Kichererbsen mit Knoblauchwurst 144
Knoblauch-Sauce (Aioli) 249
Knoblauch-Walnuß-Mayonnaise 105
Knoblauch-Wurst-Eintopf 146
Kohlrabi-Eintopf 189
Kohlrabi-Topf 45
Kraut-Topf mit Klößchen 185
Kräuter-Geschnetzeltes 232
Kräuter-Hähnchen mit Calvados 221
Kräuter-Kalbsgeschnetzeltes 193
Kräuter-Knoblauch-Sauce 51
Zuckererbsen-Topf 52
Kräuterrahm-Suppe 45
Kräuterreis mit Klößchen 100
Kreolischer Seafood-Gumbo 274

L

Lachs-Timbale 256
Lachsforellen-Terrine 240
Lamm-Cassoulet mit Paprika 204
Lamm-Frikassee 205
Lamm-Kasserolle 199
Lamm-Kidney Cassoulet 211
Lamm-Terrine 201
Lamm-Wirsing-Topf süß-sauer 199
Lammgeschnetzeltes mit Zucchini 206
Lammpfanne mit Erbsen 199
Lammragout mit Broccoli 203
Ländliche Krautpfanne 146
Lauch-Kartoffel-Topf 45
Lauch-Soufflé 258
Lauch-Topf 40
Lauchcreme-Eintopf mit Kartoffeln 127
Lauchgratin 125

Register

Leipziger Suppentopf mit Klößchen 178
Limonen-Sauce 118
Löffelerbsen mit Speck 38

M

Madras-Hühnerfrikassee 235
Maistopf süß-sauer 127
Majoran-Gratin 82
Morchel-Rahm-Suppe 51
Moussaka 264

N

Naturreis-Risotto 128
Nordische Fischsuppe 270
Nudel-Auflauf mit Spinat 74
Nudel-Tomaten-Auflauf 73
Nudeln »al dente« kochen 77
Nudeln aus Roggenmehl 77
Nudeln selbstgemacht 77
Nudelpudding mit Sauce Béchamel 78
Nudelpudding mit Schinken 78

O

Okra-Auflauf 193
Okra-Reis 96

P

Paella Valenciana 263
Paprika-Fischpfanne 246
Paprika-Nudeltopf 68
Paprika-Reis-Pfanne 160
Paprika-Rindfleisch-Topf 171
Pesto-Suppe 267

Petersilien-Sauce 115
Pfefferpotthast 177
Pichelsteiner-Topf 172
Pikante Kartoffel-Suppe 88
Pikanter Gemüse-Flan 62
Pilz-Reis 215
Pilzragout 108
Pochierte Eier 98
Pot-au-feu 269
Puffbohnen Cassoulet 38
Puszta-Gulyas mit Nocken 163
Puten-Champignon-Ragout 231
Putenfleisch-Ragout 231
Putenleber mit Basilikum 235
Putenragout süß-sauer mit Früchten 236

Q

Quark-Nudelauflauf 70
Quarkauflauf mit Äpfeln 288

R

Rehragout mit Pflaumen 213
Reis-Lauch-Gratin 102
Reis-Zucchini-Gratin 103
Reisauflauf mit Kirschen 289
Reisfleisch mit Curry 105
Reiskasserolle pikant 190
Reispfanne mit Chinakohl 103
Rhabarberauflauf 289
Rheinischer Erbsentopf 42
Rheinischer Hasenpfeffer 215
Rindereintopf mit Buchweizen 183
Rindertopf mit grünen Bohnen 168
Rindertopf mit Lauch 168

Rindertopf mit Tomaten 168
Rindfleischbrühe 32
Rindfleisch mit Broccoli 176
Rindfleisch mit Chinakohl 171
Rindfleisch mit Eiernudeln 179
Rindfleisch mit Erbsenschoten 176
Rindfleisch mit Teltower Rübchen 175
Rindfleisch mit Weißkohl 171
Rindfleisch süß-sauer mit Gemüse 174
Rosenkohl-Auflauf 60
Rosenkohl-Topf 155
Rote Nudeln 77
Roter Bohnentopf 152
Roter Linseneintopf mit Würstchen 141
Rotkraut-Eintopf 157
Rotwein-Sauce 286
Russische Borschtsch 273
Rustikaler Hammeltopf 208

S

Sahne-Tortellini 74
Salzburger Nockerln 283
Sauce Béchamel 236
Sauerampfer-Suppe 47
Sauerkraut-Auflauf mit Quark 65
Sauerkraut-Gulasch 185
Scharfer Hammeltopf 209
Scheiterhaufen 284
Scheiterhaufen mit Zwetschgen 285
Schlesische Mohnklöße 291
Schnippelbohnen-Eintopf 164
Schnittlauch Hähnchen 220
Sellerie-Eintopf 228
Sherry-Creme 286
Sojasprossen-Auflauf 163

Register

Sommerlicher Mangold-Eintopf 229
Spargel-Schinken-Gratin 59
Spargelpfanne mit Kalbfleisch 195
Spinat-Gnocchi 92
Spinat-Soufflé mit Schinken 253
Spitzkohl mit Mettwurst 143
Süditalienischer Bohnentopf 277
Südlicher Eintopf 194
Szegediner Gulasch 272

T

Tomaten-Basilikum-Suppe 51
Tomaten-Erbsen-Nudeln 114
Tomaten-Soufflé 254
Tomaten Spinat-Gratin 57
Tomatenreis mit Hackfleisch 161
Topfenschmarrn 283

U

Überbackene Kartoffel-Gnocchi 92
Überbackener Kohlrabi 60
Überbackener Lauch 60

V

Vanille-Sauce 290
Vierkäse-Sauce-Auflauf 73
Vierländer-Linsentopf 134
Vollkorn-Gemüseauflauf 109
Vollkornnudel-Auflauf 128
Vollkornspaghetti mit Kressebutter 119

W

Waldbeeren-Auflauf 291
Walnuß-Paste 122
Wein-Sauce 256
Weinschaum-Sauce 285
Weiße Bohnen mit Paprikaschoten 137
Weiße Bohnen mit Tomaten 37
Weiße Sahne-Sauce 117
Weißkohl mit Grünkernklößen 112
Weißkraut-Topf 180
Wermut-Poularde 219
Westfälischer Speckrüben-Eintopf 54
Wilderer-Topf 212
Wildgulasch mit Pilz-Reis 215
Winter-Eintopf 156
Wirsing-Topf 180
Wurstgulasch 138

Z

Zitronen-Dill-Sauce 193
Zucchini-Gratin 57
Zwiebel-Rotwein-Gratin 158

Quellennachweis:
Eduard Bay GmbH, Ransbach; Beka, Tübingen; B. Birkel Söhne gmbH,
Weinstadt; Fima, Bremerhaven; Fissler GmbH, Idar Oberstein;
Rich. Hengstenberg GmbH & Co., Esslingen; Forum aktuelles Kochen, Frankfurt;
Informationsbüro Sherry, Hamburg; Komplett Büro, München; Lacroix GmbH,
Frankfurt; Melitta Werke Bentz & Sohn, Minden; Molkerei Alois Müller,
Aretsried; MPR Dr. Muth, Hamburg; Nebona Gewürze, Gräfelfing; Nordsee
GmbH, Bremerhaven; Porzellanfabrik Friesland, Varel; Contactpress prhh
Publicrelations GmbH, Hamburg; Scandinavien- und Südimport GmbH, Maisach;
Informationsbüro Sherry, Hamburg; TKW GmbH Tofu Werk, Wadersloh, WMF
GmbH, Geislingen;

Ratschläge und Rezepte in diesem Buch sind vom Autor sorgfältig geprüft und
erwogen, eine Garantie kann dennoch nicht übernommen werden. Eine Haftung
des Autors bzw. des Verlages für Personen-, Sach- und Vermögenschäden ist
ausgeschlossen.